Walter Schilling

Russlands Wiederaufstieg

Wladimir Putins zielbewusster Weg

Walter Schilling

RUSSLANDS WIEDERAUFSTIEG

Wladimir Putins zielbewusster Weg

ibidem-Verlag
Stuttgart

Bibliografische Information der Deutschen Nationalbibliothek
Die Deutsche Nationalbibliothek verzeichnet diese Publikation in der Deutschen Nationalbibliografie; detaillierte bibliografische Daten sind im Internet über http://dnb.d-nb.de abrufbar.

Bibliographic information published by the Deutsche Nationalbibliothek
Die Deutsche Nationalbibliothek lists this publication in the Deutsche Nationalbibliografie; detailed bibliographic data are available in the Internet at http://dnb.d-nb.de.

∞

Gedruckt auf alterungsbeständigem, säurefreien Papier
Printed on acid-free paper

ISBN-13: 978-3-8382-1276-0

Printed in the EU

Inhalt

Vorwort

In den Kommentaren vieler westlicher Politiker, Wissenschaftler und Journalisten zur politischen Entwicklung Russlands und zu seiner Rolle im Weltstaatensystem trifft man immer wieder auf zwei Grundströmungen, die das öffentliche Meinungsbild prägen. Zum einen wird die Sorge ausgedrückt, dass der Kernstaat der früheren Weltmacht Sowjetunion in den kommenden Jahrzehnten seine Machtressourcen zügig ausbauen und mit allen Mitteln versuchen werde, seine Interessen durchzusetzen. Zum anderen glauben viele Amerikaner und Europäer, dass es Russland mit Blick auf die Herausforderungen des 21. Jahrhunderts an wesentlichen Eigenschaften fehle, um wieder eine Großmachtrolle einzunehmen. Sie hegen die Erwartung, dass Russland letztlich doch nur die Wahl habe zwischen einem in die Isolation führenden Nationalismus und der Anpassung an die Normen und Handlungsweisen der westlichen Demokratien. Insbesondere in Deutschland ist diese an Wunschdenken orientierte Auffassung sehr häufig anzutreffen. Sie findet sich sogar in Abhandlungen, die den Anspruch auf Wissenschaftlichkeit erheben und wird zudem nicht selten mit belehrendem Ton vorgetragen.

Insbesondere seit den Wahlen zur russischen Staatsduma am 4. Dezember 2011 und zur Präsidentenwahl am 4. März 2012 hat es zahlreiche kritische Kommentare aus den westlichen Demokratien gegeben, die sich an der Erwartung orientierten, dass Russland einen grundlegenden Wandel vornehmen müsse. Die Eigenart des Zustandekommens der Präsidentschaft Wladimir Putins im Frühjahr 2012 und das Aufkommen einer bemerkenswert lang andauernden politischen Protestbewegung in zahlreichen russischen Städten, der charakteristische Führungsstil des Präsidenten und die Vorgehensweisen in der russischen Außenpolitik standen dabei im Mittelpunkt. Das entschlossene Handeln Russlands im Zuge des Konflikts um die politische Orientierung der Ukraine und die Sicherung des Assad-Regimes in Syrien hat diesen Trend in den westlichen Kommentaren noch einmal verstärkt. Doch scheinen die Umstände der erneuten Wahl Wladimir Putins zum Staatspräsidenten am 18. März 2018 darauf hinzudeuten, dass in Russland kein grundlegender gesellschaftlicher und politischer Wandel im westlichen Sinne zu erwarten ist.

In dem vorliegenden Buch gilt es, nicht nur auf diese Fragen sachlich fundierte Antworten zu geben. Es ist darüber hinaus die Absicht dieses Buches, auch den geschichtlichen Bedingungshorizont der aktuellen politischen Entwicklung sowie die Rolle Russlands im Weltstaatensystem aus einer wirklichkeitsorientierten Perspektive zu analysieren und die Weiterentwicklung dieses Landes im Vergleich zu anderen global agierenden großen Staaten zu beurteilen.

Walter Schilling
Juli 2018

Wandel der geopolitischen und strategischen Rahmenbedingungen

Wer eine Antwort auf die Frage nach den grundlegenden Prämissen der aktuellen und künftigen Politik Russlands sucht, wird nicht umhin können, die geopolitischen und strategischen Rahmenbedingungen zu beachten, die das internationale System derzeit kennzeichnen. Dabei ist bemerkenswert, dass sich in den fast drei Jahrzehnten nach dem Zusammenbruch des Sowjetimperiums und dem Ende der Bipolarität der beiden Weltmächte ein neues, sehr heterogenes internationales System herausgebildet hat, das sich weitgehend der Berechenbarkeit entzieht und außerordentlich schnell verändert. Der Züricher Philosoph Hermann Lübbe hat mit Blick auf den rasanten, unvorhersehbaren Ablauf der Ereignisse von einer „Gegenwartsschrumpfung" gesprochen.[1] Zwar sind die Auswirkungen der vor 1990/1991 existierenden Struktur des internationalen Systems in vielerlei Hinsicht heute noch zu spüren. Doch haben während der vergangenen drei Jahrzehnte neue Tendenzen an Gewicht gewonnen, die der Struktur der Machtverteilung in der Welt ihren Stempel aufdrücken werden.

War es im vergangenen Jahrhundert noch mit weitem Abstand die auf Waffensystemen und umfangreichen Truppen beruhende militärische Macht, die wirtschaftliche Stärke in traditionellen Bereichen sowie die Verfügbarkeit von wichtigen Rohstoffen und Energieträgern, die den politischen Rang und die Handlungsfähigkeit eines Staates bestimmten, so zeichnet sich bereits zu Beginn des 21. Jahrhunderts ab, dass zunehmend auch jene Machtquellen in der internationalen Politik eine Rolle spielen, die mit der Entwicklung und Anwendung von neuen Technologien verbunden sind. Sie können nicht nur auf direkte Weise das politische Gewicht eines Staates vergrößern und dessen Fähigkeit verbessern, die eigenen Interessen durchzusetzen. Die Kapazitäten auf dem Gebiet der neuen Technologien – von der Kommunikationstechnik und der Biotechnologie bis zur Gentechnik – lassen sich auch zu militärischen Zwecken verwenden und haben den revolutionären Wandel im Militärwesen eingeleitet.

Wenngleich die meisten traditionellen Akteure im internationalen System – vor allem die Nationalstaaten – die Chance haben, die rasch zunehmenden technologischen Fähigkeiten zu nutzen und konsequent voranzutreiben, zeigt schon ein kurzer Blick auf das internationale System, dass der Fortschritt keineswegs alle Akteure gleichzeitig oder gleichmäßig erfasst. Vielmehr bewirkt die rasante technologische Entwicklung nicht nur eine wachsende Ungleichheit zwischen den Nationalstaaten. Die globale Verfügbarkeit des Wissens und der neuen Technologien bietet auch bislang kaum als gewichtig angesehenen Akteuren die Möglichkeit, an dem Wettbewerb teilzunehmen und daraus politische Vorteile zu ziehen. Und schließlich ist schon heute zu erkennen, dass in der Rangliste der Staaten künftig jene ganz oben stehen werden, die mit Blick auf den technologischen Fortschritt die größte Offenheit und den weitesten Handlungsspielraum gewähren.

Gewiss lässt sich nicht bestreiten, dass die Vereinigten Staaten von Amerika in der Zeit unmittelbar nach dem Ende ihres großen Gegenspielers Sowjetunion die Weltordnung dominiert haben. Gleichwohl führte diese Situation nicht zum „Ende der Geschichte", wie manche westliche Analysten vorschnell unterstellten.[2] Das überaus leistungsfähige Wirtschaftssystem der USA, die schlagkräftigen und beständig auf dem neuesten technologischen Stand gehaltenen Streitkräfte, die Führungsposition in Wissenschaft, Forschung und Technologie sowie die pragmatische Nutzung der technologischen Kapazitäten – von der geheimen Nachrichtenbeschaffung und den Möglichkeiten zur Führung des Cyberwar bis zur Gentechnik – gewährten den USA durchaus eine herausragende Stellung in der Welt. Sie reichten jedoch nicht aus, die internationale Politik durchweg zu beherrschen und allein nach ihren Interessen zu formen.

Wenngleich die Vereinigten Staaten von Amerika mit einer Bevölkerung von 324 Millionen Menschen, einem Bruttoinlandsprodukt (BIP) von 19 Billionen Dollar, einem Militäretat von 610 Milliarden Dollar[3] und modern ausgerüsteten Streitkräften im Umfang von 1,2 Millionen Soldaten derzeit noch ihre Position als Weltmacht dank ihrer starken ökonomischen und militärischen Kapazitäten behaupten können und ihren globalen Einfluss durch bilaterale und multilaterale Arrangements zu sichern suchen, erlangten einige Länder durch die veränderten Konstellationen und die zielstrebige Entwicklung ihrer Machtressourcen neue Handlungsmöglichkeiten. Anders als in der vor fast 30 Jahren zu Ende gegangenen Epoche verfolgen diese Mächte politische Interessen, die deutlich über ihren regionalen Kontext hinausgehen und eine starke Tendenz zu Konflikten in sich bergen. In diesem Zusammenhang fällt vor allem der rasante und beständige Aufstieg der Volksrepublik China ins Auge.

Es gehört in der Tat zu den bedeutsamsten und folgenreichsten Entwicklungen unserer Zeit, dass China mit seinen 1,3 Milliarden Menschen bereits ein Bruttoinlandsprodukt (BIP) von 12 Billionen Dollar erreicht hat und auch weiterhin relativ hohe Zuwachsraten – zwischen 6 und 7 Prozent

– erwarten kann.[4] Das Land unterhält bei einem Militäretat von 228 Milliarden Dollar und zweistelligen jährlichen Zuwachsraten moderne Streitkräfte von etwa 1,7 Millionen Soldaten[5] und hat dank seines zunehmenden politischen Gewichts die Machtverhältnisse weit über den Asiatisch-Pazifischen Raum hinaus grundlegend verändert und beeinflusst in immer stärkerem Maße auch die globale Sicherheitsstruktur. Die neue Großmacht zeigt mit ihren ehrgeizigen Plänen zum Aufbau und zur Aufrechterhaltung einer ebenso umfangreichen wie modernen Streitmacht mit globaler strategischer Ausrichtung nicht nur ihre Entschlossenheit, in der Welt eine wichtige Rolle zu spielen. Es scheint auch die Neigung der politischen Führung Chinas zu wachsen, das militärische Instrumentarium zur Wahrung der eigenen Interessen einzusetzen – ungeachtet, ob diese Vorgehensweisen nach westlicher Auffassung dem Völkerrecht entsprechen oder nicht. Gebietsansprüche, selbstbewusste militärische Aktionen und eine dynamische Diplomatie Chinas dürften die Politik im Asiatisch-Pazifischen Raum immer stärker kennzeichnen. Der bisherige Verlauf dieses historischen Prozesses erinnert an frühere epochale Veränderungen im internationalen System, z.B. an das weltweite Engagement europäischer Mächte im 17. Jahrhundert und den spektakulären Aufstieg der Vereinigten Staaten von Amerika gegen Ende des 19. Jahrhunderts.

Seit dem Beginn der von Mao Tse-tungs Nachfolger Deng Xiaoping im Jahre 1978 eingeleiteten Reformpolitik hat China mit jährlichen Wachstumsraten von meist mehr als acht Prozent viele Analysten beeindruckt und eine politisch streng kontrollierte originäre Form der Marktwirtschaft aufgebaut, die unter den aktuellen Bedingungen der Globalisierung eine enorme Dynamik entfaltet. Trotz der im kommenden Jahrzehnt wohl deutlich niedrigeren Wachstumsraten dürfte China die USA schon bald nach dem Jahre 2030 vom ersten Platz in der Welt verdrängen und auch im militärischen Bereich zumindest ebenbürtig sein.

Das atemberaubende Wachstum der Wirtschaft ist u.a. den klaren politischen Vorgaben, den Lockerungen der vergangenen zwei Jahrzehnte, den niedrigen bürokratischen Hürden und den schnellen, aber dennoch gut durchdachten Entscheidungen der politischen Führung Chinas geschuldet. Auf dieser Linie liegt auch die Beteiligung großer chinesischer Firmen an bedeutenden Unternehmen vor allem in Afrika, Europa und Lateinamerika. Mit gezielten Investitionen in wichtige Entwicklungsprojekte und mit dem Erwerb ausländischer Unternehmen gelang es China, seinen Einfluss weltweit auszubreiten und den gewünschten Technologie-Transfer zu beschleunigen. Als Handelsnation hat China bereits den ersten Platz in der

Welt inne. Bei den für die Herstellung diverser Hochtechnologie-Produkte so wichtigen Rohstoffen wie den „Seltenen Erden" verfügt China über ca. 30 Prozent der Weltreserven, und es beherrscht derzeit den Markt mit 90 Prozent Förder- und Marktanteil. Sowohl die zielstrebige Entwicklung der Wirtschaft und der schnelle Zugang zu den weltweiten Märkten, als auch der beständige Aufwuchs der militärischen Kapazitäten und das entschlossene Engagement in Forschung und Technologie haben eine sichtbare politische Dividende gebracht. Die gewaltigen Investitionen in das Militär, in Forschung und Technologie führten bereits dazu, dass China nach den USA und Russland seit 2003 die dritte Nation ist, die aus eigener Kraft Astronauten ins Weltall bringen kann. Die aktuellen Erfolge in der Weltraumfahrt und das zielstrebige Vorgehen lassen erwarten, dass China wohl bereits im Laufe des kommenden Jahrzehnts in diesem Bereich die Führung übernehmen dürfte. Zudem wird sich mit Chinas Aufstieg und der stärkeren Hinwendung der USA nach Asien das politische Gravitationszentrum der Welt vom Atlantik zum Pazifik hin verlagern.[6]

Neben der Volksrepublik China, die inzwischen dank einer rasanten Entwicklung in vielen Bereichen – von der Wirtschaft und dem Militär bis zur Wissenschaft und Technologie – den von den USA bislang noch behaupteten Platz als Weltmacht anstrebt, sind es auch Indien, Japan und Südkorea, deren politischer Einfluss weit über ihre unmittelbare Nachbarschaft hinausreicht. Dabei fällt auf, dass besonders mit Blick auf den Asiatisch-Pazifischen Raum eine gemeinsame Grundlage fehlt, die als verbindende Kraft für die Anrainer-Länder dienen könnte. Vielmehr spielen Unterschiede in der Zivilisation, der Religion und der geschichtlichen Traditionen eine große Rolle. Zudem orientieren sich die Staaten der Region an sehr unterschiedlichen politischen Systemen, die es erschweren, gemeinsame Interessen zu formulieren. Zahlreiche Grenzstreitigkeiten und territoriale Konflikte kennzeichnen die Politik. Darüber hinaus ist es einigen bislang weniger bedeutsamen Staaten, wie Nordkorea und Pakistan gelungen, durch die Erlangung des Nuklearmachtstatus eine gewisse Beachtung zu erzwingen.

Vor diesem Hintergrund überrascht es nicht, dass regionale supranationale Strukturen, wie sie für Europa seit Jahrzehnten charakteristisch sind, im Asiatisch-Pazifischen Raum weniger stark in Erscheinung treten. Die in nationalen Kategorien denkenden Eliten der asiatischen Länder orientieren sich eher an einer klassischen „Balance-of-Power"-Politik, wenn es darum geht, die eigenen Interessen zu wahren und Stabilität zu sichern.

In der Wirtschaftspolitik, der Diplomatie und der Rüstungspolitik der Staaten – von Indien bis Japan und von Südkorea bis Australien und Neuseeland – spiegelt sich diese Einstellung wider. Dabei ist bemerkenswert, dass diese Länder mit Blick auf den machtpolitischen Aufstieg Chinas, das schwer einschätzbare Verhalten des nuklear gerüsteten Nordkorea und die von der streng islamisch geprägten Nuklearmacht Pakistan ausgehenden Gefahren mit den USA strategische Partnerschaften geschlossen haben, die einerseits ihre Sicherheit verbessern können und andererseits den Vereinigten Staaten von Amerika die Möglichkeit bieten, ihren politischen und strategischen Einfluss in der Asiatisch-Pazifischen Region aufrechtzuerhalten.

Trotz der seit einigen Jahren zu beobachtenden vermehrten Aufmerksamkeit der USA für die geopolitischen Veränderungen im Asiatisch-Pazifischen Raum ist die strategische Partnerschaft der westlichen Führungsmacht mit Europa auch nach der Übernahme der Präsidentschaft durch Donald Trump Anfang des Jahres 2017 ein charakteristisches Merkmal des internationalen Systems geblieben. Die NATO wurde im Laufe der vergangenen zwei Jahrzehnte nicht nur um einige ehemals zur Sowjetunion gehörende Republiken (Estland, Lettland, Litauen) und mehrere Staaten des früheren Warschauer Paktes (Polen, Tschechien, Slowakei, Ungarn, Bulgarien, Rumänien) erweitert. Die Stationierung von Streitkräften der NATO wurde auch bis an die Grenzen des heutigen Russland vorgeschoben. Zudem traten einige der einst zur Sowjetunion gehörende Republiken (Estland, Lettland, Litauen) und mehrere Länder des ehemaligen sowjetischen Machtbereichs (Polen, Tschechien, Slowakei, Ungarn, Bulgarien, Rumänien) sowie des zerfallenen Jugoslawien (Slowenien, Kroatien) der Europäischen Union bei.

Zwar verfügen die nach dem Austritt Großbritanniens noch 27 Mitgliedstaaten der Europäischen Union mit 442 Millionen Einwohnern über ein Bruttoinlandsprodukt (BIP) von ca. 14 Billionen Dollar. Sie sehen sich jedoch nicht in der Lage, die daraus resultierende wirtschaftliche Macht in politische Macht umzumünzen. Auch der beachtliche Militäretat von ca. 250 Milliarden Dollar[7] und der Umfang der Streitkräfte der EU-Mitgliedsstaaten von ca. 1,4 Millionen Soldaten ließen keinen handlungsfähigen Machtkomplex entstehen, der weltweit zu fürchten wäre. Die Staatsschuldenkrise, die gravierenden Wirtschaftsprobleme, die hohe Arbeitslosigkeit, die ungelöste Frage der starken illegalen Zuwanderung und die Turbulenzen nach dem Austritt Großbritanniens setzen der Macht des europäischen Staatenverbundes bereits Grenzen. Im Übrigen ist die Europäische

Union kein selbsttragendes, sondern ein von den Mitgliedsstaaten getragenes Gebilde, in dessen Rahmen nationale Souveränität und gemeinsame Institutionen nebeneinander bestehen. Darüber hinaus schränken die negativen demographischen Trends, die in jüngster Zeit zunehmende Fragmentierung der einzelnen nationalen Gesellschaften, die fehlende Bereitschaft zur Entwicklung und konsequenten Anwendung von Machtressourcen und die starke Abhängigkeit von auswärtigen Energielieferungen die politische Handlungsfähigkeit der Europäischen Union deutlich ein. Erst recht aber verhindern die mangelnde Fähigkeit der EU-Mitgliedsstaaten, über die Finalität ihres Staatenverbundes Einigkeit zu erzielen und die Gespaltenheit der europäischen Nationen in der Außen- und Sicherheitspolitik, ein machtpolitisch wirksamer Faktor im internationalen System zu werden.

Gewiss ließe sich die politische Schwäche der Europäischen Union im Zuge einer grundlegenden Erneuerung der transatlantischen Beziehungen etwas ausgleichen. Doch die in den vergangenen drei Jahrzehnten nach dem Ende des Ost-West-Konflikts eingetretene Entfremdung zwischen den USA und Europa (mit Ausnahme von Großbritannien) machte alle Bemühungen zunichte. Vielmehr hat sich ein sehr spannungsreiches Verhältnis entwickelt, das erst recht nach der Enthüllung der weltumspannenden Abhörpraxis der amerikanischen Geheimdienste unter Führung der National Security Agency (NSA) sowie mit der Wahl von Donald Trump zum Präsidenten der USA neue Nahrung erhielt.

Ungeachtet mancher in der Europäischen Union entwickelten Vorstellungen ist der klassische Nationalstaat im derzeitigen internationalen System die entscheidende Handlungseinheit. Anders als die supranationalen Institutionen verfügen die modernen Nationalstaaten über jene Instrumente, die es am ehesten erlauben, der Dynamik der Globalisierung und den vielfältigen Herausforderungen zu widerstehen. Dies zeigt sich auch in Lateinamerika, wo die meisten Länder auf ihre Eigenständigkeit bedacht sind und ihre Politik vor allem gegen das Dominanz-Streben der USA richten.

Abgesehen von den Entwicklungen im Asiatisch-Pazifischen Raum, in Europa und Lateinamerika sind es in der gegenwärtigen Epoche das Ringen um Macht und die tiefgehenden Konflikte im Nahen Osten und in Afrika, die den Charakter und die Struktur des internationalen Systems prägen. Die Herausforderung des islamischen Fundamentalismus mit seinen schwer fassbaren weltweit agierenden Terror-Netzwerken und das beharrliche, die Existenz des Staates Israel in extremer Weise gefährdende Streben des Mullah-Regimes im Iran nach nuklearen Waffen steht hierbei im Mittelpunkt. Ob die starke strategische Partnerschaft der USA mit Israel ausreicht, um den Bestand dieses Staates zu sichern, dürfte schon bald sichtbar werden.

Der islamistische Terrorismus, der sich nach dem Ende des Ost-West-Konflikts Zug um Zug mit seiner asymmetrischen Kriegführung weltweit etabliert hat, betrifft nicht nur den „heiligen Krieg" gegen die USA und Israel, sondern richtet sich gegen alle Staaten, die sich nicht an der streng islamischen Weltanschauung orientieren wollen. Dabei hat sich in den letzten Jahren insbesondere das Al-Qaeda-Netzwerk durch seine Ableger im Nahen Osten und in Nordafrika massiv ausgeweitet. Darüber hinaus bereitet die Terror-Miliz IS (Islamischer Staat) nicht nur mit ihrem brutalen militärischen Vorgehen im Irak, in Syrien und in Libyen große Probleme. Die Protagonisten der Terror-Miliz IS und des Netzwerks der Al-Qaeda dehnen ihre Terroraktionen in zunehmendem Maße auch auf Europa und Russland aus.

Während man in den westlichen Demokratien mit großem Eifer über ein Ende des „Krieges gegen den Terror" debattiert und die USA eine gewisse Erschöpfung in der globalen Auseinandersetzung mit dem islamistischen Terrorismus erkennen lassen, versuchen radikale Islamisten, das Gesetz des Handelns zu bestimmen. Ihnen ist es in jüngster Zeit nicht nur gelungen, die westlichen Länder zu Rückzügen zu zwingen, sondern durch ihr zunehmendes Engagement auch Europa unmittelbarer als je zuvor zu bedrohen. Ungeachtet der hohen Verluste, die den Islamisten im Zuge des seit dem Jahre 1998 geführten „Krieges gegen den Terror" zugefügt wurden, konnte die Kampffähigkeit der islamistischen Gruppierungen nicht entscheidend geschmälert werden. Neben den Strukturen der Al Qaeda, die sich der veränderten Lage rasch anpassten, bildeten sich neue Gruppierungen, die mit der gleichen Zielsetzung und der probaten asymmetrischen Kampfesweise den „heiligen Krieg" weiterführen.

In der Tat gibt es weder mit Blick auf das mehr als fünfzehnjährige militärische Engagement der westlichen Demokratien in Afghanistan, noch auf das aggressive Vorgehen der Terroristen in anderen Teilen der Welt einen hinreichenden Grund, sich zufrieden zurückzulehnen. Die nach dem absehbaren endgültigen Rückzug der westlichen Truppen aus Afghanistan zu erwartende Machtübernahme der Taliban beflügelt längst die Islamisten, ihren Kampf fortzusetzen und das zentralasiatische Land als sichere Operationsbasis für ihr weltweites Engagement zu nutzen. Bereits seit mehreren Jahren können wir beobachten, dass sich eine Vielzahl von islamistischen Gruppierungen, die den „heiligen Krieg“ weitertragen wollen, nicht nur mit einzelnen Terrorakten hervortun, sondern versuchen, ganze Länder zu destabilisieren oder gar unter ihre Kontrolle zu bringen. Der zeitweilige Siegeszug der besonders brutal vorgehenden Terror-Miliz IS (Islamischer Staat) im Nahen Osten, aber auch der Versuch islamistischer Kräfte, Libyen unter ihre Herrschaft zu bekommen, unterstreicht diese Entwicklung eindrucksvoll. Sie praktizieren eine Art Kriegführung, die jede zivile Autorität bedroht und einen totalen Zivilisationsbruch bedeutet. Insgesamt haben wir es also mit der aggressiven Dynamik von Islamisten zu tun, deren Abwehr nach der bisherigen Erfahrung nicht allein mit polizeirechtlich gebundenen Maßnahmen oder mit dem Einsatz der Luftstreitkräfte geleistet werden kann.

Auch im Nordkaukasus und in Zentralasien gelang es islamistischen Gruppen, schlagkräftige Netzwerke zu bilden. So konnte man im Laufe des vergangenen Jahrzehnts mit Blick auf die Russländische Föderation den Trend beobachten, dass charismatische Islamistenführer versuchen, in mehreren Regionen des Kaukasus, aber selbst in Moskau und in St. Petersburg mit spektakulären terroristischen Aktionen ihre Handlungsfähigkeit unter Beweis zu stellen. Vor allem in Dagestan, Inguschetien und Kabardino-Balkarien steht Russlands politische Führung dem mit zahlreichen Selbstmordattentaten untermauerten Verlangen der Islamisten nach einer Sezession dieser Landesteile gegenüber.

Wenngleich das Prinzip der asymmetrischen Kriegführung seitens der islamistischen Terrorgruppen und einiger mit diesen Gruppen verbundener Regime nicht neu ist, bereitet der Einsatz extrem kostengünstiger Mittel, technischer Fähigkeiten und terroristischer Methoden selbst machtvollen Staaten große Probleme, um wirksame Abwehrmöglichkeiten zu finden. Die offene oder verdeckte Unterstützung durch einige Staaten der islamischen Welt, die Leichtigkeit des Zugangs zu modernen Technologien, aber auch die Bewegungsmöglichkeiten der Terrorgruppen und die mangelhafte Abwehrbereitschaft in vielen Ländern erlauben es diesen Gruppen, ihre politischen Ziele ohne besondere Mühe zu verfolgen.

Die Hoffnung, dass die Weltorganisation der Vereinten Nationen größere Bedeutung insbesondere in Fragen der Friedensbewahrung spielen könnte, erfüllte sich nicht. Selbst ein kooperatives pluralistisches Zusammenwirken der Staaten bei dem so häufig erforderlichen Krisenmanagement kommt nur selten zustande. Ein „Gewaltmonopol“ haben die Vereinten Nationen nicht. Weder befindet sich die Weltorganisation völkerrechtlich in einer solchen Position, noch verfügt sie über eigene militärische

Machtinstrumente. Vielmehr kann sich die Organisation der Vereinten Nationen nur auf die von den handlungsbereiten Mitgliedsstaaten „geliehene Macht“ stützen und auch nur dann zu militärischen Aktionen schreiten, wenn keines der fünf ständigen Mitglieder des Sicherheitsrates der Vereinten Nationen (USA, Russland, China, Frankreich, Großbritannien) sein Veto einlegt. Dabei ist der Sicherheitsrat keineswegs ein natürlicher Hort des Friedens und der Gerechtigkeit, sondern eine Institution, in dem souveräne Nationalstaaten handfest ihre Interessen verfolgen und Entscheidungen zum Handeln oft gerade dann nicht zustande kommen, wenn unterschiedliche Interessen besonders hart aufeinandertreffen.

Nicht zuletzt müssen wir feststellen, dass im derzeitigen internationalen System zahlreiche Nichtregierungsorganisationen als Akteure auftreten, die nicht selten durch ihr charakteristisches, die nationalen Gesetze und internationale völkerrechtliche Regeln gelegentlich mißachtendes Handeln auch machtvollen Staaten Probleme bereiten können.

Vor dem Hintergrund dieses komplexen multipolaren internationalen Systems ist es für Russland, den Kernstaat der einstigen Weltmacht Sowjetunion keine leichte Aufgabe, die eigenen Interessen zu wahren und eine erfolgreiche Politik zu betreiben.[8]

Russlands politische Vision

Wer das Denken und Handeln der politischen Führung Russlands realistisch einschätzen und auf die damit verknüpften Herausforderungen sinnvolle Antworten geben will, wird zunächst den Hintergründen der aktuellen Entwicklung dieses Landes nachgehen müssen. Dabei wird man nicht übersehen dürfen, welche dramatischen Veränderungen die einstige Weltmacht im Verlauf des Zerfallsprozesses erfahren hat. Während viele Politiker und Analysten in den westlichen Demokratien eher distanziert und kühl von dem Zusammenbruch des Sowjetimperiums als dem herausragenden Ereignis dieser historischen Epoche sprechen, eine gewisse Genugtuung über die neu gewonnene Selbständigkeit zahlreicher Länder in Osteuropa und in Zentralasien äußern, die einst zur Sowjetunion gehörten und deren Abdriften aus dem Einflussbereich Moskaus zu fördern suchen, nehmen die meisten Russen das politische Geschehen im Zuge des Zusammenbruchs der Sowjetunion völlig anders wahr.[9] Sie akzeptieren den mit der einschneidenden historischen Entwicklung der 80er und 90er Jahre des vergangenen Jahrhunderts verbundenen Machtverlust keineswegs als etwas Endgültiges. Ihnen ist bewusst, dass der Zusammenbruch des Sowjetimperiums kein unabwendbares Schicksal war, sondern auf schweren politischen und strategischen Fehlern Michail Gorbatschows[10] in der zweiten Hälfte der 80er Jahre beruhte. Trotz der enormen wirtschaftlichen Probleme, die das Sowjetimperium damals bedrängten, bestand keine sachlich zwingende Notwendigkeit, den Machtkomplex Sowjetunion und Warschauer Pakt aufzulösen. Es hätte genügt, eine politische, wirtschaftliche und militärische „Frontbegradigung" vorzunehmen, um die Chance zu wahren, später wieder an die Politik der Konkurrenz mit den USA und deren Bündnispartnern anknüpfen zu können. Eine zeitweilige Reduzierung der Militärausgaben, partielle und sorgfältig abgestimmte Rückzüge der sowjetischen Truppen, die entschlossene Verbesserung der Wirtschaftsstruktur des Landes und die zügige Entwicklung modernster Militär-Technologie wäre zweifellos die bessere Variante gewesen. Doch einige strategische Denker Russlands, die es während der Gorbatschow-Ära sowohl im militärischen, als auch im wissenschaftlichen Bereich durchaus gab, drangen mit ihren Vorschlägen nicht durch. Die Idee Gorbatschows, gegenüber den einzelnen Sowjetrepubliken gewisse Freiheiten zu gewähren, die zentrale Führung durch die Kommunistische Partei der Sowjetunion (KPdSU) aufzugeben und die Staaten des Warschauer Paktes aus ihrer strikten Bindung an Moskau zu entlassen, konnte nicht funktionieren.

Schon der für die von Michail Gorbatschow eingeführten innenpolitischen Veränderungen gefundene Begriff „Perestrojka" war psychologisch-politisch bedenklich. Er signalisierte Unsicherheit, ließ vieles im Unklaren und gab widersprüchlichen politischen Vorstellungen Raum, die das System von innen heraus aufbrachen und schließlich eine zielgerichtete Führung unmöglich machten. So war es nur folgerichtig, dass der politischen Elite in Moskau die Kontrolle über das eigene Land und erst recht über das strategische Vorfeld ziemlich rasch entglitt.

Im Rückblick sehen die Russen vor allem, dass die dramatischen Veränderungen seit dem Zerfall der Sowjetunion das von Moskau beherrschte Territorium auf eine Größe zusammenschrumpfen ließen, wie dies etwa dem Zarenreich um die Mitte des 17. Jahrhunderts entspricht. Und es überrascht nicht, dass die Art und Weise dieses Zusammenbruchs, der relativ rasche Verlust der Vorherrschaft über Mittel- und Osteuropa sowie Zentralasien und die auch nach der Gründung der Russländischen Föderation sichtbaren Tendenzen einiger Völker und ethnischer Gruppen zur Sezession eine tiefsitzende Furcht vor der Eigendynamik solcher Prozesse ausgelöst haben, die bis heute nachwirkt. Es handelt sich bei diesen charakteristischen Einschätzungen und Empfindungen der Russen keineswegs um „Phantomschmerzen", wie manche westliche Politiker und Journalisten meinen. Die meisten Russen – und erst recht deren Führungselite – verfügen über gute Geschichtskenntnisse, und ihr kollektives Gedächtnis hat großes politisches Gewicht. Wer diesen Tatbestand ausblendet, wird kaum zu realistischen Ergebnissen kommen, wenn es gilt, die Entwicklung Russlands zu beurteilen. Insbesondere mit Blick auf den aktuellen Konflikt um die politische Orientierung der Ukraine kann es nicht angehen, die 1.000-jährige Geschichte des Landes und dessen Ursprünge unberücksichtigt zu lassen.[11]

Die Auflösung der Sowjetunion im Dezember 1991, die schwierige Transformation der ehemaligen sozialistischen Staaten, der Zerfall Jugoslawiens und die Balkankriege sowie die Konflikte am östlichen Rand der Europäischen Union und im Süden Russlands haben schon früh zu einer Ernüchterung in der russischen politischen Elite geführt. Hinzu kam, dass sich die NATO und die Europäische Union bis über die Grenzen der ehemaligen Sowjetunion hinaus erweiterten. Ohne darüber nachzudenken, welche psychologisch-politischen Wirkungen das stetige Vordringen der NATO mit ihren militärischen Strukturen bis an die Grenzen Russlands bei der russischen politischen Elite auslösen musste, hat das westliche

Bündnis das von Michail Gorbatschow freigegebene Terrain de facto besetzt. Russland musste sich durch diese charakteristische Politik des Westens hintergangen fühlen. Zwar gab es in der Schlussphase des Sowjetimperiums keine schriftliche Zusicherung der westlichen Staaten gegenüber Michail Gorbatschow, eine Ausdehnung des Einflussbereichs nach Osten zu unterlassen. Doch hat man die führenden Repräsentanten Russlands in zahllosen Gesprächen immer wieder zu beruhigen versucht und versichert, dass man die vitalen russischen Interessen beachten werde. Aber man hielt sich nicht daran. Vor allem die Ausdehnung der NATO nach Osten wurde in Moskau von Anfang an als Vertrauensbruch und als eine reale Gefährdung der Sicherheit Russlands verstanden. Schließlich hatte der damalige amerikanische Außenminister James Baker im Jahre 1990 gegenüber seinem sowjetischen Kollegen Eduard Schewardnadse mehrfach versichert, „keinen Zoll“ werde die NATO vorrücken. Die russische Enttäuschung wurde noch dadurch verstärkt, dass die Ost-Erweiterung der NATO die Ziele und Grundlagen des am 19. November 1990 unterzeichneten Vertrages über die „Konventionellen Streitkräfte in Europa“ (KSE-Vertrag) faktisch aushebelte. Die am 19. November 1999 anläßlich des OSZE-Gipfeltreffens in Istanbul von den 30 KSE-Vertragsstaaten unterzeichnete Anpassung der Bestimmungen dieses Vertrages konnten die sicherheitspolitisch negativen Folgen für Russland nicht wettmachen.

Durch den NATO-Beitritt der ehemals zur Sowjetunion gehörenden baltischen Staaten wurde der potentielle Stationierungsraum des westlichen Bündnisses auf ein Gebiet vor den Toren von St. Petersburg ausgedehnt, das keiner Rüstungsbegrenzung unterliegt. Die NATO-Staaten weigerten sich zudem, einen Stationierungsverzicht zu erklären. Und mit der Einrichtung einer militärischen Berater-Mission in Georgien gelang es den USA, unmittelbar an der russischen Südgrenze Fuß zu fassen. Die im November 1999 vollzogene Anpassung des ursprünglichen KSE-Vertrages an die veränderten Verhältnisse hat die Souveränität von Stationierungsländern sogar noch verstärkt und Russland zu weiteren Rückzügen seiner Truppen gezwungen. Der Machtverlust Russlands trat dadurch umso deutlicher hervor. Die NATO-Osterweiterung lediglich als eine „Westflucht“ osteuropäischer Staaten zu betrachten, wird den tatsächlichen Vorgängen nicht gerecht. Sie ist vielmehr in ihrem Kern das Ergebnis zielstrebiger Machtpolitik der USA.

Auch die große Mehrheit der russischen „Intelligencija“ zeigte in ihren Äußerungen immer wieder, dass sie den Machtverlust ihres Landes bedauert und in ihrem politischen Wirken den Traditionen der russischen

Geschichte verhaftet bleibt. Diese Denkweise wurde noch durch den raschen wirtschaftlichen Niedergang Russlands während der Präsidentschaft von Boris Jelzin[12] in den 90er Jahren des vergangenen Jahrhunderts verstärkt. Wenngleich die wesentlichen Gründe für die rapide Verschlechterung der Wirtschaftslage Russlands weit in die Zeit der Sowjetherrschaft zurückreichen, erwiesen sich auch die von Boris Jelzin eingeleiteten Reformen als wirkungslos. Für die Bevölkerung in Russland war der katastrophale Niedergang der Wirtschaft in den 90er Jahren des vorigen Jahrhunderts mit einer beispiellosen Verarmung verbunden, während gleichzeitig einige wenige Nutznießer dieser zum Teil chaotischen Verhältnisse, wie z.B. Boris Beresowskij, Michail Chodorkowskij, u.a. auf vielfach umstrittene Weise enormen Reichtum erwarben und diesen zumeist ins Ausland transferierten.[13] Daher nahm die Zahl der Menschen rasch zu, die immer deutlicher eine Abkehr vom Jelzin-Regime und nach einer neuen starken Führung verlangten. Der Fehlschlag der Reformen brachte das Jelzin-Regime weiter in Mißkredit und ließ wenig Raum für die Hoffnung, dass Russland schnell wieder eine machtvolle Position in der Welt einnehmen könnte.

Der vor dem Hintergrund geschichtlicher Dimensionen relativ rasche Zusammenbruch des machtvollen Sowjetimperiums und die schwerwiegenden Erschütterungen bei dem ersten Versuch, Russland neu zu gestalten, haben auch die russische Intelligencija motiviert, über die Ursachen dieser fatalen Entwicklung nachzudenken und Vorschläge für einen Neubeginn zu präsentieren. Während viele hervorragende Vertreter aus der Wissenschaft und Publizistik eher politische und wirtschaftliche Gründe für den schnellen Zerfall des Imperiums und die enormen Probleme beim Neuaufbau Russlands als besonders wichtig ansahen, neigten andere dazu, sozialpsychologische Ursachen zu betonen. Trotz des fehlenden Konsenses müssen wir feststellen, dass den Intellektuellen als gesellschaftliche Gruppe eine wichtige Rolle vor allem in dem Ringen um die Gestaltung einer neuen Ordnung in Russland zugeschrieben werden kann. Gewiss hatten die nach dem Ende der Sowjetunion politisch Herrschenden im Lande ein Interesse daran, dass die Intellektuellen die politischen Wissensbestände affirmativ deuten, d.h. die Legitimationsbasis der Herrschenden unterstützen und so zur Stabilisierung des Systems beitragen. Doch konnten wir beobachten, dass die meisten Intellektuellen dazu tendierten, die Geschehnisse kritisch zu hinterfragen und somit auch Gegenpositionen zu entwickeln, die das Jelzin-Regime zunächst weiter destabilisierten und die politische Herrschaft delegitimierten.[14]

In Russland hat es immer eine spezifische Interaktion von Geist und Macht, von Intellektuellen und Politik gegeben. Vor allem die Schriftsteller nahmen dabei in der russischen Gesellschaft traditionell eine wichtigere Position ein, als dies für ihre Kollegen in westlichen Ländern üblich war. Oft waren sie sogar von dem Bewusstsein einer besonderen, aufopfernden Mission erfüllt. Wie die Geschichte lehrt, erfassen Schriftsteller die psychologischen Spannungen in der Gesellschaft besonders deutlich und reagieren darauf mit charakteristischer Schärfe. So überraschte es nicht, dass den russischen Schriftstellern gerade im Zuge der Umbruchsituation der 90er Jahre des vergangenen Jahrhunderts große Beachtung geschenkt worden ist. Ihnen gesellten sich in dieser bedeutsamen Epoche vor allem Historiker und Wirtschaftswissenschaftler zu, wenn es darum ging, die politische und gesellschaftliche Entwicklung in Russland zu kommentieren und Visionen für die Zukunft zu entwerfen.

Viele Menschen in Russland hatten in den 90er Jahren des vorigen Jahrhunderts nur eine vage Vorstellung davon, was mit dem Zusammenbruch des alten Imperiums tatsächlich passiert war und wie sich Staat, Gesellschaft und Wirtschaft Russlands neu entfalten sollten. Die mangelnde Effizienz des kommunistischen Moskauer Regimes war den meisten Menschen erst allmählich im Laufe des Zerfallsprozesses der Sowjetunion deutlich geworden. Das Ergebnis des Umbruchs stellte sich den Russen vielfach als Ruinenlandschaft dar, in deren Rahmen die einst unter Leonid Breschnew[15] noch erzwungene Disziplin, Ordnung und Sicherheit rasch verfielen.

Nur kurze Zeit bot die von den sogenannten „Radikalreformern" während der Jelzin-Ära versprochene Marktwirtschaft, die sich die Russen damals als einen schnell erreichbaren Massenwohlstand vorstellten, einen gewissen Halt und gab den führenden Politikern Legitimation. Doch die rasche Verarmung der großen Masse der Bevölkerung und die Ungewissheit im Hinblick auf die Zukunft Russlands zehrten die in die Reformen gesetzten Hoffnungen bald auf. Neben dem Zerfall fast aller bis dahin wirksamen Orientierungspunkte im Leben der Menschen und der Labilität der „neuen Werte" war mit der drastischen Schrumpfung des von Moskau beherrschten Territoriums auch ein „Verlustsyndrom" verbunden, das die Suche nach einem nationalen Konsens darüber, wie der Niedergang aufgehalten und der Neuaufbau Russlands gestaltet werden sollte, einmal mehr erschwerte.[16]

Hatten unmittelbar nach dem Ende des Sowjetstaates, als die Gesellschaft in Russland noch weitgehend unter Schock stand, die Diskussionen der Intellektuellen eher moderate und das Jelzin-Regime stützende Beiträge in den Vordergrund gestellt, so entwickelte sich die Debatte angesichts des rasanten Niedergangs in eine völlig andere Richtung. Vor dem Hintergrund der immer deutlicher hervortretenden allgemeinen Notlage änderten sich die Thematik und die Tendenz der Diskussionen entscheidend. Nur noch wenige Repräsentanten der russischen Intelligencija unterstützten mit ihren Beiträgen die russische Regierung und die von ihr eingeleiteten Reformen. Die meisten Intellektuellen, die anfangs noch das Jelzin-Regime mittrugen, zogen sich enttäuscht zurück, nachdem sich die angekündigten Erfolge nicht einstellten und man sehen konnte, dass auch die sogenannten „Demokraten“ heillos zerstritten waren und in Wirtschaft und Gesellschaft chaotische Verhältnisse herrschten.

Zu denen, die sich dennoch nicht vollständig von der auf demokratische Reformen abzielenden Politik Jelzins abwandten, zählten u.a. die Theaterregisseure Jurij Ljubimow und Mark Sacharow, der Schriftsteller und Journalist Alexander Kabakow, damals stellvertretender Chefredakteur der *Moskovskije Novosti*, sowie der Historiker Anatolij Utkin. Während sich die Beiträge Ljubimows und Sacharows eher wie Ergebenheitsadressen an das Jelzin-Regime lasen, kritisierte Kabakow vor allem jene Kollegen unter der russischen Intelligencija, die ohne Rücksicht auf die politischen Realitäten extreme Positionen vertraten und damit radikale gesellschaftliche Gruppen in Russland unterstützten.

Anatolij Utkin befürwortete zwar Anfang der 90er Jahre des vergangenen Jahrhunderts die Reformpolitik der russischen Regierung, sprach sich aber gleichzeitig gegen radikale Reformen aus, die nach seiner Überzeugung die wesentlichen Traditionen und das nationale Gewicht Russlands bedrohten.[17] Dass sich Russland jahrhundertelang dem westlichen Denken widersetzen konnte, schrieb Utkin hauptsächlich Zar Peter dem Großen (1682–1725) zu. Folgerichtig plädierte Utkin dafür, zwar gegenüber technischen Neuerungen offen zu sein, aber die russischen Traditionen und eigenständiges Denken zu bewahren.

Die Beurteilung Utkins wurde damals von vielen Menschen in Russland geteilt. Der Niedergang von Staat, Wirtschaft und Gesellschaft wurde allgemein als bedrückend empfunden. Zugleich suchte man nach Wegen, wie die schwere Krise überwunden werden könnte. Dabei fiel auf, dass auch die Intellektuellen große Mühe hatten, traditionelle Denkweisen und nationale Bestrebungen mit der als notwendig erkannten Modernisierung des Landes in Einklang zu bringen.

In der Tat ist die Neigung der russischen Intellektuellen, den politischen Prozess in Russland vor dem Hintergrund der tiefen Krise während der ersten Hälfte der 90er Jahre des vergangenen Jahrhunderts kritisch zu begleiten, immer deutlicher hervorgetreten. Auch Alexander Solschenizyn hat sich in dieser Zeit häufig – teilweise sogar in längeren Sendungen des russischen Fernsehens – zu Wort gemeldet. Er kritisierte dabei die Art und Weise der „Abwicklung" der Sowjetunion, den damit verbundenen schlimmen Zustand des Landes und dessen Folgen für die Menschen, wandte sich dezidiert gegen die „abstoßenden Erscheinungen des Kapitalismus", die er der Politik Boris Jelzins anlastete und beharrte auf „einem eigenen Weg Russlands".[18] Diesem Thema widmete sich Solschenizyn vor allem seit seiner Rückkehr nach Russland im Sommer 1994. Er ließ keinen Zweifel daran aufkommen, dass Russland seine Eigenständigkeit und Stärke zurückgewinnen müsse. Zwar beklagt Solschenizyn in diesem Zusammenhang auch die Abspaltung der Ukraine und drückt seine Hoffnung aus, dass Russen, Ukrainer und Weißrussen irgendwann wieder zusammenfinden werden. Doch macht er auch klar, dass dieser Vorgang sicher nicht in althergebrachter Form vollzogen werden könne, da diese neu gebildeten Staaten bewusst ihre Souveränität proklamiert hätten. Im Hinblick auf die Wiedererlangung der „russischen Identität" erschien ihm die vorrevolutionäre Periode der russischen Geschichte als eine „großartige Epoche", an die es anzuknüpfen gelte.[19] Er plädierte daher folgerichtig für die Umwandlung des Landes in einen „starken russischen Nationalstaat".

Entsprechend dem politischen und wirtschaftlichen Niedergang – und die einzelnen politischen Gruppierungen übergreifend – verband die meisten Aussagen der russischen Intelligencija die Sorge um die Macht und die Eigenständigkeit Russlands. Diese Haltung konnte man sogar bei prominenten Sympathisanten Boris Jelzins antreffen, wie z.B. bei Witalij Tretjakow, damals Chefredakteur der *Nezavisimaja gazeta*, der seine Sorge in einem ganzseitigen offenen Brief an den Präsidenten deutlich machte.[20]

Tretjakow warf dem Präsidenten u.a. vor, die Führer separatistischer Republiken und Gebiete nicht konsequent genug einzubinden, um die weitere Schwächung Russlands zu verhindern. In noch schlimmerer Weise sah Tretjakow die Macht Russlands durch Jelzins Verhalten in der innenpolitischen Auseinandersetzung bedroht.[21]

Angesichts der Faszination früherer Macht und Größe schmerzte es viele russische Intellektuelle in besonderem Maße, dass es in den frühen

90er Jahren des vergangenen Jahrhunderts wenig Hoffnung gab, Russlands Krise schnell zu überwinden. So beklagte Elgis Posdnjakow, dass mit dem wirtschaftlichen und politischen Niedergang der Verlust an Kultur und Moral einhergehe. Posdnjakow gab gleichwohl den Glauben an Russland nicht verloren. Aus seiner Sicht bot die Rückbesinnung auf die Geschichte den entscheidenden Ansatz, Russlands Macht und Größe wiederherzustellen.[22] Den recht frühzeitigen nationalstaatlichen Zusammenschluß im 15. Jahrhundert, die Ausbreitung russischer Kultur und die Errichtung eines Imperiums betrachtet Posdnjakow als Russlands historische Bestimmung. Der Wiedergewinn seiner Eigenständigkeit und die Restauration Russlands als Großmacht würden aus der Sicht Posdnjakows davon abhängen, die spezifisch „russische Welt“ (russkij mir) neu aufzubauen. Die partikularen nationalen Entwicklungen und Bestrebungen auf dem Territorium der früheren Sowjetunion hielt Posdnjakow nicht für lebensfähig.[23] Der russischen Regierung unter der Führung von Boris Jelzin warf Posdnjakow vor, Russland von seiner historischen Bestimmung abzuhalten und in den Westen einbinden zu wollen.[24] Von daher war es nur folgerichtig, wenn Posdnjakow verlangte, Russland wieder auf den Weg seiner heilsgeschichtlichen Mission zurückzubringen. In der Tat können wir feststellen, dass die von Boris Jelzin zu Beginn der 90er Jahre des vorigen Jahrhunderts betriebene enge Anlehnung an westliches Denken und westliche Werte in der russischen Intelligencija immer stärker kritisiert wurde.

Angesichts der Mißerfolge auf wirtschaftlichem Gebiet, des Verfalls staatlicher Autorität, der steigenden organisierten Kriminalität und des Niedergangs der Moral konnte es nicht überraschen, dass antiwestliche Haltungen und die Sehnsucht nach früherer Macht zunehmend die Kommentare der Intellektuellen beherrschten. Von ihnen wurde nunmehr erwartet, eine „nationale Ideologie“ zu formulieren, die den Interessen Russlands Rechnung tragen würde.[25] Bei einer weiteren Integration in das westlich dominierte Wirtschaftssystem dagegen sah man für Russland keine Chance, seine frühere Rolle wiederzugewinnen. Das Land bliebe vielmehr zwangsläufig in der Position des Juniorpartners – mit allen daraus folgenden negativen Konsequenzen für die Eigenständigkeit und Identität der russischen Kultur.[26]

Der Reflex auf den seit Gorbatschows Wirken anhaltenden Niedergang des Landes zeigte sich besonders deutlich in einem Beitrag von Natalja Narotschnizkaja. Die Historikerin formulierte den russischen Großmachtanspruch und die russische Eigenständigkeit mit außergewöhnlicher

Schärfe und kam ohne lange Vorrede zum entscheidenden Punkt: Aus ihrer Sicht bestand Russlands wichtigste politische Aufgabe darin, die Verbindungen „zu den Teilen des historischen Russischen Reiches" zu festigen, um so zur Wiedervereinigung zu gelangen.[27] Die Anwendung militärischer Gewalt schloß sie dabei allerdings aus. Natalja Narotschnizkaja argumentierte in diesem Zusammenhang, Russland habe „moralisch, politisch und juristisch" Anspruch auf das gesamte Territorium der früheren Sowjetunion. Im Übrigen sei die Auflösung der Sowjetunion „verfassungswidrig" gewesen.[28] Was die Sowjetunion mit den Verträgen von Jalta und Potsdam und mit der Schlußakte von Helsinki erreicht habe, bliebe weiter gültig. Folgerichtig kam die Historikerin in ihrem Kommentar zu dem Status der baltischen Republiken zu dem Ergebnis, dass diese keinen historischen Anspruch auf Unabhängigkeit hätten. Den nationalen Interessen Russlands als Großmacht gab sie in diesem Kontext konsequenterweise Vorrang und argumentierte, dass die Großmacht Russland die im Baltikum vorhandenen Seehäfen brauche, um ihre nationalen Interessen wahren zu können.[29] Auch eine Rückgabe der Kurilen an Japan könne keinesfalls in Betracht kommen.[30]

Die Rückbesinnung auf den Großmachtgedanken und den eigenständigen Charakter russischer Politik und Kultur bildete auch den Kern des „zentristischen" Denkens, das besonders prägnant von Michail Astafjew formuliert wurde[31] und in Russland rasch Popularität gewann. Wie viele andere Intellektuelle verwarf Astafjew die „einfachen Erklärungsweisen" der radikalen Chauvinisten, der Kommunisten, aber auch der sogenannten „Demokraten", die Russland nach westlichen Maßstäben umwandeln wollten. Vielmehr galt es, die moralischen Prinzipien Russlands als Orientierung zu nehmen und die Einheit der Gesellschaft auf der Grundlage einer christlich-patriotischen Weltanschauung wiederherzustellen.[32] Dabei plädierte Astafjew für die „Wiedergeburt eines machtvollen und unabhängigen russischen Staates" und lehnte alle Tendenzen ab, die Russland zum Juniorpartner des Westens machen würden.[33] Eine Stabilisierung der innenpolitischen Lage hielten Astafjew und seine Mitstreiter nur dann für möglich, wenn es gelänge, ein „einheitliches und unteilbares Russland" zu schaffen. Rechte auf Selbstbestimmung und Interessen „regionaler Souveränitäten" auszuhandeln und bei der inneren Organisation des Staates zu berücksichtigen, war aus dieser Sicht absurd. Nach außen galt es, Russland in den „natürlichen Grenzen" wieder entstehen zu lassen. Dabei sollten vorrangig die drei slawischen Staaten – also Russland, Ukraine und Weißrussland – wiedervereinigt werden. Im Zusammenhang mit der „Grenzfrage“ berief sich Astafjew ebenso auf die Schlußakte von Helsinki aus dem Jahre 1975 wie Natalja Narotschnizkaja.

Aus der Perspektive der großen Mehrheit der russischen Intelligencija sollte sich die Politik Russlands strikt an den nationalen Interessen orientieren und auf keinen Fall an der Frage ausrichten, ob das politische Handeln den Vereinigten Staaten von Amerika oder anderen westlichen Ländern gefalle. Wenn man von der stark religiös fundierten, an den Lehren der Russisch-Orthodoxen Kirche orientierten Argumentationsweise Astafjews absieht, finden sich in seinen Beurteilungen und visionären Vorstellungen zahlreiche Elemente wieder, die auch von vielen anderen Repräsentanten der russischen Intelligencija im Rahmen einer „zentristischen“ Denkweise vertreten wurden. In der Forderung, Russland als eigenständige Großmacht unter starker, zentraler Führung wiedererstehen zu lassen und weltweit anerkannt zu sehen, war schon während der ersten Hälfte der 90er Jahre des vorigen Jahrhunderts ein nationaler Konsens unter den russischen Intellektuellen entstanden, der verschiedene politische Parteien und Bewegungen miteinander verband und von der amtlichen russischen Politik nicht ignoriert werden konnte.[34]

Die große Zahl, die Klarheit und die Tendenz der Versuche seitens der russischen Intellektuellen, zur Neugestaltung und künftigen Bestimmung Russlands Stellung zu nehmen, weisen darauf hin, dass der vom Zerfall des Sowjetimperiums ausgelöste Schock bereits um die Mitte der Jelzin-Ära überwunden zu sein schien. Zwar wurde in nahezu allen Beiträgen die tiefe Enttäuschung über den Niedergang staatlicher Macht und Autorität und über den Verfall der Moral ausgedrückt. Doch zeigte sich in vielen Aussagen der russischen Intelligencija ein neues Selbstbewusstsein – auch im Hinblick darauf, dass die Krise Russlands bald ein Ende finden könne. Es erscheint in diesem Kontext durchaus konsequent, wenn die meisten russischen Intellektuellen die Lösung des Problems in einem machtvollen Staat unter Führung starker Persönlichkeiten gesehen haben. Der Verfall russischer Staatsmacht, der rapide Anstieg organisierter Kriminalität und die Verarmung breiter Schichten der Bevölkerung wurden durchweg den „demokratischen Reformern“ zur Last gelegt. In ihren Visionen für die Zukunft orientierten sich die meisten Intellektuellen folgerichtig an der langen Tradition einer starken russischen Zentralmacht und des Glaubens an die Überlegenheit eines eigenständigen russischen Weges zur Bestimmung von Staat und Gesellschaft. Es kam daher nicht von ungefähr, dass der Ansatz, mit einer nationalrussischen Ideologie, die auch die russische Nation übergreifende heilsgeschichtliche Aufgaben einschloß, einen neuen gesellschaftlichen Konsens zu schaffen, besonders stark von den Zentristen vertreten wurde und immer mehr Anhänger fand.

Vor dem Hintergrund dieser mehrere Jahre anhaltenden Debatte in Russland setzte sich um die Mitte der 90er Jahre des vergangenen Jahrhunderts unter der rasch populär gewordenen Bezeichnung „Neo-Eurasismus" ein neues politisches Denken durch, das bald in Parteiprogrammen und zunehmend auch in der amtlichen Politik seinen Niederschlag fand. Führender Vertreter und Organisator der neo-eurasistischen Bewegung war der außerordentlich engagierte Philosoph Alexander Dugin, der mehrere Abhandlungen zu dieser Staatstheorie schrieb und mit zahlreichen Kommentaren in großen Zeitungen, mit Interviews im Fernsehen und Grundsatzreden in der Staatsduma von sich reden machte.[35] Dabei ist bemerkenswert, dass Dugin und seine Mitstreiter mit ihren Überlegungen fast beim gesamten politischen Spektrum in Russland Widerhall fanden. Nur die sogenannten „Demokraten" setzten sich von dieser Denkweise deutlich ab und wurden folgerichtig kritisiert.

Mit seinem autoritativen „Lehrbuch für alle Entscheidungsträger in den wichtigsten Sphären des russländischen politischen Lebens" und in mehreren weiteren Werken versuchte Dugin, frühere geopolitische Theoriebildungen aus den 20er Jahren des vergangenen Jahrhunderts auf die neue Situation zuzuschneiden und eine „geopolitische Vision Russlands" zu formulieren. Diese Vision weist Russland in der Welt die politische und strategische Schlüssellage zu. Nach Dugins Vorstellungen erscheint ein harter Wettstreit der verschiedenen Kulturen unausweichlich. Russland wird aus diesem Wettstreit als neue Weltmacht hervorgehen, wenn seine politische Führung die grundlegenden Prinzipien des Eurasismus beachtet.[36] War schon das frühe Eurasiertum staatsgläubig und machtorientiert, streng national und antiwestlich eingestellt, so präsentieren sich die geopolitischen Visionen des neuen Eurasismus als dezidiert patriotisch. In ihnen spielt die Heimat (Rodina) eine dominierende Rolle und erhält zusätzlich eine religiöse Dimension. Der Grundgedanke dieser geopolitischen Visionen besteht darin, die ehemaligen Territorien des Zaren- und Sowjetreiches wieder zusammenzuführen und auf der Basis einer überlegenen Staatskultur die internationale Politik wesentlich zu bestimmen. Ganz ähnlich hatte auch der russische Philosoph Ivan Ilyin argumentiert. Er vertrat die These, dass der russische Staat ein einzigartiges geo-historisches Gebilde ist, das von der „spirituellen Einheit der euro-asiatischen Nationen zusammengehalten"[37] wird. Dieser Staat steht nach Ilyin sowohl im Gegensatz zum Kommunismus, als auch zur westlichen Demokratie. Von daher lag es für Ilyin nahe, für den russischen Staat einen speziellen, eigenständigen Weg zu verlangen, der auf den Denkweisen der Russisch-Orthodoxen Kirche und den traditionellen Werten Russlands beruht. Es ist daher kein Zufall, dass man diese geopolitische und historisch tief verankerte Argumentationsweise seit der zweiten Hälfte der 90er Jahre des vorigen Jahrhunderts nicht nur häufig bei den russischen Intellektuellen findet. Wichtige Elemente dieses Denkens erschienen zunehmend auch bei zahlreichen Vertretern der politischen Klasse Russlands.

So war es nur folgerichtig, dass die meisten russischen Politiker für ein Russland eintraten, das sich weniger an westeuropäischen und amerikanischen Maßstäben, sondern an eigenen russischen Vorstellungen und Traditionen orientieren sollte. Ihr ungebrochenes Verhältnis zur Macht ließ die politische Führungselite des Landes denn auch rascher zu den überkommenen Denk- und Verhaltensweisen zurückfinden, als es manche ihrer Kollegen in Westeuropa oder in den USA wahrhaben wollten. Sie offenbarten immer stärker ein politisches Denken, das zu den populären Ursprüngen des russischen Nationalismus zurückreicht und – nicht zufällig – auch von der Russisch-Orthodoxen Kirche geteilt wird. In dem bemerkenswerten Aufstieg Wladimir Putins spiegeln sich diese Tendenzen eindrucksvoll wider.

Im Laufe des letzten Jahrzehnts tauchte die geopolitische Sichtweise der Eurasier mit leicht veränderten Worten in neuem Kontext auf: In einem programmatischen Beitrag für die *Izvestija* kündigte Wladimir Putin Anfang Oktober 2011 die Gründung einer „Eurasischen Union“ an.[38] Sein visionärer Aufsatz greift zum einen die Grundgedanken der Eurasier in modernisierter Form wieder auf. Er spiegelt zudem ein gestärktes Selbstbewusstsein der politischen Führung wider. Wladimir Putin geht es dabei nicht darum, einen nicht-westlichen oder gar anti-westlichen Bezugspunkt für die Politik Russlands zu schaffen. Vielmehr zielen seine Überlegungen darauf ab, die Identität Russlands zu sichern und die Eigenständigkeit russischer Politik in jeder Situation zu garantieren. Er argumentiert dabei, dass die Entstehung einer Eurasischen Union zu einer „Veränderung der geopolitischen und geoökonomischen Konfiguration des gesamten Kontinents“ führen könne. Am Ende dieses Integrationsprozesses soll nach den Ausführungen Putins eine „machtvolle übernationale Vereinigung“ entstehen – nicht eine Neuauflage der Sowjetunion. Gleichwohl war klar, dass Russland das Zentrum des neuen Gebildes sein würde.

Der politischen Führung um Wladimir Putin war in der Tat von Anfang an bewusst, dass sich Russland nicht nur an einem klaren ordnenden Prinzip, sondern auch an einer visionären, von der Geschichte inspirierten Idee orientieren musste, um wieder jene Machtstellung und politische Handlungsfähigkeit im internationalen System erringen zu können, die es einst kennzeichnete. Dies setzte zum einen die Konsolidierung und innere Stabilität des modernen Nationalstaates Russland voraus. Zum anderen erschien es notwendig, mit den politischen Ambitionen über die engere Basis dieses Nationalstaates hinauszugehen und das weitere Umfeld Russlands in neuer Weise einzubeziehen.

Wladimir Putins Programm: Restauration russischer Macht

Es gehört zu den auffälligsten Tatbeständen der russischen Politik, dass sich schon in der Endphase des Jelzin-Regimes neben dem politischen Denken die Machtverhältnisse innerhalb Russlands erheblich veränderten. Jene Kräfte, die für eine konsequente Demokratisierung und die Bildung einer „Zivilgesellschaft" nach westeuropäischem Verständnis plädierten, verloren ihren Rückhalt. Es gelangten Politiker in staatliche Schlüsselpositionen, die von dem Geist beseelt waren, den weiteren Machtverfall zu stoppen und für den Wiederaufstieg Russlands zu kämpfen. Wladimir Putin zählte von Anfang an zu jenen geschichtsbewussten Politikern, die den Zusammenbruch des russisch dominierten und tief in der russischen Geschichte verwurzelten Sowjetstaates als „die größte geopolitische Katastrophe des 20. Jahrhunderts" betrachten. Mit Blick auf die gravierenden politischen und strategischen Fehler seiner beiden Vorgänger Michail Gorbatschow und Boris Jelzin und auf die neu formulierten Interessen seines Landes hat Wladimir Putin stets die Auffassung vertreten, dass der russische Staat entschlossen modernisiert und eine zentrale autoritäre Führungsmacht geschaffen werden müsse. Unmittelbar nach seiner erstmaligen Wahl zum Präsidenten am 26. März 2000 erklärte er: „Für die Russen ist ein starker Staat keine Anomalie, die es zu beseitigen gilt, sondern im Gegenteil ein Garant der Ordnung, der Initiator und die Haupttriebkraft aller Veränderungen".[39]

In der Tat entspricht es einer jahrhundertelangen Tradition russischer Staatskunst, notwendig erscheinende Modernisierungen – vor allem auf dem Gebiet der Wirtschaft und Gesellschaft, der Wissenschaft und Technik, sowie der Erziehung und Bildung – zentral von der Staatsführung zu steuern und an genuin russischen Wertvorstellungen zu orientieren. Dieses Politikverständnis kommt in der zielbewussten Einordnung jener Institutionen zum Ausdruck, auf die sich Staatspräsident Wladimir Putin vornehmlich stützt: die Staatsduma, die Nachrichten- und Sicherheitsdienste, die wichtigsten Bereiche der Wirtschaft, das Außenministerium, die Streitkräfte und die Russisch-Orthodoxe Kirche.

Vor dem Hintergrund des katastrophalen wirtschaftlichen Niedergangs in der Jelzin-Ära war es nur konsequent, dass Wladimir Putin der zügigen Restitution der Wirtschaft des Landes Vorrang einräumte und dabei wirtschaftliche Entfaltungsmöglichkeiten walten ließ, aber auch den

Zugriff des Staates in strategisch wichtigen Bereichen sicherte. Nach seinem Verständnis war „eine stabile Wirtschaft der Hauptgarant für eine demokratische Gesellschaft und die Grundlage aller Grundlagen für einen starken und in der Welt geachteten Staat“.[40]

Das Ergebnis der neuen zielgerichteten Bemühungen konnte sich in der Anfangsphase seiner Regentschaft durchaus sehen lassen: Neben der Rückkehr zu einer gewissen politischen Stabilität in dem auch nach der Abspaltung vieler Republiken noch riesigen Land mit einem Territorium von 17 Millionen km^2 zeigte die Wirtschaft zunächst eine beeindruckende Dynamik. Mit einem jährlichen Wachstum von über sieben Prozent während der Zeit bis zur weltweiten Finanzmarkt- und Wirtschaftskrise 2008/2009 gehörte Russland zu den am schnellsten wachsenden Volkswirtschaften der Welt. Zwar war die rasche Konsolidierung der Wirtschaft in hohem Maße den großen Exporterlösen für Erdöl und Erdgas, den damals recht günstigen außenwirtschaftlichen Rahmenbedingungen und der Abwertung des Rubel zu verdanken. Die einseitige Abstützung auf den Export von Rohstoffen, von Nukleartechnologie und Waffen brachte das Wachstum der Wirtschaft jedoch bald an seine Grenzen. Auch die Unsicherheiten im Rechtswesen und im Steuersystem sowie die ausgeprägte Neigung zu staatlichen Eingriffen verhinderten den schnelleren Aufbau einer in allen Bereichen dynamischen und auch international wettbewerbsfähigen Wirtschaft.

Bei der großen Mehrheit der Russen fand die Wirtschaftspolitik Wladimir Putins durchaus Zustimmung. Nach den schlechten Erfahrungen mit dem Jelzin-Regime mißtrauten sie einer freien Marktwirtschaft nach westeuropäischem oder gar amerikanischem Muster. Und die allmähliche Erholung der russischen Wirtschaft schien diese Auffassung zu bestätigen. Zudem gelang es der russischen Regierung, die Armut durch eine relativ großzügige Sozialpolitik drastisch zu senken. Die Fähigkeit der Regierung, großen Teilen der Gesellschaft im Vergleich zur Jelzin-Ära bessere Existenzbedingungen zu sichern, verlieh dem Regime eine gewisse Legitimität. Unter den neuen wirtschaftlichen Verhältnissen wuchs aber auch eine bemerkenswert selbstbewusste Mittelschicht heran.

Wie entschlossen Wladimir Putin seinen Kurs zur Konsolidierung Russlands verfolgt hat, ist im Zuge der Parlaments- und Präsidentenwahlen während des vergangenen Jahrzehnts immer wieder deutlich geworden. Die mit der systematischen Stärkung kremltreuer Parteien erreichten Mehrheiten in der Staatsduma und die Organisation der Präsidentenwahlen in einer Weise, die den Gegenkandidaten wenig Chancen bot, demonstrierten eindrucksvoll die Zielstrebigkeit der politischen Führung, um das ehrgeizige Programm für den Wiederaufstieg Russlands abzusichern. Selbst für die Rekrutierung des Nachwuchses der im russischen Regierungssystem dominierenden Partei „Edinaja Rossija“ (Einiges Russland) wurde gesorgt: In der mit aller Macht geförderten Jugendorganisation „Naschi“ (Die Unsrigen) schuf sich die politische Führung des Landes eine streng patriotisch ausgerichtete Institution, die vielseitig eingesetzt werden konnte, um die Politik der Regierung zu unterstützen. Sie fügte sich nahtlos in die Bemühungen der Staatsführung ein, die patriotische Erziehung der nachwachsenden Generation zu verstärken. Dabei wurde die Verbindung zur Russisch-Orthodoxen Kirche als Teil der nationalen Identität konsequent betont und auch den Kosaken als Träger des konservativen Christentums eine wichtige Rolle im Rahmen der patriotischen Erziehung zugewiesen. Mit einer im November 2012 eigens gegründeten Partei und zahlreichen Organisationen, die gelegentlich auch polizeiliche Aufgaben wahrnehmen, setzt der russische Staat die Kosaken sogar zur Aufrechterhaltung der öffentlichen Ordnung ein.

Gleichwohl haben sich bedeutende Teile der Mittelschicht von dem strikten Kurs des Staatspräsidenten zur Restauration russischer Macht, der spezifischen Maßnahmen zur Förderung des Wirtschaftssystems und dem starken Einfluss der Russisch-Orthodoxen Kirche nicht hinreichend berücksichtigt gefühlt. Sie hofften darauf, dass das Land eine Transformation von einem autoritären Regime in eine offene Gesellschaft durchlaufen könne. Die vor allem im Zuge der Parlaments- und Präsidentenwahlen gelegentlich auftretenden Demonstrationen machten deutlich, wie tiefgreifend und beständig die Kritik großer gesellschaftlicher Gruppen an den Vorgehensweisen der politischen Führung des Landes ist. Diese Kritik entwickelte rasch eine bemerkenswerte Eigendynamik und konnte nicht durch einzelne Reformmaßnahmen, wie z.B. die Wiedereinführung der Direktwahl der Gouverneure im April 2012 und die erleichterte Zulassung neuer unabhängiger Parteien aufgehalten werden. Ungeachtet der Tatsache, dass die Protestaktionen einzelner Gruppen bislang in eine Bewegung ohne positive Agenda mündeten, zeigen die Beharrlichkeit einiger Führungsfiguren und die große Aufmerksamkeit, die ihre Kritik am russischen Regierungssystem erhält, dass die im Zuge der autoritären Regierungsweise des Staatspräsidenten, der sogenannten „Vertikale der Macht“ ergriffenen Maßnahmen nicht ausreichten, um die Welle der Unzufriedenheit im Lande zu bändigen. Die Behauptung westlicher Politiker und Wissenschaftler, es gebe nun einen „Doppelstaat", der nicht handlungsfähig sei,[41] spiegelt jedoch eher das in den USA und in Westeuropa weit verbreitete Wunschdenken wider. Auch die Voraussagen russischer Wissenschaftler, das als „elektoraler Autoritarismus"[42] bezeichnete Regime sei dem Niedergang und dem Machtverlust verfallen, traten nicht ein. De facto erwies sich das Regierungssystem als sehr stabil und geeignet, den vielfältigen Herausforderungen zu begegnen.

Bereits die Zusammensetzung und die Funktionstüchtigkeit der am 4. Dezember 2011 gewählten Staatsduma wiesen darauf hin, dass sich die politische Führung des Landes nahezu durchweg auf die parlamentarische Unterstützung verlassen konnte. Dies war weitgehend der Tatsache zu verdanken, dass im russischen Parlament nur Vertreter der systemkonformen Parteien saßen, während die verschiedenen Gruppen der außerparlamentarischen Opposition nicht in der Lage waren, den Zugang zum parlamentarischen Prozess zu finden. Die hierzu notwendige stabile Basis fehlte ihnen ebenso wie eine hinreichend solide Parteiorganisation. In der am 4. Dezember 2011 gewählten und 450 Sitze umfassenden Staatsduma verfügte die Partei des Präsidenten „Edinaja Rossija" über 238 Sitze (53 %). Die Kommunistische Partei kam auf 92 Sitze (20,4%), die Partei „Spravedlivaja Rossija" (Gerechtes Russland) hatte 64 Sitze (14,2 %), und die „Liberalno-Demokratitscheskaja Partija Rossii" verfügte über 56 Sitze (12,4%).[43] Dabei ist bemerkenswert, dass die Zustimmung zur Politik der Regierung zumeist weit über die Anzahl der Stimmen aus dem Lager der Partei des Präsidenten hinausging.

Im Laufe der letzten zehn Jahre gelang es der politischen Führungselite Russlands, die Medien, einschließlich des überregionalen Fernsehens, weitgehend unter ihre Kontrolle zu bekommen. Unabhängige Journalisten können zwar ihre von der offiziellen Linie der Staatsführung abweichenden Auffassungen verbreiten, müssen aber darauf achten, nicht gegen die strengen Gesetze zu verstoßen. Die auf die Maßnahmen der russischen Regierung gegen Dissidenten und einzelne besonders kritische Journalisten meist folgenden politisch-moralischen Vorhaltungen von Politikern und Kommentatoren in den westlichen Demokratien wurden in Moskau ebenso wenig akzeptiert, wie die Kritik an dem militärischen Vorgehen gegen die islamistischen Terrorgruppen in Dagestan, in Tschetschenien oder in anderen Gebieten des Kaukasus. Es lässt sich in der Tat nicht bestreiten, dass die Führer der islamistischen Terrorgruppen im Nordkaukasus ihre Strategie im Rahmen der asymmetrischen Kriegführung darauf anlegen, Reaktionen Russlands zu provozieren, die geeignet erscheinen, die Folgebereitschaft der lokalen Bevölkerung zu vermindern und die Kritik westlicher Regierungen und einflussreicher Menschenrechtsgruppen hervorzurufen. Das Geschehen nach den Bombenanschlägen und brutalen Selbstmordattentaten in Pjatigorsk und in Wolgograd im Oktober und Dezember 2013 sowie nach den Angriffen tschetschenischer Islamisten am 4. Dezember 2014 in Grosnyj hat dies deutlich gemacht. Auch die Kritik aus vielen westlichen Ländern an der harten Reaktion der russischen Sicherheitskräfte und Justizbehörden gegenüber den Umweltaktivisten von Greenpeace, die am 19. September 2013 die Gazprom-Bohrinsel „Priraslomnaja" in der Barentssee zu entern versuchten und dabei festgenommen worden waren, wies Russland zurück.

In der Tat hat die politische Führung Russlands während des letzten Jahrzehnts ihre Durchgriffsrechte mehrfach erweitert, die Polizei und die Geheimdienste gestärkt. Dabei war das bislang geübte harte Vorgehen der russischen Sicherheitsbehörden und der Justiz gegen besonders engagiert auftretende Journalisten und gegen die gern im Blickfeld westlicher Fernseh-Journalisten handelnden Organisatoren von Demonstrationen für viele Westeuropäer und Amerikaner Anlass genug, um mit scharfen Kommentaren darauf zu reagieren. Der konservativen Mehrheit der Bürger im Lande kam das konsequent auf innere Stabilität zielende Verhalten von Vertretern der russischen Staatsmacht jedoch eher entgegen.

Dies zeigte sich auch anlässlich der Reaktionen der Staatsmacht Russlands und der westlichen Medien nach dem spektakulären Auftritt der russischen Frauen-Punkband „Pussy Riot" am 21. Februar 2012 in der Christ-Erlöser-Kathedrale in Moskau. Die Frauen hatten, gekleidet mit Strumpfhosen und bunten Wollmasken, vor dem Altar der Kirche getanzt und gesungen: „Gottesmutter, gesegnete Jungfrau Maria, vertreibe Putin!" Während man in den westlichen Demokratien die spezifische Ausdrucksform des politischen Protestes gegen die erneute Wahl Wladimir Putins zum Präsidenten sowie gegen die enge Verbindung der Orthodoxen Kirche mit der Staatsmacht in Russland begrüßte und die anschließende harte Bestrafung der jungen Frauen mit zwei Jahren Lagerhaft als unverhältnismäßig verurteilte, sah die Mehrheit der Bürger Russlands in dem Vorgehen der Staatsmacht nichts Außergewöhnliches. Jene gesellschaftlichen Gruppen in Russland, die bestrebt sind, westliche Formen des Widerstands gegen das herrschende Regime einzuführen, konnten weder aus dem Vorgehen der Punkband, noch aus der rigorosen Reaktion der Staatsmacht Gewinn ziehen.

Vielmehr wurden mit Blick auf die neuen Formen des Protestes sogar einige Gesetze deutlich verschärft. So verabschiedete die russische Staatsduma seit dem Jahre 2012 eine Reihe von Gesetzen, welche die Versammlungsfreiheit einschränken, das Strafmaß für Verleumdungen deutlich erhöhen, Nichtregierungsorganisationen die Verbindung nach außen erschweren und Kontakte mit „ausländischen Agenten" unter Strafe stellen sowie „Gotteslästerung" und Propaganda für Homosexualität mit hohen Strafen belegen. Vor allem das am 11. Juni 2013 von der Staatsduma mit 443 gegen 0 Stimmen beschlossene und von Präsident Putin am 30. Juni 2013 unterzeichnete Gesetz, das „Propaganda für nicht-traditionelle sexuelle Beziehungen in Gegenwart von Minderjährigen" verbietet und unter Strafe stellt, hat für große Aufregung im Westen gesorgt.

Die anhaltende Kritik aus den westlichen Demokratien half den Gegnern des Regimes kaum. Abgesehen davon, dass die von der Punkband „Pussy Riot" gewählte Form des politischen Protests in einer Kirche auch in westlichen Ländern nicht erlaubt ist und eine – wenngleich milde – Bestrafung (in Deutschland etwa nach Paragraph 167 des Strafgesetzbuchs) nach sich ziehen würde, hat die nachfolgende Gesetzgebung sogar die Handlungsmöglichkeiten der Opposition in Russland weiter eingeengt. Auch die kurz vor den Olympischen Winterspielen 2014 in Sotschi von Präsident Putin angeregte und von der Staatsduma am 18. Dezember 2013 anlässlich des 20. Jahrestages der russischen Verfassung beschlossene Massenamnestie zahlreicher Gefängnisinsassen, zu denen auch die Frauen der Punkband und die 30 Umwelt-Aktivisten von Greenpeace gehörten, die am 19. September 2013 bei ihrem Angriff gegen die Bohrinsel „Priraslomnaja" festgenommen worden waren, änderte nichts daran, dass die Staatsmacht Russlands nun über substantiellere Möglichkeiten verfügt, um die gewünschte Ordnung im Lande und die weitergehenden Sicherheitsinteressen durchzusetzen.

Allerdings verfehlte die vorzeitige Freilassung der Frauen-Punkband „Pussy Riot" ihre Wirkung ebenso wie die Aussetzung der Gefängnisstrafe für den bekannten Regime-Kritiker Alexej Nawalnyj zur Bewährung und die Begnadigung des ehemaligen Oligarchen Michail Chodorkowskij durch Präsident Wladimir Putin. Die „Pussy-Riot"-Aktivistinnen riefen sofort nach ihrer Freilassung zum Widerstand gegen Präsident Putin auf, und Alexej Nawalnyj erklärte, dass er weiter gegen das Regime kämpfen werde. Der redegewandte Rechtsanwalt Nawalnyj hatte sich als Shareholder-Value-Aktivist mit Anteilen in die großen Erdölkonzerne Transneft und Gazprom eingekauft und die Offenlegung – nach seiner Ansicht –

fragwürdiger Geschäfte erzwungen. Danach war er als einer der Anführer der Demonstrationen gegen Präsident Wladimir Putin am 6. Mai 2012 selbst ins Visier der russischen Justiz geraten und wegen Veruntreuung öffentlicher Mittel verurteilt worden. Trotzdem gelang es ihm, bei den Bürgermeisterwahlen in Moskau am 8. September 2013 immerhin 27 Prozent der Stimmen auf sich zu ziehen und einen Achtungserfolg zu erzielen. Die Tatsache, dass Nawalnyj äußerst nationalistische Positionen vertritt, in scharfer Form gegen die „Kaukasier“ agiert und mit rigorosen Mitteln gegen illegal eingewanderte Muslime vorgehen will, störte seine Wähler dabei offenbar nicht. Er hatte mehrmals an Demonstrationen von Gruppen in Russland teilgenommen, die für ihre nationalistischen Parolen bekannt waren. Dieser Tatbestand wird von den westlichen Medien zumeist verschwiegen oder zielgerichtet heruntergespielt. Sie zeigten sich vielmehr – wie auch zahlreiche Repräsentanten der Politik in den westlichen Ländern – „betroffen“, als Alexej Nawalnyj ebenso wie sein Bruder Oleg am 30. Dezember 2014 in einem weiteren Prozess zu dreieinhalb Jahren Haft verurteilt wurde. Während die Haftstrafe für Alexej Nawalnyj zur Bewährung ausgesetzt wurde, musste sein Bruder Oleg die Lagerhaft antreten. Der Widerspruch Alexej Nawalnyjs gegen seine Bewährungsstrafe nützte ihm nichts. Die Strafe wurde am 8. Februar 2017 mit einer fast gleichlautenden Begründung bestätigt.[44] Zudem schloss die russische Wahlbehörde am 25. Dezember 2017 Alexej Nawalnyj einstimmig aufgrund dieser Verurteilung von der Teilnahme an der Präsidentenwahl im März 2018 aus. Den Einspruch Alexej Nawalnys gegen diese Entscheidung wies das Oberste Gericht in Moskau am 30. Dezember 2017 ab. Und Nawalnys immer wieder vorgebrachten Aufrufe zum „Wahlboykott“ hatten keine messbare Wirkung.

Der frühere Chef des Erdöl-Unternehmens Yukos, Michail Chodorkowskij, der nach seiner Festnahme im Oktober 2003 und der anschließenden Verurteilung zu langer Lagerhaft freigelassen wurde, versicherte dagegen nach seiner Begnadigung und der vom ehemaligen deutschen Außenminister Hans-Dietrich Genscher organisierten Ausreise am 20. Dezember 2013 auf einer Pressekonferenz in Berlin, dass er künftig keine Politik betreiben werde. Er hatte sein am 12. November 2013 verfasstes Gesuch um Begnadigung wohl in der sicheren Erwartung gestellt, dass ein weiterer Prozess gegen ihn eröffnet würde. Nachdem Chodorkowskij aber mit scharfer Kritik an Staatspräsident Wladimir Putin hervorgetreten ist und die regimekritische Stiftung „Offenes Russland“ finanziert, hat die russische Justiz Ende Dezember 2015 einen internationalen Haftbefehl gegen ihn erlassen.

Das Engagement einer beachtlichen und im Laufe der letzten fünf Jahre deutlich gewachsenen Minderheit russischer Bürger meist aus der immer selbstbewusster gewordenen Mittelschicht für Rechtsstaatlichkeit und mehr Demokratie nach westeuropäischem Muster fand in Russland nicht den in den westlichen Ländern vielfach gewünschten Widerhall. Zum einen umfasst diese Minderheit nach Einschätzung des russischen Soziologen und Leiters des Moskauer Lewada-Zentrums Lew Gudkow lediglich etwa zehn Prozent der Gesellschaft.[45] Zum anderen fehlt diesen engagierten Kritikern des Systems ein konkretes und durchdachtes Programm, das in der russischen Gesellschaft größere Zustimmung erhalten könnte. Nicht nur in der russischen Regierung und bei den sie tragenden politischen Parteien wandte man sich strikt gegen die immer wieder vorgetragenen Forderungen jener zahlreichen gesellschaftlichen Gruppen, die eine „Zivilgesellschaft“ nach westlichen Vorstellungen einführen wollen. Auch bei eher politikfernen Bürgern Russlands mißtraute man bisher den Aktivitäten dieser Gruppen, vor allem wenn dabei deren enge Zusammenarbeit und Verflechtung mit westlichen Institutionen und Nichtregierungsorganisationen sichtbar wurde.

So war es nur konsequent, dass sich die politische Führung Russlands der zunehmenden Aktivität der Nichtregierungsorganisationen und deren Eigendynamik zuwandte. Vor dem Hintergrund der Tatsache, dass einige Nichtregierungsorganisationen in Russland finanzielle Zuwendungen aus dem Ausland (z.B. aus den USA) erhalten haben und dies von hochrangigen Vertretern der U.S.-Administration auch offen zugegeben wurde, ist es geradezu erstaunlich, wie lange die russischen Behörden zugeschaut haben. Zwar ging es im Zuge der entsprechenden Gesetzgebung durch die Staatsduma nicht darum, diese Organisationen zu verbieten. Das Ziel der politischen Führung des Landes bestand vielmehr darin, ausländischen Mächten, die inzwischen eine subtile Form des Einflusses über solche Organisationen entwickelt hatten, die Möglichkeit der Einmischung in die Politik Russlands zu verschließen und die Fragmentierung der Gesellschaft nach westlichem Muster zu verhindern. Die in dem Gesetz verankerte Verpflichtung zur vollständigen Offenlegung der Finanzen und der Zwang, sich im Falle fremder Finanzierung als „ausländische Agenten“ registrieren zu lassen, brachte viele der Nichtregierungsorganisationen in Schwierigkeiten. Die gesetzlichen Maßnahmen dieser Art wurden schließlich auch auf jene Medien ausgedehnt, die zu mehr als 50 Prozent aus dem

Ausland finanziert werden. Die konsequente Überprüfung dieser Organisationen durch die russischen Justizbehörden seit dem Jahre 2013 machte deutlich, dass die politische Führung Russlands ihr Anliegen ernst meinte. Und es war nur folgerichtig, dass jene Organisationen, die gegen einzelne Bestimmungen der neuen Gesetze handelten, wie z.B. die Wahlbeobachterorganisation „Golos", entsprechend bestraft wurden.

Angesichts der Hartnäckigkeit der regimekritischen Kräfte in den in Russland aktiven Nichtregierungsorganisationen und der Intransigenz vor allem der Amerikaner während der Obama-Ära bei der finanziellen Unterstützung dieser Organisationen konnte es nicht überraschen, dass Präsident Putin am 23. Mai 2015 ein weiteres von der Staatsduma mit großer Mehrheit (nur drei Gegenstimmen) verabschiedetes Gesetz unterzeichnete, das dem russischen Generalstaatsanwalt erlaubt, jene Organisationen, die „eine Bedrohung für die Verfassungsordnung, Verteidigungsfähigkeit und Sicherheit Russlands darstellen", für „unerwünscht" zu erklären und sogar zu verbieten. Russischen Bürgern, die für solche Organisationen arbeiten, drohen nach diesem Gesetz harte Strafen. Ausländern kann die Einreise nach Russland verweigert und Banken die Kooperation verboten werden. Dieses Vorgehen des Regimes war konsequent, musste man doch beobachten, wie ausländische Mächte immer neue Mittel und Wege fanden, die vorher eingeführten Maßnahmen zu umgehen und die finanzielle Schlagkraft der besonders gegen die politische Führung Russlands engagierten Nichtregierungsorganisationen zu erhöhen. Man kann daher verstehen, dass sich das U.S.-Außenministerium anlässlich der Unterzeichnung des neuen russischen Gesetzes durch Staatspräsident Wladimir Putin „tief besorgt" äußerte.[46]

Sicherlich kann man sich aus amerikanischer oder westeuropäischer Perspektive ein Rechtsstaatssystem und ebenso eine völlig freie Presse in Russland wünschen. Doch sollte man dabei nicht den Blick für die Realitäten verlieren. Zum einen sind die westlichen Medien kein Hort der Wahrheit. Wir können nahezu täglich beobachten, wie ausgeprägt die Neigung ist, mit subtilen „Botschaften" und „Sprachregelungen" zu arbeiten, um das Publikum in eine bestimmte Richtung zu lenken und damit die heimischen Politiker unter Druck zu setzen. Besonders stark kommt diese Neigung zum Ausdruck, wenn der in den westlichen Ländern übliche „Kampagnen-Journalismus" auf der Grundlage der Ideologie der „politischen Korrektheit" mit seinen gängigen, stereotyp vermittelten Darstellungen und „Botschaften" die normale Berichterstattung überdeckt. Die russische Regierung und insbesondere Staatspräsident Putin mussten dies schon häufiger erfahren. Die Kampagnen der westlichen Medien gegen den Präsidenten, gegen einige Bereiche der russischen Gesetzgebung, gegen die Olympischen Winterspiele 2014 in Sotschi, gegen die Vergabe der Fußball-Weltmeisterschaft 2018 an Russland oder gegen die russische Politik im Zuge des Konflikts um die Ukraine zeigen dies sehr deutlich. Viele westliche Journalisten vergessen bei ihren kritischen Kommentaren wohl, dass der russische Präsident nicht dafür gewählt worden ist, um die Vorstellungen und Wünsche der westlichen Medien zu fördern, sondern die russischen Interessen zu wahren und die Macht Russlands zu mehren. Zum anderen gilt es anzuerkennen, dass Instabilität und die Behinderung des wirtschaftlichen Aufbaus für die russische Bevölkerung außerordentlich negative Wirkungen hätten. Den Bürgern Russlands sollte man zugestehen, dass sie der Sicherheit und Ordnung sowie der zügigen Entwicklung der Wirtschaft und Infrastruktur ihres Landes einen höheren Stellenwert zumessen. Und hier muss man auch die enorme Anstrengung im Hinblick auf die Austragung der Olympischen Winterspiele 2014 einordnen. Die Investition von ca. 40 Milliarden Euro für den Aufbau der notwendigen Infrastruktur auf hohem technischen Niveau – vom internationalen Flughafen, den Straßen und Eisenbahnen bis zu den Sportstätten und Hotels – ist nicht zum Ruhme des Präsidenten oder aus Großmannssucht getätigt worden, wie manche westliche Beobachter in völliger Verkennung der Sachlage meinen.[47] Durch diese Maßnahme hat Russland vielmehr in relativ kurzer Zeit ein Wintersportzentrum von internationalem Zuschnitt und eine ganze Region neue Chancen erhalten, am wirtschaftlichen und kulturellen Leben teilzuhaben. Im Übrigen blieben die Aufrufe zum Boykott der Winterspiele in Sotschi im Jahre 2014 und die vielfältigen Versuche der westlichen Medien, mancher Nichtregierungsorganisationen und zahlreicher Politiker, dieses Großereignis zu politisieren, erfolglos. Dabei ist bemerkenswert, dass hochrangige Vertreter westlicher Länder und Repräsentanten der Medien aus ihren Mißerfolgen nichts lernen. So musste der Versuch westlicher Institutionen, auf dem Wege der Untersuchung des Skandals um die Weltfußball-Organisation FIFA die Vergabe der Fußball-Weltmeisterschaft 2018 an Russland zu torpedieren und damit dem russischen Regime zu schaden, letztlich scheitern. Das Beispiel zeigt gleichwohl recht deutlich, dass die politische Führung Russlands die internationale Szene auch in zunächst politikfernen Bereichen genau beobachtet und wirksame Abwehrmaßnahmen entwickelt. Der westliche Kampagnen-Journalismus anlässlich des Fußball-Confed-Cup in Russland im Juni

2017 und der Fußball-Weltmeisterschaft im Jahre 2018 bestätigt diese Einschätzung.

Auch die kontinuierliche Herabsetzung und Dämonisierung des russischen Präsidenten durch die westlichen Politiker und die Medien im Zuge des Konflikts um die politische Orientierung der Ukraine erwies sich als Fehlschlag. Erst recht sollte man sich in den westlichen Ländern im Klaren darüber sein, dass die meisten Russen es als demütigend empfinden, wenn ihnen aus Washington, Paris, Brüssel oder Berlin politisch-moralische Aufsicht zuteil wird. Der russische Widerstand gegen diese Vorhaltungen ist keineswegs von Angst diktiert. Er spiegelt gerade vor dem Hintergrund der inneren Schwächen der westlichen Demokratien sowie der Tendenz ihrer Politiker, der Medien und der Nichtregierungsorganisationen, die eine Deutungshoheit im Hinblick auf moralische und politische Werte beanspruchen, ein zunehmendes Selbstbewusstsein und die Entschlossenheit Russlands wider, seinen eigenständigen Kurs beizubehalten.

Insbesondere den Nichtregierungsorganisationen, die mit ihren zum Teil von außen nachhaltig unterstützten Aktionen in Russland für große Aufmerksamkeit sorgten, begegneten die russischen Behörden mit Mißtrauen. So selbstverständlich das Wirken solcher Organisationen von den Bürgern in westlichen Demokratien aufgenommen wird, auch wenn diese nicht immer die Gesetze des jeweiligen Landes beachten und nicht selten sachlich falsche Positionen durchzusetzen suchen, so skeptisch steht man in Russland diesem Engagement gegenüber. Man fürchtet hier, dass eine unbegrenzte Handlungsfreiheit solcher Organisationen viele staatliche Maßnahmen, die man im Zuge der Restauration des russischen Nationalstaates für notwendig hält, kaum noch durchführbar wären. Und die oft sehr negative Wirkung des Engagements von Nichtregierungsorganisationen für das Funktionieren der westlichen Demokratien scheint diese Einschätzung zu bestätigen. Denn nahezu regelmäßig können wir beobachten, dass sich die Politiker in den westlichen Ländern in opportunistischer Weise den oft extremen Forderungen von Nichtregierungsorganisationen und der Medien anpassen, anstatt die verfassungsrechtlichen Möglichkeiten zu nutzen und der Fragmentierung der Gesellschaft Einhalt zu gebieten.

Russlands gelenkte Demokratie

Ungeachtet der sicheren Stellung der derzeitigen russischen Führungselite und ihrer Fähigkeit zur nachhaltigen Prägung der Gesellschaft haben zahlreiche Politiker und Analysten in den westlichen Demokratien immer wieder die Erwartung geäußert, dass Russland vor einem erneuten Umbruch stehe. Doch deutet trotz der gelegentlich vorkommenden lautstarken Proteste und Demonstrationen vor allem in einigen großen russischen Städten nichts darauf hin, dass sich Russland den Vorstellungen und Normen der westlichen Staaten anpassen wird. Zwar werden die Vertreter des Regimes ihre stark von westlichen Denk- und Verhaltensweisen beeinflussten Gegner ernster nehmen müssen als in der Vergangenheit und gelegentlich auf neue Formen der politischen Auseinandersetzung treffen. Gleichwohl verfügt keine der in vorderster Linie agierenden politischen Führungsfiguren der Opposition in Russland über die Fähigkeit, sich an die Spitze einer großen liberalen Bewegung zu stellen und diese zu einem geschlossenen Handeln zu bringen. Ihr Wirken dürfte im Wesentlichen auf die Großstädte und einige Provinzstädte beschränkt bleiben. Dies zeigt sich bei den manchmal vorkommenden Demonstrationen, wie z.B. anlässlich der von dem Regime-Kritiker Alexej Nawalnyj organisierten Proteste in einigen großen Städten Russlands recht klar. Die Demonstrationen erschüttern das russische Regime nicht ernsthaft. Gleichwohl wird die russische Regierung auch künftig darauf achten müssen, dass es hier eine gewisse Eigendynamik geben kann. Die Teilnahme vieler junger Leute an den Protestveranstaltungen weist im Übrigen darauf hin, dass die „patriotische Erziehung“ in den Schulen gerade bei der Generation, die nur das derzeitige Regime aus eigener Anschauung kennt, nicht so recht greift und der ständigen Nachsteuerung bedarf. Anlässlich der wiederholt auftretenden Proteste einiger zehntausend unzufriedener Bürger den Schluss zu ziehen, dass über kurz oder lang der Untergang des Regimes droht, wie westliche Journalisten dies nahezu regelmäßig unterstellen,[48] ist allerdings völlig verfehlt. Man kann sich darauf verlassen, dass Russlands politische Führung wohl rechtzeitig und professionell gegensteuert.

Ein gemeinsames schlüssiges Konzept der außerparlamentarischen Kritiker ist bislang nicht zu erkennen. Und es ist auch falsch, jene politischen Kräfte, die sich auf die Bekämpfung des derzeitigen russischen Regimes eingelassen haben, als den „aufgeklärten“ und „fortschrittlichen“ Teil der Gesellschaft anzusehen. Diese Gruppen dürften auch künftig nicht in der Lage sein, gemeinsame Werte und Überzeugungen zu entwickeln, auf deren Basis ein Weg aufgezeigt werden könnte, den Russland einschlagen sollte.

Es ist daher nicht zu erwarten, dass die Protestbewegung zu einer entscheidenden politischen Kraft in Russland wird. Anders als manche Wissenschaftler in Russland und im Westen voraussagen,[49] werden sich die Überzeugungen der Demonstranten, dass „das russische Regime illegitim und verantwortungslos" sei, nicht über den engeren Kreis der Gleichgesinnten hinaus verbreiten. Sie werden auch nicht in jene Machtgruppen eindringen, die das Regime tragen. Die große Mehrheit der Russen denkt pragmatischer als die zahlreichen westlich orientierten Kritiker. Es überrascht daher nicht, dass die meisten Russen Präsident Wladimir Putin als Patrioten ansehen, der sich konsequent und erfolgreich gegen das beharrliche Ausgreifen der NATO und der Europäischen Union nach Osten wendet. Nach den regelmäßigen Umfragen des unabhängigen Meinungsforschungsinstituts Lewada-Zentrum in Moskau unterstützen mehr als 60 Prozent der russischen Bürger ihren Präsidenten, und dies dürfte auch so bleiben. Laut den Erhebungen des Lewada-Zentrums sind die meisten Russen mit der Politik Wladimir Putins zufrieden.[50] Sie schrieben die wirtschaftlichen Schwierigkeiten ihres Landes nicht dem Staatspräsidenten oder der Regierung zu. Vielmehr sahen sie die Hauptgründe für die wirtschaftlichen Probleme in dem dramatischen Absinken des Erdölpreises und in den westlichen Sanktionen im Zuge des Konflikts um die politische Orientierung der Ukraine. Noch gibt es keinen Hinweis darauf, dass sich die Einschätzung der Politik durch die russische Bevölkerung wesentlich ändern könnte. So äußerten sich nach einer Erhebung des Lewada-Zentrums vom April 2017 immerhin 75 Prozent der befragten Bürger als recht „stolz auf ihr Land".[51] Und in einer Befragung vom Juni 2017 sprachen sich 66 Prozent der Bürger dafür aus, dass Wladimir Putin nach den Präsidentenwahlen im Frühjahr 2018 im Amt bleiben sollte.[52] Der hohe Zuspruch für Wladimir Putin am 18. März 2018 von 77 Prozent hat diese Einschätzung bestätigt. Doch scheint in jüngster Zeit die Zahl der Bürger zu wachsen, die sich mit Wirtschaftsfragen stärker beschäftigen und die über das Ausmaß der Krise besorgt sind. Die Fähigkeit des Staates, seinen sozialen Verpflichtungen nachzukommen und als Großmacht seine Interessen wahrnehmen zu können, gehört zu den wichtigsten Komponenten, die dem Regime Legitimität verleihen. So dürften die „Pussy-Riot"-Frauen und andere bekannte Regime-Kritiker auch in überschaubarer Zukunft in westlichen Ländern von Pressekonferenz zu Pressekonferenz und von Interview zu Interview herumgereicht werden. In Russland werden sie damit keine große Wirkung erzielen, was immer sie auch unternehmen mögen. An ihrem Verhalten ist gleichwohl bemerkenswert, dass sie gar nicht wahrzunehmen scheinen, wie wirkungslos ihr Handeln bleibt. Den vorzeitig aus der Lagerhaft freigelassenen Oligarchen Michail Chodorkowskij und andere im Ausland lebende und von dort agierende reiche Russen sollte die politische Führung Russlands jedoch nicht unterschätzen. Der Versuch Chodorkowskijs, aus dem Exil in der Schweiz heraus sein altes Projekt „Offenes Russland" wiederzubeleben und die Entwicklung „europäischer Werte" in Russland zu unterstützen, dürfte zwar trotz aller Bemühungen scheitern. Dies trifft ebenso auf die von Chodorkowskij und anderen Gegnern des russischen Regimes initiierten Versuche zu, durch die Gründung und den Unterhalt privater Institute, wie z.B. des „Instituts des modernen Russland" oder etwa der „Europäischen Universität" in St. Petersburg, unter dem Slogan der „Freiheit der Wissenschaft" politische Einflusskanäle zu öffnen und Netzwerke zu schaffen, die sich gegen das Regime richten. Gegen solche Aktionen hat die politische Führung in Moskau wirksame Maßnahmen entwickelt. Zudem belegen Umfragen unabhängiger Institute in Russland immer wieder, dass sich lediglich etwa 12 Prozent der Russen an sogenannten „europäischen Werten" orientieren wollen. Und die gelegentlich in Moskau und zahlreichen anderen Städten Russlands stattfindenden Demonstrationen jener Kräfte, die sich gegen die Politik des Putin-Regimes richten, kann die russische Führungselite unter Kontrolle halten. Die für Ruhe und Ordnung zuständigen Behörden werden bei Bedarf eine härtere Strategie einschlagen. Auch die bei Besuchen führender westlicher Politiker in Moskau regelmäßig arrangierten Treffen mit Vertretern der regierungskritischen sogenannten „Zivilgesellschaft" ändern daran nichts. Solche Treffen sind – wie man nicht zuletzt beim Besuch des damaligen bayerischen Ministerpräsidenten Horst Seehofer am 16. März 2017 in Moskau sehen konnte – lediglich ein der „politischen Korrektheit" in Deutschland geschuldetes Ritual mit Blick auf das heimische Publikum. Es dürfte daher für lange Zeit dabei bleiben, dass die in Russland zu beobachtende Aufteilung der politischen Opposition in eine systemkonforme Gruppierung und eine außerparlamentarische Komponente funktioniert und die von Staatspräsident Wladimir Putin eingerichtete „Vertikale der Macht" nicht ernsthaft gefährdet wird.

Diese Vertikale der Macht wird durch eine Herrschaftselite abgesichert, die sich im Laufe der vergangenen 15 Jahre entwickelt und eine Struktur angenommen hat, deren Festigkeit kaum noch durchbrochen werden kann. Nachdem es Wladimir Putin während seiner ersten beiden

Amtszeiten gelungen war, die vor allem aus der Verwaltung und dem Kreis der Oligarchen kommenden widerstrebenden Kräfte zu disziplinieren oder aus ihren machtpolitischen Schlüsselstellungen zu entfernen, verfügt Russland nunmehr über eine Herrschaftselite, deren herausragendes Kennzeichen trotz unterschiedlicher Herkunft der einzelnen Personen ihre Geschlossenheit ist. Mehr als 40 Prozent dieser Elite entstammen dem Kreis der „Silowiki", also dem Geheimdienst, dem Militär, den Sicherheitsbehörden und dem Außenministerium. Weitere 40 Prozent der führenden Kräfte im Staatswesen kommen aus Kreisen des Unternehmertums. Diese Gruppe umfasst Personen, die sich durch besondere Fähigkeiten, wirtschaftlichen Erfolg und Loyalität gegenüber der Staatsführung auszeichnen und bereit sind, alle Wendungen zu unterstützen. Ihre Repräsentanten werden durch die Zuweisung von Schlüsselpositionen in den strategisch wichtigsten russischen Konzernen – insbesondere im Energie-und Rohstoffsektor, im Bauwesen und im Verteidigungsindustrie-Komplex – wirksam eingebunden. Die politische Führung des Landes zählt dabei auf das ausgeprägte Interesse dieses Personenkreises an Macht und Geld, sowie die deutlich sichtbare Bereitschaft, eigenständige Auffassungen zurückzustellen. Darüber hinaus verfügt die politische Führung Russlands – wesentlich besser als zur Zeit der Sowjetherrschaft – über eine exzellent ausgebildete, fähige Mannschaft in allen bedeutsamen Beratungs- und Entscheidungsgremien und in der Diplomatie, die es versteht, die vitalen Interessen und Ziele des Landes wirkungsvoll zu vertreten und in der internationalen Arena umzusetzen. Sie kann zudem davon profitieren, dass es eine gleichwertige Elite in den westlichen Ländern nicht gibt.

Die Zentralisierung der Macht dürfte auch künftig das politische System Russlands charakterisieren und selbst die regionalen Eliten einschließen. Mit der bereits wieder eingeführten Direktwahl der Gouverneure in den Regionen wird sich dies nicht ändern. Es gibt genügend Möglichkeiten, durch direkten oder indirekten Einfluss auf die Auswahl der Kandidaten das Aufkommen von Interessengegensätzen zu verhindern oder im Keim zu ersticken. Mit dem von Wladimir Putin seit den 1990er Jahren in St. Petersburg eingerichteten und dominierten Netzwerk der wichtigsten politischen Amtsträger, Magnaten der Industrie und der Banken wird die Herrschaftselite das Land für lange Zeit sicher führen und eine gewisse Stabilität garantieren können. Wladimir Putins persönliche Macht dürfte dabei so lange ungefragt bestehen bleiben, wie es ihm gelingt, die verschiedenen Machtgruppen auszubalancieren und Konfrontationen zwischen einzelnen Fraktionen gar nicht erst entstehen zu lassen.

Dieses System ist inzwischen so ausgeprägt, dass es Staatspräsident Wladimir Putin ohne sichtbare Reibungsverluste gelingen kann, wichtige Führungskader auszutauschen und die Herrschaftelite permanent zu verjüngen. Selbst Schlüsselpositionen, wie die des Stabschefs im Kreml, die Sergej Iwanow innehatte, blieben davon nicht verschont. Der machtbewusste und erfahrene Iwanow wurde am 12. August 2016 entlassen und mit einer anderen Aufgabe betraut. Ihm folgte sein bisheriger Stellvertreter Anton Vaino, der über ausgezeichnete Voraussetzungen verfügt, dieses Amt professionell und wirkungsvoll auszufüllen.[53] Für die Aufrechterhaltung der inneren Stabilität des russischen Regierungssystems ist die von Wladimir Putin praktizierte Personalpolitik durchaus folgerichtig. Die auf diese Weise in wichtige Machtpositionen gelangenden Kräfte als „Verbindungsoffiziere" des Staatspräsidenten zu verunglimpfen,[54] wird der Sache keineswegs gerecht. Hier geht es vorrangig um die Absicherung der Kontinuität der Entwicklung Russlands. Vergleiche mit personalpolitischen Entscheidungen in westlichen Regierungssystemen sind in diesem Kontext irrelevant. Dabei ist es besonders bemerkenswert, dass es Staatspräsident Wladimir Putin darauf anzulegen scheint, wirtschaftsliberal denkende junge Nachwuchskräfte in Schlüsselpositionen zu bringen. Auch diese spezifische Handlungsweise erscheint geeignet, den erwünschten Wiederaufstieg des Landes abzusichern.

Nicht zuletzt wird es ein bedeutsames Kennzeichen des politischen Systems Russlands und der persönlichen Macht Wladimir Putins bleiben, dass die „gelenkte Demokratie" (upravljaemaja demokratija) durch die informelle Auswahl der Entscheidungsträger aufrechterhalten wird. Sie beruht auf der Legitimität des Staatspräsidenten und der hierarchischen Ordnung, die Wladimir Putin errichtet hat und stabil zu halten sucht. Die führenden Mitglieder dieses Systems werden wohl auch künftig mit eigenen Initiativen hervortreten können – jedoch nur unter der Bedingung, dass sie nicht an den Grundlagen der „gelenkten Demokratie" und der „Vertikale der Macht" rütteln. Damit ist keineswegs ausgeschlossen, dass die politische Führung des Landes für die gute Weiterentwicklung des politischen Systems ein kritisches „Feedback" erhält. Dieses kritische Feedback wird für die sichere und erfolgreiche Steuerung des Landes durch alle Fährnisse der nationalen und der internationalen Politik wichtig bleiben. Bei der derzeit üblichen Zentralisierung der wichtigen Entscheidungsprozesse und der Ausrichtung auf seine Person wird Staatspräsident Putin einen gewissen Freiraum lassen müssen. Andernfalls würde das politische System anfälliger für Fehler und die Fähigkeit eingeschränkt, diese Fehler mit der nötigen Schnelligkeit zu korrigieren.

Anders als manche Analysten behaupten, herrscht in Russland kein struktureller Stillstand des politischen Systems und in der Regierungsweise. Die damit zumeist verbundene Auffassung, dass nur Verfassungsstaaten westlichen Musters langfristig lebensfähig seien, hält einer wissenschaftlichen Überprüfung nicht stand. Auch die gelegentlich vertretene These, dass „die Idee der Verwestlichung und der Demokratie die Voraussetzung für eine erfolgreiche Entwicklung des Systems ist",[55] widerspricht dem, was wir in Russland – und auch in anderen bedeutenden Ländern – beobachten können. Es erscheint im Argumentationsrahmen der vergleichenden Regierungslehre im Übrigen unangebracht, allein die Maßstäbe westlicher Systeme und Denkweisen zugrunde zu legen, wenn es gilt, Russlands Regime zu bewerten und einzuordnen. Russland wird – wie auch China – ein politisches System eigener Identität bleiben. Die Integration in das normative Rahmenwerk des Westens steht nicht auf dem Programm der politischen Führung dieses Landes.

Lange hat man in den westlichen Demokratien geglaubt, dass eine kapitalistische Ordnung der Wirtschaft und die freiheitlich-liberale Gesellschaft untrennbar miteinander verbunden seien. Doch dieser Mythos des 20. Jahrhunderts scheint sich angesichts der Entwicklungen in Russland und China aufzulösen. Alles deutet darauf hin, dass eine an kapitalistischen Prinzipien orientierte und relativ freie Wirtschaft mit einem politischen Autoritarismus zusammengehen und gut funktionieren kann. Dieses Modell dürfte eine ernsthafte Konkurrenz zur freiheitlich-liberalen Demokratie werden und die westlichen Länder zunehmend herausfordern. Das russische Regime wird sich nach allen bisherigen Erfahrungen in der Lage zeigen, seine Vorherrschaft permanent durch direkte Eingriffe in den politischen Prozess zu sichern. Die ständige Anpassung der prinzipiell bewährten Methoden an jeweils neue Herausforderungen und Entwicklungen wird genügen, um die Kontrolle über den politischen Prozess im Lande zu garantieren. In der Organisation und dem Ergebnis der Wahlen zur russischen Staatsduma am 18. September 2016 spiegelt sich dies wider. Kein Vertreter der Opposition hat es bei diesen Wahlen ins Parlament geschafft. Die Regierungspartei „Edinaja Rossija" errang 343 Mandate, die Kommunistische Partei 42, die „Liberalno-Demokratitscheskaja Partija Rossii" 39, die Partei „Spravedlivaja Rossija" 23 Sitze und 3 Mandate gingen an Direktkandidaten, die früher Mitglieder anderer systemtreuer

Parteien waren.[56] Aus dem derzeitigen russischen Parlament dürfte wohl kein nennenswerter Widerstand gegen die Entscheidungen des Staatspräsidenten oder der Regierung zu erwarten sein.

Die politische Führungselite Russlands wird es auch in Zukunft kaum wagen, die Entwicklung im Lande dem Selbstlauf zu überlassen. In diesem Kontext dürfte es besonders wichtig sein, die Zustimmung der Mehrheit der Bevölkerung zu der staatlichen Verteilungswirtschaft zu erhalten. Die politische Führung muss dabei darauf achten, dass die Kluft zwischen dem staatlichen Angebot und den aus der Bevölkerung kommenden Wünschen nicht wächst. Dies zwingt dazu, für die Weiterentwicklung der Ressourcen und die wachsende Partizipation am Wohlstand zu sorgen, um die Zustimmung der Mehrheit der russischen Bevölkerung zu sichern und die Nachfrage nach politischen Alternativen gering zu halten. Wladimir Putin und seine Mitstreiter befinden sich auf diesem Kurs.

Das derzeitige Regime scheint inzwischen routiniert und erfahren genug, um auch die künftigen Herausforderungen erfolgreich zu beantworten. Auch abseits der Zentren und Großstädte wird man das Feld in keinem Fall den westlich orientierten Kritikern des Systems überlassen. Nach den Demonstrationen in Russland in den Jahren 2012 und 2013, insbesondere aber mit Blick auf die dramatischen Vorgänge im Zuge der von nationalistischen Kräften dominierten „Maidan-Revolution“ in der Ukraine neigt man in Russland dazu, jede Form der Meinungsäußerung, die mit Massenprotesten verbunden ist, als ein „potentielles Verbrechen gegen den Staat“ anzusehen. Daher erscheint es konsequent, wenn das russische Parlament das Versammlungsrecht weiter verschärft, um solche Geschehnisse, wie sie in Kiew und anderen ukrainischen Städten stattfanden, von vornherein zu unterbinden. Die hohen Strafen, die für den Verstoß gegen die einschlägigen Gesetze vorgesehen sind, dürften wohl ihre Wirkung nicht verfehlen und selbst die Neigung zu friedlichen Protesten erheblich mindern. Und man wird jede Bewegung gegen das Regime unterbinden, bevor sie eine kritische Masse erreicht und damit der Kontrolle entgleiten könnte. Russland wird sich mit diesen Maßnahmen noch deutlicher von den Denkweisen und dem politischen Handeln in den westlichen Ländern abgrenzen, als dies in der Vergangenheit der Fall war.

Darüber hinaus wird die konsequente Einhegung der Tätigkeit der zahlreichen auch in Russland vertretenen Nichtregierungsorganisationen die Möglichkeiten ausländischer Einmischung in die Politik erheblich verringern. So dürften die Grenzen der Aktivität und der denkbaren finanziellen Unterstützung der Nichtregierungsorganisationen derart eng gezogen werden, dass jeder russische Staatsbürger, der trotzdem abseits der amtlichen politischen Linie handelt, umgehend angeklagt werden kann. Mit dieser bisher schon geübten Vorgehensweise wird die politische Führung Russlands nicht nur ihr Recht wahrnehmen, Schutzmaßnahmen gegen eine gefährliche Destabilisierung des politischen Systems zu ergreifen. Sie dürfte mit dem Erlass neuer Gesetze und deren konsequente Anwendung auch weiterhin klar machen, dass sie die Einmischung in die inneren Angelegenheiten nicht akzeptieren wird.[57] So war es nur folgerichtig, dass Ende Juli 2017 ein Gesetz gegen Hasskommentare im Internet eingebracht wurde, das aber zusätzlich die Verbreitung von Informationen unter Strafe stellt, die nicht der Auffassung der Regierung entsprechen oder die amtliche Politik zu konterkarieren suchen. Selbst internationale Kommunikations-Unternehmen, wie z.B. Google, Facebook und Twitter geraten dabei ins Visier. Und es überrascht in diesem Zusammenhang nicht, dass das Oberste Gericht Russlands im April 2017 die Gemeinschaft der „Zeugen Jehovas" verboten hat.[58] Hier geht es aus russischer Sicht um mehr als die Frage der Religionsfreiheit. Abgesehen von dem Widerstand seitens der Russisch-Orthodoxen Kirche gegen den Einfluss solcher Kräfte hat die politische Führung des Landes vor allem die Gefahr des Verlustes der nationalen und religiösen Identität der Russen im Blick, wenn sie sich gegen die Aktivitäten derartiger Gruppen richtet. Immerhin weiß man in Russland seit langem, mit welchen Methoden führende westliche Länder auf die russische Gesellschaft Einfluss zu nehmen suchen. Diese Einflusskanäle zu schließen, gehört daher zu dem üblichen Vorgehensmuster des Regimes. Und es deutet alles darauf hin, dass die politische Führung des Landes an dieser Vorgehensweise festhalten wird.

Im Übrigen gibt es keine hinreichenden Gründe, weshalb die Russen Denk- und Verhaltensweisen übernehmen sollten, die sich vielfach als äußerst problematisch erwiesen haben und deren Dominanz es immer schwieriger macht, die westlichen Gesellschaften gegen die zunehmenden Herausforderungen zu wappnen und sicher durch alle Fährnisse zu steuern. Ein attraktives Vorbild ist der Westen für die Russen nicht. Vielmehr zeigt uns die aktuelle Entwicklung in den westlichen Gesellschaften, dass der extreme Individualismus, dessen stets präsente Vertreter sich immer häufiger und nachhaltiger anmaßen, gegen die Mehrheit der jeweiligen Bevölkerung allein zu bestimmen, was zu tun oder zu lassen ist, die Gefahr der Dysfunktionalität des Gemeinwesens von innen her heraufbeschwört. Der zuweilen rüde Kampf der etablierten Herrschaftseliten in den USA und anderen westlichen Ländern sowie zahlreicher Vertreter der Medien gegen Andersdenkende ist geradezu ein Kennzeichen der innerwestlichen öffentlichen Debatten geworden. Hinzu kommen die vielfältigen Aktivitäten mancher Nichtregierungsorganisationen, die sich in oft problematischer Weise z.B. gegen die Gentechnik oder gegen die Nutzung der Kernkraft zur Energieerzeugung wenden. Die Vertreter dieser Gruppen glauben, dass sie – und nur sie – in jedem Fall Recht haben und folgen strikt der Neigung, ihre Sichtweise durchzusetzen. Ihre führenden Repräsentanten wähnen sich insbesondere den Verhaltensweisen der Menschen in Russland überlegen. Doch bleiben sie Gefangene ihres eigenen politischen Systems, Mitglieder einer zunehmend fragmentierten Gesellschaft. Dabei ist bemerkenswert, dass sich in manchen westlichen Ländern nicht einmal die höchsten Gerichte berufen fühlen, dieser problematischen Entwicklung Einhalt zu gebieten. Die höchsten Gerichte westlicher Länder geben vielmehr in vielen Fällen neuen, äußerst willkürlichen Interpretationen der jeweiligen Verfassung nach, die alles in Frage stellen, was den Zusammenhalt der Gesellschaft garantieren könnte. Sie bemerken dabei gar nicht, dass sie mit ihrem Handeln die Fundamente untergraben, auf denen das gesellschaftliche Leben ruht. Umso grotesker muss es auf die meisten Russen wirken, wenn westliche Politiker und Vertreter der Medien für ihre spezifische Form des politischen Handelns und ihre Interpretation der grundlegenden Werte menschlichen Zusammenlebens Universalität beanspruchen und stereotyp verlangen, dass sich andere politische Systeme diesen Vorstellungen anzupassen haben.

Diesen universalen Geltungsanspruch lehnt die politische Führung des Landes ebenso wie die Mehrheit der Russen strikt ab. Die aus der mehr als 1.000-jährigen Geschichte des Landes tradierte Erfahrung weist die politische Elite Russlands auf andere Kriterien hin, die für das politische Handeln maßgeblich sind und sicher auch für die Zukunft bestimmend sein werden. Sie wird es daher auch künftig anderen Staaten oder den zahlreichen weltweit agierenden Nichtregierungsorganisationen nicht erlauben, etwa „die Menschenrechte“ zu instrumentalisieren, um eine Änderung der gesellschaftlichen und politischen Machtverhältnisse in Russland herbeizuführen.

Im Westen wird man sich daran gewöhnen müssen, dass Russland ein eigenständiges Gemeinwesen bleiben wird. Auch die zunehmenden beruflichen Kompetenzen zahlreicher russischer Bürger werden nicht – wie einige Wissenschaftler[59] meinen – dazu führen, die russische Gesellschaft in einen „modernen“ und einen eher traditionalistischen, gleichsam rückständigen und „unmündigen“ Teil zu spalten. Gewiss wird man im

Alltagsleben auf Verhaltensweisen treffen, die von den Gepflogenheiten in westlichen Gesellschaften abweichen. Bedeutsame Werte wie Verantwortung, Gerechtigkeit und Anstand werden aber auch in Russland einen hohen Rang behalten. Sie ergeben sich im Übrigen aus der eigenen Tradition und bilden die Grundlage der herausragenden Werke der russischen Literatur insbesondere des 19. Jahrhunderts, die ein wichtiger Teil des russischen Bildungssystems bleiben und auch künftig Maßstäbe für die ethische Orientierung setzen werden.

Die im Westen vielfach anzutreffende Neigung, einen Widerspruch zwischen den grundlegenden Wertvorstellungen in der russischen Gesellschaft und den Ausprägungen der „gelenkten Demokratie" zu sehen, erscheint mit Blick auf die tatsächlichen Gegebenheiten problematisch. Trotz des spezifischen Charakters des politischen Systems in Russland bleiben Phänomene wie Ungerechtigkeit, Bestechlichkeit oder Obrigkeitshörigkeit keineswegs positiv besetzt. Es sollte gleichwohl nicht überraschen, dass sich das Denken der großen Mehrheit der russischen Gesellschaft an Prinzipien und Regeln orientiert, die den Menschen in der westlichen Staatenwelt eher fremdartig wären. Die in jüngster Zeit in der Öffentlichkeit auftretenden, sehr unterschiedliche Strömungen widerspiegelnden oppositionellen Kräfte werden die grundlegenden Einstellungen der russischen Gesellschaft nur marginal beeinflussen. Und es sieht auch nicht so aus, dass die Gesellschaft Russlands in überschaubarer Zukunft wesentliche Veränderungen in der Politik fordern wird.

Fragwürdige, einen extremen Individualismus reflektierende gesellschaftliche Entwicklungen und manche Lebensformen, die im Westen als „modern" oder „fortschrittlich"gelten, dienen Russland definitiv nicht. Im Gegenteil. Russland würde sogar schweren Schaden nehmen, wenn es einige spezifische Formen westlicher Demokratie kopieren würde. Im Übrigen wird von den meisten Fachleuten nicht bestritten, dass es Wladimir Putin gelungen ist, einer durch den dramatischen Umbruch der 90er Jahre des vergangenen Jahrhunderts zutiefst verunsicherten Gesellschaft Stabilität, ein neues Selbstbewusstsein und Zukunftsperspektiven zu geben. Der Anspruch des Regimes, Russland habe eine eigene – „eurasische" – Identität, wird sich wohl in der Gesellschaft durchsetzen und bei vielen Menschen die Neigung vermindern, westlichen Ideen und Verhaltensmustern unkritisch zu folgen. Zudem verfügt die derzeitige Führung Russlands über vielfältige Möglichkeiten, ihre politische Linie im Wesentlichen durchzuhalten. Jene gesellschaftlichen Kräfte, die den Widerstand gegen das derzeitige Regime tragen und Demonstrationen organisieren, dürften in überschaubarer Zukunft nicht stark genug sein, um das System der „gelenkten Demokratie“ (upravljaemaja demokratija) ernsthaft zu gefährden. Es ist ein Irrtum westlicher Politiker, aber auch einiger russischer Wissenschaftler, die westliche Denkweisen kritiklos übernommen haben, dass die von der derzeitigen politischen Führung Russlands praktizierte spezifische Regierungsweise kein Modell für die Zukunft sei oder die Gefahr berge, dass das Land international isoliert werde. Dies erscheint angesichts der Vielfalt im internationalen System gar nicht möglich. Die politische Führungselite Russlands pflegt sich Schritt für Schritt darauf einzustellen, die gelegentlich recht einfallsreichen Vorgehensweisen der auf stärkere Liberalisierung nach westlichem Muster setzenden Kräfte zu konterkarieren. Dabei bleibt das an Stabilität und Ordnung orientierte Denken der meisten Russen weiterhin Wladimir Putins wichtigste Machtquelle. Darauf kann die politische Führung des Landes auch künftig bauen.

Nicht zuletzt wird die spezifische Form der „gelenkten Demokratie“ wie schon während der letzten beiden Jahrzehnte von der Russisch-Orthodoxen Kirche mitgeprägt und gestützt werden. Zwar versteht sich die Russländische Föderation als ein „weltlicher Staat“ (svetskoe gosudarstvo), in dem es keine Staatsreligion gibt, Kirche und Staat voneinander getrennt und alle Religionen vor dem Gesetz gleich sind.[60] Gleichwohl hat die Russisch-Orthodoxe Kirche im politischen Leben eine herausragende Stellung inne. Sie prägt die Werte und Lebensvorstellungen der meisten Russen und leistet einen wesentlichen Beitrag zur Identitätsstiftung und Integration der Gesellschaft. Ihre staatstragende Rolle ist der politischen Führung des Landes sehr willkommen und wird dies auch in Zukunft sein. Darüber hinaus dürfte das 2007 begründete und seit 2009 auch von der Russisch-Orthodoxen Kirche vertretene kulturell-zivilisatorische Modell der „Russkij Mir“ (Russische Welt), das die gemeinsame Vergangenheit mehrerer Völker und Länder betont, also neben Russland noch Weißrussland, die Ukraine, Moldawien und Kasachstan umschließt, der politischen Führung sehr entgegenkommen. Die „Russkij Mir“-Stiftung, die inzwischen in mehr als 40 Ländern über gut geführte Institute verfügt und die russische Diaspora mobilisieren hilft, schafft mit ihren Botschaften zudem eine ideelle Grundlage für das politische Projekt der „Eurasischen Union“.[61]

Angesichts der symbiotischen Beziehung zwischen der Russisch-Orthodoxen Kirche und dem Staat kann man erwarten, dass der Einfluss der Religionsvertreter auf das Weltbild und das Demokratieverständnis des Großteils der Bevölkerung beständig bleibt. Beide Partner hoffen dabei, eine religiös-patriotische Kultur zu fördern und die Idee eines starken Staates zu verankern, um die innenpolitischen Herausforderungen besser bewältigen und mit Hilfe der klassischen Familienwerte die demographische Krise lösen zu können. Vor diesem Hintergrund kann es durchaus als ein Ereignis von historischer Bedeutung gelten, dass Präsident Wladimir Putin am 1. Dezember 2017 in der Moskauer Christ-Erlöser-Kathedrale eine Bischofs-Synode der Orthodoxen Kirche besuchte. Die Russisch-Orthodoxe Kirche erweist sich in diesem Kontext nicht nur als eine starke geistige Klammer, die es erlaubt, die Modernisierung Russlands in Übereinstimmung mit „traditionell russischen Werten der Gesellschaft" und in klarer Abgrenzung vom „ extremen westlichen Individualismus" voranzutreiben. Mit der bewussten Verbindung zu dieser wichtigen Institution und der Förderung ihres Gedeihens selbst außerhalb des eigenen Landes – etwa durch den Bau von Kathedralen und Kulturzentren in westeuropäischen Staaten, wie z.B. in Paris – setzt Wladimir Putin auch ein Zeichen für die spirituelle Stärke Russlands.

Im Zusammenhang mit dem Aufbau einer spezifisch russischen Form der Demokratie spielt über die Regierungs-Partei „Edinaja Rossija" und deren Jugendorganisation „Naschi" hinaus auch die Organisation „Obscherossijskij narodnyj front" (Volksfront – für Russland), zu deren Führer Präsident Wladimir Putin am 12. Juni 2013 gewählt wurde, eine zunehmend bedeutsame Rolle. Dieser Bund von unterschiedlichsten Organisationen, von Frauenvereinen bis zu Vereinen der Autofahrer, der Rentner, der Studenten, der Eisenbahn, der Post oder der Luftlandetruppen ist dazu ausersehen, die Politik des Staatspräsidenten zu unterstützen und tief in der russischen Gesellschaft zu verankern.

Die grundsätzliche Einstellung der Russen zur Politik und zu ihrem Staatswesen lässt zudem erwarten, dass die weitgehende Kontrolle der Medien durch die Staatsmacht auch künftig hingenommen wird. Das Regime wird dafür sorgen, dass die Aktivitäten der unabhängigen Medien zwar erlaubt, aber politisch weitgehend irrelevant bleiben und den politischen Entscheidungsprozess nur wenig beeinflussen. Die zunehmende Verbreitung des Internet und der sozialen Netzwerke, wie z.B. Facebook, dürfte an der Medien-Dominanz der politischen Führung nicht viel ändern. Zwar macht das Netz zahlreiche unabhängige Informationsquellen zugänglich. Auch wachsen die Netzwerke politisch Gleichgesinnter in der digitalen Welt immer enger zusammen. Doch werden solche Entwicklungen die politische Macht Wladimir Putins und seiner Mitstreiter nicht gefährden können. Da ihnen bewusst ist, welche Probleme die neuen digitalen Möglichkeiten für die Kontrolle der Gesellschaft und die politische Steuerung des Landes bereiten, werden die für diesen Bereich zuständigen Dienste die geeigneten Maßnahmen ergreifen, um neue Entwicklungen rechtzeitig zu erkennen und die damit verknüpften Herausforderungen wirksam zu beantworten. Zur Durchsetzung der Informationshoheit des Regimes wird nicht nur das am 26. September 2014 von der russischen Staatsduma beschlossene Gesetz beitragen, das den Anteil ausländischer Gesellschafter an den Medien-Unternehmen des Landes auf 20 Prozent begrenzt. Auch die weitgehende Abschottung vom westlich dominierten Internet sowie das am 29. Juni 2016 von der Staatsduma beschlossene Gesetz über die Verpflichtungen der Kommunikations-Unternehmen zur Speicherung und Lieferung von Daten sind durchaus konsequent. In diesem Kontext erscheint auch das von der Staatsduma am 15. November 2017 einstimmig verabschiedete Gesetz zur Einstufung ausländischer Medien als „Agenten“ nur folgerichtig. Wenngleich diese Maßnahme als Reaktion auf die erzwungene Registrierung des russischen Auslandssenders RT in den USA erfolgte, wird der Einfluss fremder Medien in Russland erheblich eingeengt und deren Möglichkeiten deutlich beschnitten, die politische Meinungsbildung in Russland zu beeinflussen.

Sicherlich wird man nicht davon ausgehen können, dass die in der jüngsten Zeit von Präsident Putin angekündigten und zum Teil auch bereits vollzogenen Reformen – etwa im Hinblick auf die Durchführung der Gouverneurswahlen – ausreichen, um die Situation im Lande zu beruhigen. Die politische Führung in Moskau wird sich trotz solcher Schritte darauf einstellen, dass nicht wenige Chefs der Regionalregierungen künftig nicht immer der Linie der Zentralregierung folgen und mehr Selbstbewusstsein entwickeln. Für die Stabilität des Regimes wird allerdings entscheidend sein, ob es gelingt, den Wohlstand der großen Masse der Bevölkerung deutlich zu verbessern und langfristig zu sichern. Die politische Führung des Landes wird ihr Versprechen einlösen müssen, für die Erhöhung der Gehälter und Renten der breiten Bevölkerung und die Erhöhung der Effizienz des Wirtschaftssystems zu sorgen, um eine Ausweitung des Widerstands in der russischen Gesellschaft zu verhindern und das System der „gelenkten Demokratie“ abzusichern.

Hatte das innenpolitische Handeln Wladimir Putins und sein immer wieder betontes Bestreben, eine gewichtigere Rolle in der internationalen Politik zu spielen, schon vielfach Kritik in der eigenen Gesellschaft und Irritationen in den westeuropäischen Demokratien hervorgerufen, so sollte man in Zukunft erst recht nicht erwarten, dass die politische Führung Russlands weniger zielbewusst vorgehen wird. Bei dem Bemühen, die Zustimmung der großen Mehrheit der Gesellschaft für die eigene Politik zu erlangen, greift die Regierung auf Möglichkeiten zurück, die schon in der Zeit der früheren Sowjetunion eine Rolle gespielt haben. Nicht nur mit einer zielstrebigen und professionellen Öffentlichkeitsarbeit versucht man, die russische Gesellschaft für die nationale Einheit, Größe und Macht zu begeistern. Ähnlich wie in der früheren Sowjetunion soll auch eine strikt affirmative politische Bildung und Erziehung in den Schulen und Universitäten des Landes dazu beitragen, die angestrebten Ziele zu erreichen.

Vor allem mit dem seit Ende des Jahres 2013 eingeführten „einheitlichen" Konzept für den Geschichtsunterricht und den hierzu neu geschriebenen Geschichtsbüchern sucht die Regierung eine Grundlage für die patriotische Erziehung der jungen Generation zu schaffen. Darüber hinaus dürfte auch die von Staatspräsident Wladimir Putin wieder eingeführte Wehrertüchtigung eine Rolle spielen. Zur freiwilligen Teilnahme sind alle Russen ab einem Alter von sechs Jahren aufgerufen. Als Hinwendung an die nationale Geschichte wird dabei wieder der alte Name „Gotov k trudu i oboronije" (Bereit zur Arbeit und Verteidigung) benutzt. Zwar sollte das Konzept für die Wehrertüchtigung erst ab 2017 eingeführt werden. Doch angesichts der Geschehnisse um die Ukraine und die neue Herausforderung durch den Westen hat man schon vorher damit begonnen, das Konzept umzusetzen. Ob die von der Russischen Akademie der Wissenschaften unterstützte Idee, die Thematik der Entstehung des russischen Staates, der Geschichte des Zweiten Weltkrieges und der Geschehnisse der letzten zwei Jahrzehnte in den Mittelpunkt zu stellen und auf diese Weise die Erziehung des Respekts vor dem eigenen Land zu forcieren, zielführend sein kann, steht dahin. Auch die Ernennung der konservativen Historikern Olga Wassiljewa, die sich vehement für die patriotische Erziehung der Jugend ausgesprochen hat, zur russischen Bildungsministerin, wird nicht zwangsläufig zu einer einseitigen Erziehung und Bildung der jungen Generation führen. Zum einen hat die Bildungsministerin nur einen begrenzten Handlungsspielraum, und es gibt starke Widerstände im russischen Bildungswesen gegen diese Tendenzen. Zum anderen weiß man in Russland, dass schon frühere Versuche, eine einseitige Bildung und Erziehung zu vermitteln, gescheitert sind. So wichtig es ist, ein positives Verhältnis zum eigenen Land bei der nachwachsenden Generation zu erreichen, erscheint es doch notwendig, auch das kritische Denken der jungen Menschen zu fördern. Für die erfolgreiche Entwicklung und die sichere Steuerung eines

Gemeinwesens bleibt diese Fähigkeit entscheidend. Man wird also darauf achten müssen, den gewünschten „Patriotismus“ nicht zu eng zu definieren. Die Reduktion der patriotischen Erziehung auf eine staatlich verordnete Ideologie wird im Zeitalter des Internet und anderer moderner Möglichkeiten der Information nicht die gewünschte Wirkung nach sich ziehen. Wie das Beispiel der affirmativen politischen Bildung und Erziehung – etwa über das Unterrichtsfach „Gesellschaftskunde“ (Obschestvovedenije) in der früheren Sowjetunion – gezeigt hat, kann man auf diese Weise nur begrenzte Erfolge erzielen. Selbst dort blieb den jungen Menschen die Diskrepanz zwischen den offiziellen, von der Kommunistischen Partei der Sowjetunion bestimmten Darlegungen und den Realitäten in der Welt nicht verborgen. Es wird also auch – und durchaus im Sinne der Funktionalität des politischen Systems – notwendig sein, eine Kultur des Vorbehalts, des Zweifels, der kritischen Nachfrage und der Revidierbarkeit zu pflegen.

Entwicklung der Wirtschaft

Für den weiteren Aufstieg der Russländischen Föderation im Weltstaatensystem, die künftige Stabilität des Landes und die Zustimmung einer breiten Mehrheit der russischen Bevölkerung zum Regime ist die zügige Entwicklung der Wirtschaft der entscheidende Faktor. Es erscheint von daher durchaus verständlich, dass der am 18. März 2018 zum vierten Mal in dieses Amt gewählte Staatspräsident Wladimir Putin und die von ihm ernannte Regierung in Moskau große Anstrengungen unternehmen, um auf diesem Gebiet beständige und sichtbare Erfolge zu erzielen. Die politische Führung Russlands steht dabei vor einer Herkules-Aufgabe. Vor allem der Staatspräsident wird hierzu nicht nur mutige Entscheidungen treffen und ungewohnte Maßnahmen ergreifen müssen. Er wird auch das Glück des Tüchtigen brauchen. Denn es gibt eine Fülle von Faktoren in der Entwicklung der Welt, die sich der Berechenbarkeit entziehen.

Zwar bot die Wirtschaft der Russländischen Föderation vor allem im Vergleich mit den Verhältnissen in der Europäischen Union für mehrere Jahre – solange der Preis für Erdöl und Erdgas hoch war – ein ziemlich robustes Bild. Das Bruttoinlandsprodukt (BIP) des Landes legte im Jahre 2011 um 4,3 Prozent zu. Im Jahre 2012 erreichte man ein Wirtschaftswachstum von 3,7 Prozent. Für das Jahr 2013 ließ sich jedoch nur ein Wachstum von 2,4 Prozent erzielen. 2014 war das Wachstum der russischen Wirtschaft – auch dank der Unsicherheiten im Zusammenhang mit dem Konflikt um die politische Orientierung der Ukraine und den dramatischen Absturz des Erdölpreises von 115 auf 50 Dollar pro Fass – auf etwa 0,6 Prozent zurückgegangen. Und im Jahre 2015 verzeichnete man einen weiteren Rückgang des Wachstums. Trotz des dramatisch gefallenen Preises für Erdöl rechnete die russische Regierung für das Jahr 2016 mit einem Wirtschaftswachstum von 0,7 Prozent.[62] Der damalige stellvertretende russische Wirtschaftsminister Alexej Wedew hatte den Einbruch in der wirtschaftlichen Entwicklung des Landes bereits am 2. Dezember 2014 vor allem mit „einer Verstärkung der geopolitischen Risiken“[63] begründet. Staatspräsident Wladimir Putin bestätigte diese Beurteilung im Zuge seiner Jahres-Pressekonferenz am 17. Dezember 2015 und fügte hinzu, dass die schlimmsten Probleme mit Blick auf die Entwicklung der Wirtschaft seines Landes wohl überwunden worden seien.[64] Knapp ein Jahr später unterstrich Wladimir Putin in einer Rede im Kreml am 1. Dezember 2016 seine Überzeugung, dass es deutliche Zeichen der Entspannung gebe und kündigte an, dass er Maßnahmen zur weiteren Stimulierung der Wirtschaft treffen werde. Dazu gehört wohl auch die an demselben Tage getroffene Entscheidung, den jungen wirtschaftsliberalen Maxim Oreschkin zum Minister für die Entwicklung der Wirtschaft zu ernennen, von dem man erwartete, dass er sich besser als der Mitte November 2016 abgelöste Alexej Uljukajew in die Zusammenarbeit mit dem Finanzminister Anton Siluanow einfügt.[65] Inzwischen ist klar geworden, dass die Wirtschaft Russlands seit Ende 2016 wieder stärker wächst. Selbst die westlichen Rating-Agenturen haben dies mit ihren Bewertungen bestätigt.[66] Für das Jahr 2017 rechneten russische Wirtschaftsexperten mit einem Wachstum des Bruttoinlandsprodukts von etwa 1,4 Prozent.[67] Angesichts der vom nationalen Statistikamt gemeldeten Zahlen für das zweite Quartal von 2,5 Prozent[68] konnte es nicht überraschen, dass das Wachstum der Wirtschaft Russlands für das Gesamtjahr 2017 sogar höher lag, als die ursprünglich angenommenen 1,4 Prozent.

Russland hatte zwar bis zum drastischen Preisverfall für Erdöl einen ausgeglichenen Haushalt, die Schuldenquote lag mit 11,2 Prozent sehr niedrig, der Rubel war bis zum Ukraine-Konflikt relativ stabil. Im Zuge der Wirtschaftssanktionen seitens der USA und der Europäischen Union stieg jedoch die Inflationsrate zeitweise bis auf 16 Prozent, und wegen des drastischen Preisverfalls für Erdöl in den Jahren 2014 und 2015 verlor der Rubel etwa 70 Prozent seines Wertes gegenüber dem Dollar. Die von den westlichen Ländern angewandten Waffen des Finanz- und Wirtschaftskrieges waren gleichwohl nicht geeignet, Russland handlungsunfähig zu machen. Trotz aller Maßnahmen westlicher Staaten im Zuge des Finanz- und Wirtschaftskrieges hält sich die Schuldenquote Russlands gemessen an der Wirtschaftsleistung in einem erträglichen Rahmen. Die Inflationsrate lag Anfang Januar 2016 bei 13 Prozent und im Juni 2016 bei 7 Prozent. Seit Anfang des Jahres 2017 befindet sich die Inflationsrate bei 4 Prozent. Auch die politisch motivierten extrem negativen Beurteilungen der Wirtschaft Russlands in den westlichen Medien brachten die russische Regierung nicht in Schwierigkeiten. Zwar musste die russische Regierung zunächst einen Teil der mit ca. 510 Milliarden Dollar viertgrößten Währungsreserven der Welt im Laufe ihrer Gegenmaßnahmen einsetzen. Sie sanken während der harten politischen Auseinandersetzungen auf ca. 378 Milliarden Dollar. Man konnte jedoch davon ausgehen, dass sie unter besseren Rahmenbedingungen – etwa dem erneuten Anstieg der Erdölpreise bzw. einer veränderten Beurteilung der Wirtschaftssituation Russlands – wieder aufgefüllt würden.[69] So lagen die Währungsreserven im Juni 2017 bereits wieder deutlich über 400 Milliarden Dollar.[70] Im Juli 2018 hatten die Währungsreserven Russlands die Marke von 460 Milliarden Dollar überschritten.

Auch mit der Erhöhung der Goldreserven in Russland kann die Regierung wirksam gegensteuern. Mit der drastischen Erhöhung der Leitzinsen auf zunächst 17 Prozent, die aber am 30. Januar 2015 wieder auf 15 Prozent, Mitte des Jahres 2015 auf 11 Prozent und im Juni 2016 auf 10,5 Prozent reduziert wurde, gelang es der Russischen Zentralbank, diese schwierige Entwicklung in den Griff zu bekommen.[71] Die nachlassende Teuerung machte es der Zentralbank sogar möglich, den Leitzins am 16. September 2016 auf 10 Prozent zu senken und so der Wirtschaft des Landes unter die Arme zu greifen.[72] Angesichts der fortschreitenden Erholung der russischen Wirtschaft senkte der Zentralbankrat den Leitzins am 24. März 2017 sogar auf 9,75 Prozent.[73] Im Übrigen kann nichts darüber hinwegtäuschen, dass Russland über ein riesiges wirtschaftliches Potential verfügt. Das Land wird auch künftig einer der größten Rohstoffproduzenten der Welt bleiben. Etwa 20 Prozent der globalen Erdgasreserven und ca. 5 Prozent der weltweiten Erdölreserven befinden sich auf russischem Territorium. Nur Saudi-Arabien und die USA werden langfristig in der Förderung mithalten können. Und mit Blick auf die Entwicklung des Preises für Erdöl konnte man bereits zu Beginn des Jahres 2016 wieder einen leichten Anstieg auf über 42 Dollar und Ende April 2016 auf fast 50 Dollar feststellen. Nachdem es den OPEC-Staaten am 30. November 2016 bei ihrer Tagung in Wien gelungen war, zum ersten Mal seit 2008 eine Kürzung der Erdölförderung zu vereinbaren, stieg der Ölpreis Mitte Dezember 2016 auf über 55 Dollar pro Fass und ging im Laufe des Jahres 2017 sogar über das Niveau von 60 Dollar hinaus. Es war in diesem Zusammenhang eine kluge Entscheidung Präsident Putins, durch seine Bereitschaft, die russische Erdölproduktion zu reduzieren, die Einigung der OPEC-Länder erst möglich gemacht zu haben. Und die erstmalige Berufung der Nicht-OPEC-Länder Russland und Oman in das „Monitoring-Committee", das die Einhaltung der Förderungsreduktion überwachen soll, kann als weiterer Beweis des Vertrauens gelten, das man Moskau entgegenbringt. Darüber hinaus erzielten die Energieminister Russlands und Saudi-Arabiens bei ihrem Treffen am 15. Mai 2017 Einigkeit, ihre Erdölproduktion zu begrenzen und auf diese Weise den Ölpreis zu stabilisieren. Mit Hilfe der russischen Mediation gelang es zudem bei der OPEC-Sitzung am 30. November 2017 in Wien, das Förderlimit bis zum Ende des Jahres 2018 zu verlängern. Russland konnte nach Einschätzung führender Energieexperten[74] damit rechnen, dass sich der Preis für Erdöl etwa gegen Ende der

Dekade bei etwa 60 Dollar pro Fass einpendeln würde. Vor diesem Hintergrund und der schwierigen Berechenbarkeit der Entwicklung erschien es klug, dass die russische Regierung ihrem Staatshaushalt für das Jahr 2017 mit einem Umfang von 320 Milliarden Dollar und einem Defizit von 3,2 Prozent einen Erdölpreis von 40 Dollar pro Fass zugrunde gelegt hatte, wie der damalige russische Energieminister Alexander Nowak in einem Interview bekannte.[75] Jeder Preis darüber – so rechnete man – würde Russland mehr haushaltspolitischen Spielraum geben. Die seit dem Herbst 2016 deutlich höheren Erdölpreise führten bereits zu steigenden Einnahmen, die man zur Auffüllung der Währungsreserven und des Nationalen Wohlfahrtsfonds nutzen konnte. Dieser von Finanzminister Anton Siluanow eingehaltene straffe Budgetkurs dürfte geeignet sein, Russland vor allen künftigen Eventualitäten zu schützen. Der seit März 2018 auf über 70 Dollar pro Fass gestiegene Erdölpreis stützte Russlands Haushaltskalkulation einmal mehr und gab der russischen Regierung zusätzlichen finanzpolitischen Spielraum. Wenngleich der Erdölpreis durch die konfliktreichen Geschehnisse in Syrien, dank der aggressiven Vorgehensweisen des Iran gegen Saudi-Arabien im Frühjahr 2018 und der am 8. Mai 2018 von U.S.-Präsident Trump verkündeten Entscheidung, aus dem Atomabkommen mit dem Iran auszusteigen und neue Wirtschaftssanktionen zu verhängen, auf über 80 Dollar anstieg, sollte sich Russland nicht für längere Zeit auf dieses hohe Niveau verlassen. Zwar konnte Russland durch die Folgen des Ausstiegs der USA aus dem Atomabkommen in vielerlei Hinsicht profitieren. Doch weist diese Entwicklung ebenso darauf hin, wie schwierig es für die OPEC-Staaten und Russland ist, den Erdölpreis zu kontrollieren.

Auch der spektakuläre Verkauf von knapp 20 Prozent des staatlich kontrollierten Energie-Konzerns Rosneft zu gleichen Teilen an den schweizerisch-britischen Rohstoffhändler Glencore und an den Staatsfond von Qatar wirkt zum Vorteil Russlands. Zum einen demonstriert man damit, dass wichtige internationale Investoren Russland für attraktiv halten. Zum anderen stärkt dieses Geschäft den Zugang von Rosneft zum internationalen Markt. Und schließlich konnte der russische Staat kurzfristig Einnahmen von 10,5 Milliarden Euro verbuchen.[76]

Die russische Strategie, als Anwort auf den von den führenden westlichen Ländern ausgelösten Finanz- und Wirtschaftskrieg sich flexibel den Sanktionen anzupassen, die Eigenständigkeit in allen Bereichen der Wirtschaft entschlossen zu fördern, wichtige Güter auf Umwegen zu besorgen und die Zusammenarbeit auf andere Länder zu verlagern, die nicht dem amerikanisch-europäischen Verdikt unterliegen, erwies sich schon bisher als nützlich. Sie dürfte auch künftig die gewünschte positive Wirkung haben. Wenngleich die asiatischen Länder – insbesondere China – die Europäische Union mit Blick auf die wirtschaftliche Kooperation nicht vollständig ersetzen können, dürfte die russische Strategie doch geeignet sein, die Europäer in eine klassische Demandeur-Position zu bringen. Russland wird die epochale Verschiebung der wirtschaftlichen Kräfteverhältnisse und Kooperationsbedingungen zugunsten der bisherigen Schwellenländer – vor allem in Asien – für sich nutzen können, wenn es darum geht, die Europäer nach dem Ende der unbedachten Sanktionspolitik wieder als Partner uneingeschränkt zu akzeptieren. Das politische Verhalten der Russen ist in diesem Kontext so überzeugend, dass selbst bedeutsame Länder des Nahen Ostens, die in der Vergangenheit nicht zu den Partnern Russlands gehörten, wie z.B. Saudi-Arabien, künftig in Russland mit umfangreichen Investitionen aufwarten wollen. Sie werden vor allem in die Infrastruktur, in die Entwicklung der Landwirtschaft und in die Logistik fließen und einmal mehr zeigen, dass sich die Russländische Föderation nicht isolieren lässt und man nicht unbedingt auf den Westen angewiesen ist.

Darüber hinaus nutzte Russland die am 17. Januar 2016 verfügte Aufhebung der westlichen Sanktionen gegen den Iran nach dem Abschluss des Atomabkommens mit dem Mullah-Regime, um seine Einnahmen zu verbessern. Die für das Mullah-Regime im Iran frei gewordenen und für die ehrgeizigen Pläne zur Aufrüstung und Modernisierung der Streitkräfte vorgesehenen finanziellen Mittel kommen zu einem großen Teil Russland zugute. Der umfangreiche Verkauf moderner russischer Waffensysteme, von Kampfflugzeugen und Raketensystemen bis zu Kampfpanzern, dürften Russland fürs Erste etwa 20 Milliarden Dollar einbringen.

Die relativ beachtlichen Werte mit Blick auf die Wirtschaft Russlands können aber sicher nicht beruhigend wirken, wenn man sich die ehrgeizigen Ziele der russischen Politik vor Augen hält. Gewiss wird die wirtschaftliche Entwicklung Russlands längst nicht mehr durch die sozialistische Ideologie und eine schwerfällige Planwirtschaft gebremst. Auch verfügt das mit 17 Millionen km^2 flächenmäßig größte Land der Erde über eine Fülle wichtiger Rohstoffe. Doch setzen eine Reihe von bedeutsamen Faktoren dem weiteren Ausbau der Wirtschaft schwer überwindbare Hindernisse entgegen.[77]

Dem aufmerksamen Betrachter fällt dabei sofort ins Auge, dass die bisherigen Erfolge des Wirtschaftsaufbaus in Russland und auch das derzeitige Wachstum in sehr starkem Maße auf den Erlösen aus dem Verkauf von Rohstoffen, vor allem Erdöl und Erdgas beruhen. Etwa 50 Prozent der russischen Staatseinnahmen werden derzeit von den Exporterlösen auf Energieträger getragen. So verführerisch es auch sein mag, aus den Exporterlösen der Rohstoffe den Großteil des Staatshaushalts zu finanzieren, wird man sich doch nicht auf die Beständigkeit dieser Finanzierungsquelle verlassen können. Wie die besonders seit Herbst 2014 gemachte Erfahrung demonstriert, können schon das Sinken der Weltmarktpreise für Erdöl und Erdgas oder die geringere Nachfrage die Haushaltskalkulation rasch obsolet werden lassen. Es wäre in jedem Falle klug, sich aus dieser gefährlichen Abhängigkeit zu befreien. Denn insbesondere der Erdölpreis dürfte weiterhin kaum sicher kalkuliert werden können, da sowohl die USA als auch die OPEC-Staaten ihre eigenen Interessen verfolgen. Und ob die bei den Konferenzen der OPEC-Länder seit dem September 2016 getroffenen Absprachen zur Festlegung des Niveaus der Erdölförderung auch künftig strikt eingehalten werden, steht dahin. Die russische Regierung wird daher mit Blick auf ihren Plan, die Wirtschaft ihres Landes weiter zu entwickeln, große zusätzliche Anstrengungen unternehmen müssen, um eine differenzierte industrie- und wissensgestützte Basis für die Russländische Föderation zu schaffen. Darauf hat besonders eindringlich auch die russische Zentralbank-Chefin Elvira Nabiullina hingewiesen.[78]

Russland verfügt durchaus über alle notwendigen Faktoren, um hochwertige Produkte herzustellen, die man bislang zu importieren pflegte. Die ersten Maßnahmen zur Umstellung in diesem Bereich zeigen bereits Wirkung und sollten intensiviert werden, um den gewünschten Strukturwandel voranzutreiben. Gelingt es Russland, das von China und anderen asiatischen Wirtschaftsmächten angewandte Verfahren der Kreditlenkung zu übernehmen und gleichzeitig gewisse unternehmerische Freiheiten zu gewähren, dürfte der Erfolg nicht lange auf sich warten lassen. Es bleibt eigentlich nicht mehr viel Zeit, die notwendigen Reformen noch entschlossener anzupacken. An finanziellen Ressourcen fehlt es nicht. Es gilt vielmehr, diese Ressourcen klug einzusetzen und auch die in privater Hand befindlichen Geldmittel zum Zuge kommen zu lassen. Die wenigstens teilweise Privatisierung von Staatsunternehmen könnte dabei ein wirksames Mittel sein. Die vom Staat als unerlässlich angesehene Kontrolle ließe sich durchaus mit der Maßnahme erreichen, dass der Käufer seinen Sitz in Russland haben muss. Man wird mehr Mut zeigen und schnell die notwendigen Entscheidungen treffen müssen. Andernfalls wird das Wirtschaftssystem nicht mehr die Ressourcen hergeben, die man braucht, um die für den Erfolg des politischen Systems so wichtige Mittelschicht zu stärken, sowie die umfassenden Sozialleistungen, insbesondere die angesichts der Überalterung rasch steigenden Renten, zu gewähren und die unteren Gesellschaftsschichten zufriedenzustellen. Es wird dabei nicht reichen, wenn die Wirtschaft kurzfristig Erfolge verbuchen kann. Die Menschen müssen den angestrebten höheren Lebensstandard konkret erfahren und sich längerfristig darauf verlassen können. Dazu gehört nicht nur die Stetigkeit des Wachstums der Gehälter, Renten und Pensionen. Hier fällt auch die Verbesserung der allgemeinen Lebensbedingungen, zum Beispiel die Verfügbarkeit eines angemessenen Wohnraums, ins Gewicht. Insofern ist Präsident Putins Ende Februar 2017 gemeinsam mit Moskaus Bürgermeister Sergej Sobjanin gefasster Plan, die alten Häuser aus der Chruschtschow-Ära abreißen und durch moderne, qualitativ sehr viel bessere Bauten ersetzen zu lassen, eine sehr sinnvolle Investition. Diese Maßnahme mit einem Umfang von etwa 50 Milliarden Dollar wird nicht nur einen gewaltigen Bauboom entfachen und damit die Wirtschaft beflügeln. Sie hat auch eine soziale Komponente, da der neue Wohnraum vorrangig für die ärmeren Schichten der Gesellschaft vorgesehen ist.[79] Das Vorhaben des Präsidenten erscheint damit auch geeignet, die Zustimmung der Bevölkerung zu seinem Regime zu festigen. Die Regierung wird jedoch dafür sorgen müssen, dass die genuinen Interessen der betroffenen Bürger beachtet werden. Das gesamte Projekt wird daher der Kontrolle und der beständigen Rückkoppelung bedürfen. Das Vertrauen, das die Bürger Russlands derzeit in Wladimir Putin haben, ist in der Tat die wichtigste Quelle seiner Macht. In dieser Hinsicht wird der russische Staatspräsident die im Juli 2018 in der Duma diskutierte Rentenreform noch einmal überdenken müssen.

Russland steht de facto am Scheideweg, das Wachstumsmodell des vergangenen Jahrzehnts ad acta zu legen und massiven Investitionen Raum zu geben. Abgesehen von der bereits als notwendig erkannten Reform der staatlichen Institutionen und der Justiz erscheint es in diesem Kontext dringend erforderlich, die Ausgaben für die Bildung und das Gesundheitswesen deutlich zu erhöhen. Es lässt sich zudem nicht bestreiten, dass vor allem der Mangel an ausreichenden Investitionen ausländischer Unternehmen dem weiteren Ausbau der Wirtschaft enge Grenzen setzt. Zwar konnte Russland in jüngster Zeit trotz der im Zusammenhang mit dem Ukraine-Konflikt im Frühjahr 2014 aufgekommenen Nervosität in den Führungsgremien der nicht-russischen Unternehmen mehr ausländische Direktinvestitionen anziehen als die anderen BRICS-Staaten Brasilien, Südafrika, Indien und China. Diese Investitionen bestanden jedoch zum überwiegenden Teil aus Geldmitteln und nicht aus den für die Entwicklung der Industrie so wichtigen Technologietransfers. Sie konnten daher nur eingeschränkt dem Wachstum und der Modernisierung dienen. Es wäre also dringend notwendig, hier eine grundlegende Änderung anzustreben.

Immerhin kann es als positiv gewertet werden, dass internationale Investoren und Börsianer nach der Wahl von Donald Trump zum Präsidenten der USA und dem erwarteten Wandel der geopolitischen Verhältnisse Russland wiederentdeckt haben. Die Finanzmärkte geben der russischen Wirtschaft wieder Kredit und gehen davon aus, dass sich die Beziehungen Russlands mit den führenden westlichen Ländern in absehbarer Zeit verbessern werden. Sie setzen auf den wirtschaftlichen Wiederaufstieg Russlands. In der Tat hatte die westliche Finanzwelt bereits vor der Mitte des Jahres 2017 entschieden, dass Sanktionen kein wesentlicher Faktor sind, wenn die Bedingungen in Russland attraktiv erscheinen. Umfangreiche westliche Investitionen in russische Staatsanleihen spiegeln dieses Denken deutlich wider.[80] Dabei stammen mehr als ein Drittel der Käufer aus den USA und ca. 30 Prozent aus Großbritannien. Die sichere Erwartung weiteren Wachstums der russischen Wirtschaft wird diesen Prozess gewiss beflügeln. Zudem scheint es der Chefin der Zentralbank, Elvira Nabiullina, zu gelingen, das russische Bankwesen mit ihrem strikten Kurs der Verkleinerung des Bankensektors zu konsolidieren.[81] Immerhin wurde im Zuge dieses Prozesses seit dem Jahre 2013 etwa 300 Banken die Lizenz entzogen.[82] Dieser generellen Politik widerspricht es durchaus nicht, dass die Chefin der Zentralbank im August 2017 nicht zögerte, den Kollaps der wichtigen Privatbank Otkritije zu verhindern. Man kann im Übrigen damit rechnen, dass es mit Russlands Finanzwelt weiter aufwärts geht und auch der Leitzins bei etwa 7,5 Prozent gehalten wird.[83]

Darüber hinaus gilt es auch, die im Laufe des Ukraine-Konflikts in manchen Staaten der Europäischen Union aufkommende Kalkulation, man könne Russland mit Hilfe der Sanktionen von der notwendigen Modernisierung der Wirtschaft abschneiden, zu widerlegen. Die politische Führung Russlands wird daher die bereits vorhandenen Ansatzmöglichkeiten in zahlreichen fortgeschrittenen Ländern der Welt nutzen, um auf andere Weise als bisher üblich jenen Technologietransfer zu erhalten, der zur schnelleren Modernisierung der eigenen Wirtschaft beitragen kann. Dabei erscheint es sinnvoll, unorthodox vorzugehen und mit Geschäften über Staaten, die nicht dem europäischen oder amerikanischen Einfluss unterliegen, neue Wege zur Modernisierung der Wirtschaft zu erschließen und so die Sanktionen der Europäer zu konterkarieren. Nicht zuletzt wird es auch mit Blick auf das Vertrauen und die Folgebereitschaft der eigenen Bevölkerung wichtig sein, in diesem Bereich ebenso entschlossen wie geschickt vorzugehen, um zu zeigen, dass man erfolgreich agieren und die gesteckten Ziele erreichen kann. Sicherlich wird es eine Weile dauern, bis die durch die westlichen Sanktionen entstandenen Reibungsverluste ausgeglichen und die Umstellung auf die engere Kooperation mit anderen Staaten gelungen ist. Doch kann die politische Führung Russlands darauf vertrauen, dass ihre hervorragende Diplomatie zusammen mit konsequentem Handeln im außenwirtschaftlichen Bereich zum Erfolg führt.

Zudem erscheint der von Staatspräsident Putins Wirtschaftsberater Andrej Belousow vertretene Gedanke, die eigenen Konzerne zu neuen Investitionen anzuregen und hierfür den Zugang zu den Kreditressourcen zu erleichtern, durchaus zielführend. Auch die Förderung der Wirtschaft des Landes durch finanzielle Hilfspakete und die Einrichtung von umfangreichen Fonds zur Unterstützung der Investitionen und zur Entwicklung der Industrie können hier helfen. Die russische Regierung wird ein Entwicklungsprogramm umsetzen müssen, das auf den zügigen Aufbau einer wettbewerbsfähigen Wirtschaft zielt, die in die Weltwirtschaft integriert ist. Dass es bereits vorzeigbare technologisch exzellente Produkte in Russland gibt, zeigt die eigenständige Entwicklung einer Super-Straßenbahn, die weltweit Maßstäbe setzen dürfte. Auch der Bau eines neuen eigenen Mittelstreckenflugzeuges, das die veraltete Tupolew Tu-204 ersetzen und den westlichen Firmen wie Airbus und Boeing auf dem Weltmarkt Konkurrenz machen könnte, liegt auf dieser Linie.[84] Die Präsentation des Prototyps dieses Flugzeuges – unter der Bezeichnung Irkut MS-21 – Anfang Juni 2016 in Irkutsk und der erfolgreiche Erstflug dieses Modells Ende Mai 2017 ist ein gutes Zeichen für Russlands technologische Kompetenz und wirtschaftliche Leistungsfähigkeit. Auf diesem Wege gilt es fortzuschreiten – auch im Hinblick auf das Bestreben, die Sanktionen der westlichen Länder im Zusammenhang mit dem Ukraine-Konflikt ins Leere laufen zu lassen und in diesem strategisch bedeutsamen Bereich die Unabhängigkeit zu bewahren. Der darüber hinausgehende Plan, zusammen mit China einen neuen Großraumjet zu entwickeln, der den bislang führenden Firmen in den USA (Boeing) und Europa (Airbus) Konkurrenz machen könnte, liegt auf dieser Linie. Der Erfolg dieses Unterfangens könnte die technologische Überlegenheit westlicher Länder endgültig brechen.

Die seit Mitte des Jahres 2012 immer wieder gezeigte Bereitschaft der politischen Führung Russlands, neue Kartellrechtsgesetze von der Staatsduma verabschieden zu lassen, zahlreiche Staatsbetriebe zu privatisieren und einen Ombudsmann zur Verteidigung der Unternehmer einzusetzen, sind in diesem Zusammenhang ein erster wichtiger Schritt, um ausländische Investoren zu mehr Engagement zu animieren. Vor dem Hintergrund der gegenwärtig relativ schwierigen wirtschaftlichen Situation Russlands erscheint es sinnvoll, wenn die russischen Entscheidungsträger auf dem angekündigten Weg der Öffnung zügig voranschreiten würden. Es erweist sich zudem immer wieder als vorteilhaft, die exportierenden Rohstoffsektoren der Wirtschaft für ausländische Investoren weiter zu öffnen, damit Russland die Chance erhält, an der internationalen Arbeitsteilungskette stärker zu partizipieren und Produkte auf hohem Niveau anzubieten. Hier Klarheit zu schaffen, für funktionierende Institutionen zu sorgen und verbindliche Regeln aufzustellen, an denen sich die Investoren sicher orientieren können, würde gewiss großen Gewinn versprechen. In diesem Zusammenhang ist es durchaus angemessen, erfahrenen westlichen Managern und einflussreichen Politikern, wie z.B. dem früheren deutschen Bundeskanzler Gerhard Schröder, dem früheren österreichischen Bundeskanzler Wolfgang Schüssel und dem ehemaligen österreichischen Finanzminister Hans Jörg Schelling, wichtige Aufgaben in russischen Konzernen zu übertragen. Sie können dank ihrer Erfahrung und ihrer guten Vernetzung dazu beitragen, sinnvolle Entscheidungen zu treffen und die vielfältigen Versuche führender westlicher Staaten, Russland zu isolieren, zu konterkarieren. So hat Gerhard Schröder seit 12 Jahren zweifellos hilfreich beim russischen Staatskonzern Gazprom gewirkt. Gerhard Schröders neue Tätigkeit beim Rosneft-Konzern, zu dessen Chef des Aufsichtsrates er am 29. September 2017 gewählt wurde, dürfte wohl ähnlich positiv verlaufen. Die vor allem in Deutschland an dem Engagement des früheren Bundeskanzlers geübte Kritik erscheint in keiner Weise gerechtfertigt.

Über die Möglichkeiten, die Wirtschaft zu reformieren und anzukurbeln, wird in Russland immer intensiver diskutiert. Dass künftig das angestrebte und notwendige Wachstum vor allem durch Innovationen gewährleistet werden muss, scheint dabei ein Konsens zu sein. Doch hindern unterschiedliche Interessen und Ziele vielfach die politischen Entscheidungsträger daran, hier einen klaren Kurs zu steuern. Während hochrangige Vertreter der Regierung mit Blick auf ein höheres Wachstum eine Senkung des Leitzinses durch die Russische Zentralbank wünschen, dürfte es sich weiterhin als sehr positiv erweisen, dass man der Zentralbank größere Unabhängigkeit gewährt. Mit ihrem recht selbstbewussten und wohlüberlegten Kurs, die Leitzinsen unter dem Eindruck des Ukraine-Konflikts zunächst zu erhöhen, hat die seit Juni 2013 amtierende Chefin der Zentralbank, Elvira Nabiullina, zwar nur kurzfristig Erfolg gehabt. Viele Sparer hielten wegen der günstigen Zinsen ihre Guthaben im Lande, die Teuerung konnte für eine kurze Zeit begrenzt und der Kurs des Rubel konnte gestützt werden. Doch nach dem durch den dramatischen Verfall des Erdölpreises seit Herbst 2014 ausgelösten Absturz der russischen Währung sah sich die Chefin der Zentralbank zunächst nicht nur gezwungen, den Leitzins anzuheben. Es musste zusätzlich auch auf Währungsreserven zurückgegriffen werden, um den weiteren Absturz des Rubel aufzuhalten und den in Schwierigkeiten geratenen Geschäftsbanken unter die Arme zu greifen. Mit ihren vernünftigen Maßnahmen gelang es der Chefin der Zentralbank, den Finanzcrash abzuwenden und die Wirtschaft des Landes wieder in ruhigere Bahnen zu lenken. Der Leitzins konnte wieder auf weniger als 10 Prozent gesenkt werden. Zudem war es durchaus zielführend, den russischen Bankenmarkt von dubiosen Geldinstituten zu reinigen und auch auf diese Weise den erwünschten Kapitalzufluss nach Russland anzuregen.

Darüber hinaus konnte die russische Regierung im Kampf gegen den Kursverfall des Rubel durch die am 23. Dezember 2014 gegebene Anweisung an die größten staatlich kontrollierten Exporteure Gazprom, Rosneft, Alrosa, Kristall u.a., einen Teil ihrer Devisenreserven auf den Markt zu werfen, Erfolge erzielen. Moskau zeigte damit einmal mehr, wie vielfältig es auf schwierige, von außen kommende Entwicklungen antworten und seine Politik durchhalten kann, ohne auf die problematischen Maßnahmen der direkten Kapitalverkehrskontrolle zurückgreifen zu müssen.

Im Zusammenhang mit dieser für Russland schwierigen Entwicklung ist immerhin bemerkenswert, dass die russischen Energiekonzerne besser dastehen als ihre internationale Konkurrenz. Zum einen profitieren die Unternehmen von den Rahmenbedingungen des speziellen Steuersystems für den Erdölsektor. Die Orientierung der Steuer am Erdölpreis und am Liefervolumen anstatt am Gewinn verschafft den russischen Konzernen erhebliche Vorteile, weil sie eine deutlich geringere Steuer zahlen müssen. Darüber hinaus kommt den Konzernen auch die Rubel-Abwertung zugute. Da so gut wie alle Ausgaben auf Rubel-Basis anfallen, die Erlöse aber in Dollar erzielt werden, kommen die russischen Unternehmen recht gut durch die globale Krise. Die anderen Erdölfirmen in der Welt haben diesen Vorteil nicht. Sie sind gehalten, Tausende Mitarbeiter zu entlassen und Investitionen im Wert von mehr als 200 Milliarden Dollar aufzuschieben, während die russischen Unternehmen ihre ehrgeizigen Investitionspläne verwirklichen können und die Entlassung von Mitarbeitern gar nicht zur Debatte steht. Die Vorteile des günstigen Rubel-Kurses dürften auch von ausländischen Investoren zunehmend genutzt werden. Sie können dank dieser speziellen Rahmenbedingungen von Russland aus günstig exportieren. Daher überrascht es nicht, dass bedeutende Unternehmen, wie Continental, Volkswagen, Ikea u.a. Waren aus russischer Produktion ins Ausland liefern. Ein Marken- oder Imageproblem gibt es dabei nicht.

Entscheidend für deutliche Fortschritte im Bereich der Wirtschaft dürfte jedoch sein, ob es gelingt, das eigene Potential besser auszuschöpfen und bei den besten Köpfen des Landes gar nicht erst den Gedanken aufkommen zu lassen, nach einer guten Ausbildung in die USA, nach Israel oder nach Westeuropa zu emigrieren. Mit einer dezidiert patriotischen Erziehung allein wird man dieses Problem allerdings nicht lösen. Es muss auch Raum für sachlich gut begründete Kritik gegeben werden. Man wird die Arbeit der Wissenschaftler und Techniker im eigenen Lande noch stärker als bisher attraktiv machen müssen. Hohe Bezahlung und eine gewisse Freiheit des Handelns gehören dazu. Hier gibt es viele Möglichkeiten, den gut ausgebildeten und talentierten jungen Leuten Anreize zu geben, sich im eigenen Lande zu engagieren. Die Chance, in Russland selbst erfolgreich arbeiten zu können, muss klar erkennbar sein und sich konkret verwirklichen lassen. Hierbei wäre es vorteilhaft, sich bei der Rekrutierung des Nachwuchses für viele Positionen – nicht nur im Bereich der Wirtschaft – am Prinzip der Leistungsfähigkeit zu orientieren. Das erfolgreiche Beispiel Chinas sollte Ansporn genug sein. In diesem Kontext ist es ebenso sinnvoll, den Kontakt auf der wichtigen Ebene der Wissenschaft zu den westlichen Ländern aufrechtzuerhalten und weiter zu fördern. Dazu gehört es auch, die Zusammenarbeit mit den führenden Universitäten der Welt zu suchen. Die enge Verbindung mit deutschen Universitäten wird dabei von großem Vorteil sein, da sie sich, anders als die entsprechenden Einrichtungen in den USA und Großbritannien, nicht so stark in die kontroversen politischen Debatten einspannen lassen.

Es wäre in der Tat notwendig, einen weiteren Braindrain zu verhindern und bei den Managern und Facharbeitern für Nachwuchs und Engagement zu sorgen. Dabei gilt es nicht nur auf ein positives Geschäfts- und

Arbeitsklima zu achten. Auch die Fähigkeiten zu einem guten Projektmanagement sollten entschlossen ausgebaut werden. Nicht zuletzt wird es mit Blick auf die Reform des Wirtschaftssystems notwendig sein, einen sinnvollen Kurs vorzugeben. Zudem gilt es in diesem Kontext, die starke Stellung der für Korruption erfahrungsgemäß anfälligen Bürokratie zu reduzieren und für klare Richtlinien an die Beamtenschaft mit der entsprechenden Kontrolle zu sorgen.

Als Wladimir Putin vor mehr als fünfzehn Jahren zum ersten Mal zum russischen Staatspräsidenten gewählt wurde, bemühte er sich mit Blick auf die Restauration russischer Macht die Kontrolle über die strategisch bedeutsamen Rohstoffe Erdöl und Erdgas in staatliche Hand zu bringen. Eine zentrale Rolle spielte dabei der von Alexej Miller geführte Energiekonzern Gazprom, der zu einer der Stützen des Regimes wurde und heute mit etwa 470.000 Mitarbeitern zu den größten Unternehmen Russlands gehört. In diesem sensiblen Bereich einschneidende und schnelle Änderungen zu erwarten, die zu einem direkten Zugang ausländischer Investoren führen, dürfte schwierig sein. Gleichwohl zeigen die Vorgehensweisen der politischen Führung in Moskau in dem so wichtigen Rohstoffsektor, dass es auch flexiblere Ansätze gibt und für die Zukunft zu erwarten sind.

Der zügige Aufbau des Energiekonzerns Rosneft diente – wie schon das entsprechende Vorgehen beim Energieriesen Gazprom – von Anfang an als wichtiges Instrument staatlicher Energiepolitik. Heute kontrolliert der von Igor Setschin geführte Rosneft-Konzern etwa ein Drittel der Erdöl- und Erdgasproduktion Russlands. Das Unternehmen schmiedet inzwischen weltweite Allianzen und hat Zugriff auf strategische Erdöl- und Erdgasreserven in der Arktis und im Schwarzen Meer. Unter der Führung von Igor Setschin wurden während des Jahres 2012 drei strategisch bedeutsame Allianzen zur Erkundung und Erschließung der Erdöl- und Erdgasreserven in diesen wichtigen Regionen unterzeichnet – mit dem amerikanischen Ölkonzern ExxonMobil, mit dem italienischen Konzern ENI und dem norwegischen Ölkonzern Statoil. Mit diesen Vereinbarungen, die enorme Möglichkeiten in der Erschließung wichtiger Rohstoffe eröffnen, dürfte Rosneft künftig immer mehr zum Taktgeber der Wirtschaft Russlands werden. Das gilt erst recht, nachdem die russische Regierung den staatlich kontrollierten Erdölkonzern Anfang Oktober 2016 mit einem Dekret ermächtigt hat, den kleineren Konkurrenten Bashneft zu kaufen.[85] Diese neue Form der Teil-Privatisierung brachte dem Staatshaushalt immerhin fast 11 Milliarden Dollar ein. Die Partnerschaften mit den westlichen Konzernen haben – ungeachtet der durch den Ukraine-Konflikt bedingten politischen Verwerfungen und der vor allem von der amerikanischen Regierung während der Präsidentschaft von Barack Obama verhängten Sanktionen – für Rosneft große Bedeutung. Denn zum einen sind die Versuche zur Erschließung der Rohstoffvorkommen in der Arktis technisch schwierig und ökologisch sehr riskant. Zum anderen hat Rosneft mit diesen Allianzen Zugang zu der notwendigen Technologie und Erfahrung vor allem in der Tiefseeförderung erhalten. Das im September 2014 von der U.S.-Regierung ausgesprochene Verbot der Lieferung von Hochtechnologie für die Erschließung der Erdölquellen in der Arktis und die dank der westlichen Sanktionen auftretenden Schwierigkeiten der Finanzierung der umfangreichen russischen Projekte werden durch die Zusammenarbeit mit anderen – nicht-westlichen – Nationen überwunden werden. Auch die einstweilige Beendigung der Kooperation von Rosneft mit ExxonMobil bei den Offshore-Bohrungen konnte erfolgreich umgangen werden[86]

Die Möglichkeiten Russlands zur Förderung von Erdgas und Erdöl aus großen Meerestiefen, die bislang bei ca. sechs bzw. drei Prozent lagen, werden sich daher bald erheblich verbessern. Dies erscheint gerade deshalb bedeutsam, weil nach dem gegenwärtigen Stand der Forschung mindestens 20 Prozent der weltweiten Erdöl- und Erdgasvorkommen unter russischen Gewässern lagern. Überdies dürften die Allianzen, die Rosneft geschlossen hat, zum Modell für weitere Vereinbarungen mit ausländischen Unternehmen werden. Dieses Modell sieht vor, dass die ausländischen Partner 33,33 Prozent der Anteile erhalten, die Erkundungsarbeiten vorfinanzieren und Rosneft Zugang zu eigenen Projekten im Westen gewähren. Der russische Konzern wird damit wohl über kurz oder lang zu einem der einflussreichsten globalen Player werden und durch seine ausländischen Beteiligungen die Grundlagen für neue Beziehungen im internationalen Rohstoffsektor schaffen. Mit der milliardenschweren Übernahme des Erdöl-Joint-Ventures TNK-BP von dem britischen Ölkonzern BP im Herbst 2012 ist der russische Konzern Rosneft zum größten Erdöl-Unternehmen der Welt aufgestiegen und hat damit ExxonMobil von dieser Position verdrängt. Zwar erhält der britische Konzern BP 19,75 Prozent der Anteile und zwei Sitze im Aufsichtsrat des russischen Konzerns. Dennoch bleibt mit der staatlichen Kontrolle über dieses große Unternehmen ein wichtiges Anliegen der politischen Führung Russlands erfüllt.

Die Vorteile der konsequenten russischen Politik in diesem strategisch bedeutsamen Bereich liegen auf der Hand. Gemeinsam mit der BP und anderen technologisch fortgeschrittenen Unternehmen wird Rosneft nicht nur die wertvollen Energiereserven im russischen Nordpolarmeer noch besser als das Konkurrenz-Unternehmen Gazprom erschließen. Die enge Verbindung mit den westlichen Unternehmen wird auch dazu dienen können, die Technologie des „Fracking“, also die Gewinnung von Erdgas und Erdöl aus Schiefergestein, zu forcieren. Russland kann damit zum Mitspieler im Hochtechnologie-Bereich werden und an der Nutzung der neuen Technologien in der Erdgas- und Erdölförderung teilnehmen, die in absehbarer Zukunft wohl die geopolitische Gewichtsverteilung in der Welt erheblich verändern werden.

Die insbesondere von amerikanischen Konzernen sehr gut beherrschte und konsequent genutzte „Fracking“-Methode wird trotz der Umweltbedenken und der gelegentlichen Rentabilitätsprobleme wegen des schwankenden Preises für Erdöl schon recht bald – zusammen mit der Technik der Verflüssigung von Erdgas – diesen bedeutsamen Teil der Erschließung und Vermarktung wichtiger Energieträger revolutionieren. Russland passt sich offenbar diesem Trend an und wahrt damit seine Chance, um hier mit den USA konkurrieren zu können. Nach einer Studie des Instituts für Energieforschung (INEI) der Russischen Akademie der Wissenschaften und des Analysezentrums der russischen Regierung könnte ein zu geringes Engagement der russischen Erdgas- und Erdölunternehmen in dem Bereich des „Fracking“ und der Verflüssigung von Erdgas zu einem Rückgang des Exports von wichtigen Energieträgern um bis zu 20 Prozent und damit zu einer deutlichen Verminderung des Bruttoinlandsprodukts (BIP) und der Staatseinnahmen führen. Insofern erscheint es vernünftig, dass der russische Konzern Lukoil eine Zusammenarbeit mit dem französischen Unternehmen Total begonnen hat, um die Förderung von Erdöl aus den in Westsibirien vorhandenen riesigen Schieferölvorkommen einzuleiten.

Als besonders bedeutsam gilt für Russland die Erschließung der Arktis. Hier erheben allerdings auch die USA, Kanada, Norwegen und Dänemark Anspruch auf die unter dem Eis liegenden Bodenschätze, die wirtschaftliche Nutzung der Schiffahrtsrouten und des Meeresbodens. Wem welches Gebiet zusteht, sollen die Vereinten Nationen klären und entscheiden. Gleichwohl hat die russische Regierung bereits am 2. August 2007 eine Nationalflagge aus Titan am Nordpol in den Meeresboden stecken lassen. Dabei argumentiert man in Moskau, dass der Lomonossow-Ozeanrücken entlang des Nordpol-Gebiets geologisch gesehen eine Fortsetzung des russischen Festlands ist. Ob dieser Anspruch zu Recht besteht, wird von Experten geprüft und auf der Grundlage des internationalen Seerechtsabkommens der Vereinten Nationen entschieden werden müssen. Der Antrag Russlands liegt bereits seit dem Frühjahr 2015 zusammen mit einem zweitausend Seiten umfassenden Gutachten vor und wird mit den jeweils neuesten Forschungsergebnissen untermauert. Immerhin geht es hier um ein Gebiet von mehr als eine Million km², eine Fläche etwa dreimal so groß wie Deutschland. Doch haben auch Dänemark, Kanada und selbst die USA Ansprüche in dieser Region geltend gemacht. Schließlich sollen laut einer Studie des U.S. Geological Survey aus dem Jahre 2008 etwa 13 Prozent der unentdeckten Erdgas- und Erdölvorräte in der Region oberhalb des Polarkreises liegen. Mehr als 80 Prozent davon befinden sich unter dem Meeresboden. Ihre Ausbeutung wird also Tiefseebohrungen erfordern, deren Technologie noch weiter entwickelt werden muss.

Darüber hinaus gibt das zurückweichende Eis der Arktis Schiffahrtsrouten frei, die für den Welthandel große Bedeutung gewinnen können. Während Russland bereits vor mehr als zwei Jahrzehnten die damals nur fünf Monate befahrbare Nordostpassage zur Versorgung seiner Städte an der sibirischen Arktisküste nutzte, bietet sich heute eine völlig andere Situation. Alte, noch aus der Sowjet-Ära stammende Strukturen werden wieder aktiviert und erweitert. Und in den Bau des neuen Hafens Sabetta hat Russland mehrere Milliarden Dollar investiert. Von dort aus soll Flüssiggas mit Tankern über die Arktisroute an Kunden in Asien transportiert werden. Dabei ist bemerkenswert, dass der von Leonid Michelson geleitete private russische Gaskonzern Nowatek im Dezember 2017 seine Flüssiggas-Anlage „Jamal LNG“ (Liquefied Natural Gas = LNG) in Betrieb genommen hat und weitere Anlagen dieser Art auf der Grundlage einheimischer Technologien errichten will, um an dem zukunftsträchtigen weltweiten Geschäft teilnehmen zu können. Der Hauptaktionär beim landesweit größten Petrochemie-Konzern Sibur setzt dabei auf eine enge Kooperation mit China und liegt damit im Trend der russischen Außenhandelspolitik.

Wenngleich die Rechtsverhältnisse in der Arktis-Region noch nicht geklärt sind und ein Schiedsspruch der Vereinten Nationen auf sich warten lässt, können wir beobachten, dass die Anrainerstaaten ihre dortigen Aktivitäten beständig steigern. In jedem Fall bleibt es aus russischer Sicht wichtig, an der weiteren Erschließung der Erdgas- und Erdölvorkommen in der Arktis mitzuwirken und die eigenen Ansprüche zu sichern. Der entscheidende Punkt der russischen Haltung in diesem Bereich ist die Präsenz – politisch, wirtschaftlich und militärisch. Wenngleich der Streit um die

Grenzverläufe in der Arktis und im Nordpolarmeer zwischen den Anrainerstaaten USA, Russland, Kanada, Dänemark und Norwegen noch nicht beendet ist, zeigen einzelne in jüngster Zeit erreichte Abkommen und die gelegentliche Kooperation der Konzerne aus verschiedenen Ländern, dass man immer wieder Regelungen findet, die allen Seiten dienen. Dennoch kann es nicht überraschen, dass die russische Staatsführung zur Untermauerung ihrer Ansprüche entsprechende Militär-Formationen aufgestellt hat und in einzelnen Fällen auch Kriegsschiffe in die umstrittene Region zu beordern pflegt. Die Entsendung des Kriegsschiffs „Marschall Gelowani" der russischen Pazifikflotte in die Arktis-Region unweit des U.S.-Bundesstaates Alaska und das Hissen der Flagge dieser Flotte am 20. August 2014 in dem neuen Marinestützpunkt auf der Wrangel-Insel liegt auf dieser Linie. In der rohstoffreichen Region haben die Streitkräfte inzwischen einige Abwehrraketensysteme vom Typ Panzir stationiert. Geplant ist ebenso die Verlegung von Kampfflugzeugen vom Typ MiG-31. Auf der im Nordpolarmeer liegenden Insel Novaja Zemlja hat Russland im Frühjahr 2015 zudem ein Frühwarnsystem errichtet. Die verstärkte Präsenz der Nordflotte und die Abhaltung von großen Manövern in der Barentssee machen deutlich, welche Bedeutung die russische Regierung der Arktis-Region zumißt. Auch mit dem Wiederaufbau einiger Militärstützpunkte auf den Neusibirischen Inseln, die nach dem Ende der Sowjetunion vernachlässigt worden waren, demonstriert die russische Regierung, dass sie ihre geopolitischen und strategischen Interessen in der Arktis wahrnehmen will. Die moderne Basis auf der Kotelny-Insel ist größer als zu Sowjetzeiten. Weitere Stützpunkte auf den Kurilen dürften noch hinzukommen. Darüber hinaus sucht man zu beweisen, dass sich der Festlandsockel weiter erstreckt als die 200-Meilen-Zone neben der Küste, um das Einflussgebiet Russlands auszudehnen. Daher erscheint es nur konsequent, wenn Russland bei den Vereinten Nationen einen Antrag auf Ausweitung seiner Seegrenze im Nordpolarmeer eingereicht hat.

Die Erschließung der arktischen Bodenschätze ist sicherlich auch mit hohen Risiken für die Umwelt verbunden. Doch dürfte sich Russland ebenso wenig wie andere in dieser Region agierende Staaten von einigen militanten Umweltschützern davon abhalten lassen, die Förderung von wichtigen Energieträgern zu forcieren. Wie der Versuch einiger Umwelt-Aktivisten von Greenpeace am 19. September 2013, die Gazprom-Bohrinsel „Priraslomnaja" in der Barentsssee zu entern und der konsequente Umgang Russlands mit diesen Leuten gezeigt hat, werden die russischen

Sicherheitsbehörden wohl auch künftig keinen Zweifel daran aufkommen lassen, dass sie ihre Ansprüche und Rechte wahrnehmen werden.

So sehr die Energieträger Erdöl und Erdgas den russischen Rohstoffsektor bestimmen, sind sie doch nicht die einzigen wichtigen Rohstoffe, auf die sich Russlands weitere wirtschaftliche Entwicklung stützen kann. Russland gehört immerhin mit China, Australien und den USA zu den größten Förderländern für das wertvolle und sehr begehrte Edelmetall Gold. Ein Zehntel der weltweiten Goldvorkommen lagern in russischem Boden. Vor allem in der Region um Krasnojarsk, in der Gegend um Irkutsk und bei Magadan am Pazifischen Ozean befinden sich große Lagerstätten dieses Edelmetalls. Doch haben die russischen Bergwerkunternehmen, die Gold schürfen, bis vor kurzer Zeit eher ein Schattendasein geführt. In der Tat ist Gold in Russland im Vergleich zu Erdöl und Erdgas ein relativ kleiner Sektor. Inzwischen hat die politische Führung in Moskau aber die strategische Rolle dieses Rohstoffes erkannt. Die Ambitionen haben seit dem Frühjahr 2012 einen neuen Impetus erhalten, zumal die industrielle Förderung des Edelmetalls sehr ausbaufähig ist und vielversprechende Möglichkeiten bietet. Auch in diesem Bereich hält die russische Führungselite an ihrem Grundsatz fest, dem Staat das Vorrecht zu überlassen, alles auf russischem Boden geschürfte Gold zu erwerben und ausländischen Unternehmen keine Kontrolle zu gestatten.

Im Zusammenhang mit der Neubewertung der Rolle des Goldes ist bemerkenswert, dass die politische Führung Russlands der Absicherung der eigenen Währung durch dieses Edelmetall inzwischen einen höheren Stellenwert beimißt. Waren es bis zum Jahre 2012 nur etwa zehn Prozent der Währungsreserven, die man in Form von Gold hielt, so werden sich die am Ende des Jahres 2014 vorhandenen Goldbestände von ca. 36 Millionen Unzen in den nächsten Jahren erheblich vergrößern. Keine andere Nation baut ihre Goldreserven so zielstrebig aus wie Russland. Hier geht es nicht nur darum, die nationalen Währungsreserven zu diversifizieren. Dahinter steht – zu Recht – ein strategisches und geopolitisches Kalkül, das sich gegen das Dominanzstreben der USA richtet. Wie andere Länder, von China bis Indien auch, versucht Russland mit einer derartigen Politik von den Papier-Währungen Dollar, Pfund oder Euro unabhängiger zu werden. Ein durch deutlich höhere Goldbestände gedeckter Rubel wäre sicherlich weniger gefährdet als in der Vergangenheit und dürfte der russischen Regierung in schwierigen Situationen mehr Souveränität geben. Es erscheint daher nur folgerichtig, dass Russland seine Goldbestände beständig erhöht. Sie liegen derzeit bei 1.400 Tonnen und nehmen monatlich um ca. 20 Tonnen zu. Insbesondere mit Blick auf den von den USA und der Europäischen Union ausgelösten Finanz- und Wirtschaftskrieg im Zuge des Ukraine-Konflikts wird sich die russische Regierung mit einer weiteren Erhöhung der Goldreserven größere Flexibilität verschaffen. Dank der wachsenden Goldbestände gewinnt Russland eine weitere Möglichkeit, auch unter westlichem Druck liquide zu bleiben und könnte dringend benötigte Güter bei befreundeten Staaten kaufen.

Wenngleich die politische Führung Russlands auf dem strategisch so bedeutsamen Rohstoffsektor noch sehr zurückhaltend ist, wenn es um die Teilhabe ausländischer Unternehmen geht, aber immerhin neue Wege der Kooperation eingeschlagen hat, finden auf anderen Gebieten der russischen Wirtschaft ausländische Investoren eher Zugang. So haben – angelockt von Steuervorteilen – einige westliche Konzerne damit begonnen, in einem infrastrukturell relativ gut entwickelten Gebiet bei Kaluga südlich von Moskau zu investieren. Dank des Engagements von Volkswagen, Renault und Volvo sind inzwischen mehrere Werke in dieser Region entstanden und viele qualifizierte Arbeitsplätze geschaffen worden. Ebenso kann als positiv verzeichnet werden, dass die Firma Daimler künftig in Russland Autos produzieren wird. Für das neue Mercedes-Werk im Esipovo Industrial Park nahe Moskau sollen 250 Millionen Euro investiert werden. Dabei werden mehr als 1.000 Arbeitsplätze entstehen.[87]

Die neuen Produktionsstätten ziehen nicht nur immer mehr Unternehmen der Zulieferindustrie nach sich. Auch mehrere Unternehmen der Pharmaindustrie und der Elektronikindustrie haben sich in den betroffenen Gebieten angesiedelt. Der in jüngster Zeit im Zuge dieser Entwicklung aufgetretene Mangel an fachlich qualifizierten Arbeitskräften setzt dem Aufbau der Wirtschaft allerdings gewisse Grenzen. Die staatlich geförderte Rückkehr von bislang im Ausland lebenden Russen kann dies offenbar nicht voll ausgleichen. Zwar folgten zahlreiche Russen den Angeboten aus der Region Kaluga und Moskau. Doch zeigen die Vorgehensweisen der Unternehmen bei dem Konkurrenzkampf um die Arbeitskräfte, wie schwierig die Lage ist. So versuchen die Konzerne mit zusätzlichen Sozialleistungen, Gratismahlzeiten, außerbetrieblichen Veranstaltungen und anderen Angeboten, die Mitarbeiter an sich zu binden.

Die Tendenz mancher ausländischer Unternehmen, das Problem des Mangels an Facharbeitern durch eigene Ausbildungsanstrengungen zu lösen, dürfte künftig Schule machen und großen Nutzen für Russland bringen. Vor allem der Versuch des Volkswagen-Konzerns, das im deutschsprachigen Raum übliche und sehr erfolgreiche duale Berufsbildungssystem hochzuziehen, könnte eine positive Entwicklung in Russland initiieren. Es wird dabei gleichwohl notwendig sein, die neuen und recht ungewohnten Ausbildungs- und Lernstrukturen an die historisch gewachsenen russischen Traditionen anzupassen und längere Zeiträume ins Auge zu fassen, bis das System funktioniert. Abgesehen von den erwünschten Technologie-Transfers wird man langfristig sicher erwarten können, dass die politische Führung Russlands auch an Transfers bestimmter Züge ausländischer Bildungssysteme Interesse findet.

Immerhin ist man sich in Russland mit Blick auf die Weiterentwicklung der Wirtschaft bewusst, dass ein gutes Bildungssystem hierfür eine bedeutsame Rolle spielt. Das Land verfügt gemäß zahlreicher Untersuchungen der jüngsten Zeit über eine recht gute Basis in diesem wichtigen Bereich. Nach Angaben der OECD ist der Anteil der Russen mit höherer Schulbildung und sogar der Universitätsbildung höher als im Durchschnitt der Europäischen Union. Auch müssen sich die russischen Wissenschaftler und Erfinder keineswegs hinter ihren Kollegen in den westlichen Demokratien verstecken. Dennoch wird die politische Führung Russlands massiv und nachhaltig in das Bildungswesen investieren müssen. Hier gilt es insbesondere, die Qualität des Lehrpersonals in den allgemeinbildenden Schulen zu verbessern.

Vor allem aber wird man nicht umhin können, eine Facharbeiterschaft mit hohen Qualifikationen heranzubilden. Sie stellt das Rückgrat für eine international wettbewerbsfähige Industrie dar. Gerade die für die Weiterentwicklung der Wirtschaft so wichtigen kleineren und mittleren Unternehmen können ihre Dynamik erst voll entfalten, wenn sie qualifiziertes Personal zur Verfügung haben. Dieses Ziel zu erreichen, ist eine Schlüsselfrage, um eine moderne Marktwirtschaft zu schaffen. Der von Wladimir Putin im Dezember 2012 wieder eingeführte Ehrentitel „Held der Arbeit" für hervorragende Beiträge zur Entwicklung Russlands kann in diesem Zusammenhang durchaus Nutzen bringen. Entscheidend aber bleibt das zielstrebige Bemühen, das gesamte Bildungssystem auf ein neues Niveau zu heben und für gute Leistungen auch spürbare finanzielle Anreize vorzusehen.

Nicht zuletzt wird die politische Führung Russlands der Reform der Landwirtschaft auch weiterhin ihre Aufmerksamkeit widmen müssen. Es gilt dabei, die noch immer wirksamen alten Strukturen der staatlich gelenkten Planwirtschaft zu überwinden und für eine marktbasierte Landwirtschaft zu sorgen. Die Erfahrungen mit den spezifischen westlichen

Sanktionen im Zuge des Ukraine-Konflikts sollten Antrieb genug sein, weniger nach Alternativen der Versorgung mit landwirtschaftlichen Gütern aus dem Ausland zu suchen, sondern die eigene Produktion auszubauen. So haben der unter Präsident Putin wieder gesetzlich erlaubte private Kauf von Ackerland und die massiven Investitionen in den Agrarsektor zu einer guten Geschäftsentwicklung in Russland geführt. Vor allem Getreide ist dabei ebenso rentabel geworden wie Erdöl. Inzwischen ist Russland wie schon zur Zeit der Zaren eine Kornkammer der Welt. Zwar liegt Russland bei der Produktion und dem Export von Weizen noch hinter der EU, China und Indien auf Platz vier. Gleichwohl konnte man die USA auf diesem Felde überholen und neue Märkte, wie China, Indonesien und Bangladesch erobern.[88] Die in den Jahren 2015 und 2016/2017 erzielten Erfolge in diesem Bereich sollten als Ansporn genommen werden, mit der zügigen Entwicklung der heimischen landwirtschaftlichen Produktion fortzufahren. Dies sollte auch für andere Produkte als Getreide gelten. Es macht wenig Sinn, Grundnahrungsmittel, wie Fleisch, Getreide, Milch und Eier für knappe und für andere Zwecke notwendige Devisen im Ausland zu kaufen. Besser wäre es, die eigene Landwirtschaft auf moderne westliche Methoden umzustellen. Dies würde nicht nur die Versorgung der Bevölkerung sichtbar verbessern, sondern auch die eigene politische Handlungsfähigkeit erhöhen. Insofern ist es ein gutes Zeichen, dass sich inzwischen immer mehr zahlungskräftige russische Unternehmer mit großen Investitionen daran beteiligen, die Landwirtschaft vollständig zu modernisieren und die Agrarproduktion des Landes auf ein der sicheren Versorgung der Bevölkerung zugeschnittenes und dem Anspruch der politischen Führung angemessenes Niveau zu heben.[89] Die Möglichkeiten, bei der Entwicklung der Landwirtschaft große Erfolge verbuchen zu können, sind sehr hoch. Immerhin werden derzeit in Russland nur 72 Millionen Hektar landwirtschaftlich genutzt. Es sind jedoch insgesamt 122 Millionen Hektar für den Ackerbau geeignet. Darüber hinaus kommt der niedrige Kurs des Rubel dem Export von landwirtschaftlichen Produkten zugute und erhöht damit die Chancen, hohe Gewinne zu erzielen.[90]

Für die wirtschaftliche Entwicklung Russlands und den Aufbau einer leistungsfähigen Marktwirtschaft wird es notwendig sein, die während der vergangenen zwei Jahrzehnte aufgetretene dramatische demographische Krise zu lösen. Die gefährliche Krise begann schon in den späten 80er Jahren des vergangenen Jahrhunderts, der Epoche von Michail Gorbatschows „Perestrojka“. Zwar hatte der Zusammenbruch der Sowjetunion eine

Reihe von demographischen Schockwellen in allen Staaten des sowjetischen Imperiums zur Folge. Es kam zu einem deutlichen Geburtenrückgang und einem plötzlichen Anstieg der Sterbefälle in ganz Osteuropa. In den meisten Ländern waren diese Erscheinungen nur vorübergehender Natur, nicht aber in Russland. Nach den Angaben der Statistik-Agentur Rosstat schrumpfte die russische Bevölkerung während der Periode von 1993 bis 2010 von 148,5 Millionen auf 142 Millionen Menschen.

Russland ist zwar nicht das einzige Land mit sinkender Bevölkerungszahl und einer deutlichen Tendenz zur Überalterung. Dieses Phänomen kennzeichnet viele moderne Gesellschaften auch in der westlichen Staatenwelt. So weisen Deutschland, Japan und Italien einen fortlaufenden Rückgang der Bevölkerung und einen deutlichen Trend zur Überalterung auf. Diese Entwicklung ist aber nicht so stark ausgeprägt wie in Russland, und man versucht die negativen Folgen des Geburtenrückgangs durch vielerlei Maßnahmen aufzufangen.

Immerhin hat die politische Führung Russlands relativ früh die Problematik der demographischen Entwicklung erkannt und schon seit dem Jahre 2006 umfassende Programme eingeführt, um den gefährlichen Abwärtstrend zu stoppen. Die Ursachen der demographischen Krise sind jedoch so vielfältig und kompliziert, dass in diesem Bereich über lange Zeit noch viel zu tun bleibt. Der von Wladimir Putin im Jahre 2006 vorgestellte „Plan für die demographische Entwicklung der Russländischen Föderation bis zum Jahre 2025“ dürfte allerdings nur eine begrenzte Wirkung entfalten. Er zielt darauf, die russische Bevölkerung bis 2025 auf deutlich über 145 Millionen Menschen zu stabilisieren. Dabei sollen die Russen auf eine durchschnittliche Lebenserwartung von 75 Jahren und auf eine Geburtenrate von 1,95 Kindern hoffen können. Die bisher im Rahmen dieses Plans ergriffenen Maßnahmen zur Verbesserung des staatlichen Gesundheitssystems werden jedoch erweitert werden müssen, um das ehrgeizige Ziel zu erreichen. Darüber hinaus strebt man an, eine Familie mit drei Kindern zur Norm werden zu lassen und wirksame Förderungen hierfür vorzusehen.

Seit dem Jahre 2015 können wir immerhin feststellen, dass zum ersten Mal in der Geschichte des Landes für eine kurze Zeit ein natürlicher Zuwachs der Bevölkerung verzeichnet wurde. Auch die durchschnittliche Lebenserwartung der Russen ist von 67 auf 69 Jahre gestiegen. Die Entwicklung verläuft jedoch sehr langsam und verlangt weiterhin große Aufmerksamkeit und enormes Engagement. Denn Russlands Geburtenrückgang während der vergangenen 30 Jahre hat zur Folge, dass dem Land noch lange Zeit eine große Zahl von möglichen Müttern fehlen wird. Überdies sehen wir immer wieder die Erfahrung bestätigt, dass man über viele Generationen tradierte Lebenseinstellungen und Verhaltensweisen nicht von heute auf morgen ändern kann. Anreize zu größerem Gesundheitsbewusstsein und eine stärkere Familienförderung als in der Vergangenheit dürften hier aber langfristig Abhilfe schaffen. Insofern ist es folgerichtig, dass Staatspräsident Putin im Dezember 2017 einen „Neustart der demographischen Politik" verkündet hat. Er sieht eine stärkere Familienförderung vor. Gleichwohl werden die dabei in Frage kommenden Maßnahmen nicht ausreichen, um das Problem zu lösen. Man wird sich auch der Frage widmen müssen, wie man die Familienstabilität verbessern und die schon früher recht hohen Scheidungsraten verringern kann. So wären eine stärkere Betreuung und gezielte finanzielle Unterstützungsprogramme nützlich, um die Beständigkeit von Ehen zu verbessern. Darüber hinaus müsste man wohl die im Vergleich zu anderen Ländern immer noch sehr hohe Sterblichkeitsrate reduzieren. Neben dem Ausbau der Gesundheitsversorgung wird ein Wandel in der Sozialpolitik notwendig sein. Hier gilt es insbesondere in die Bildung und in die Gesundheitsversorgung der nachwachsenden Generation zu investieren.

Mit Blick auf eine Wende in der demographischen Entwicklung könnte Russland zudem von der Zuwanderung einiger Millionen ethnischer Russen aus früher zur Sowjetunion gehörenden, aber nunmehr unabhängigen Staaten, z.B. im Kaukasus und Zentralasien, profitieren. Eine begrenzte Zuwanderung hat zwar schon in den vergangenen 20 Jahren stattgefunden. Diese Möglichkeit, mehr Stabilität in der Bevölkerungsentwicklung zu erreichen, sollte man in Betracht ziehen, auch wenn es notwendig sein wird, die in die Russländische Föderation kommenden ethnischen Russen sprachlich für eine Weile zu fördern, um die Integration erfolgreich zu gestalten. Darüber hinaus dürfte das von Präsident Putin im April 2014 unterzeichnete Gesetz zur schnelleren Einbürgerung von Ausländern und staatenlosen Personen, die auf dem Gebiet der Russländischen Föderation leben, die Zahl der russischen Staatsbürger erhöhen.

Dass es mit der Eingliederung der Krim-Region im Zuge des Ukraine-Konflikts gelang, die Bevölkerungszahl Russlands um 2 Millionen zu erhöhen, konnte man zwar nicht vorhersehen. Doch dürfte sich ein vergleichbarer Vorgang in naher Zukunft wohl nicht wiederholen. Nicht zuletzt wird die politische Führung Russlands auch der Binnenwanderung, vor allem im Hinblick auf das riesige Gebiet des Fernen Ostens, große Aufmerksamkeit widmen müssen. Zur Stabilisierung der wirtschaftlichen

Entwicklung dieser an wichtigen Ressourcen reichen Region erscheint es notwendig, den dort bisher zu beobachtenden Bevölkerungsverlust zu stoppen und durch großzügige Anreize umzukehren.

Insgesamt wird es für eine Umkehr in der demographischen Entwicklung Russlands künftig darauf ankommen, durch vielfältige Maßnahmen die Lebensqualität der Bevölkerung zu verbessern. So sehr Russland auch davon profitieren kann, dass es über enorme natürliche Ressourcen verfügt, so bleiben es letztlich doch die menschlichen Ressourcen, die in der Wirtschaft und im Weltstaatensystem für den Wohlstand und den politischen Einfluss sorgen. Die politische Führung Russlands wird also nicht zögern dürfen, die Wirtschaftsstruktur des Landes und die russische Gesellschaft zielstrebig umzuwandeln.

Abgesehen von den noch lange nachwirkenden Folgen der demographischen Krise setzt auch der derzeitige Zustand der Infrastruktur des Landes dem weiteren Ausbau der Wirtschaft gewisse Grenzen. Nur 30 Prozent der Straßen im flächenmäßig größten Land der Erde sind laut Angaben des russischen Verkehrsministeriums mehrspurig, beinahe ein Drittel von ihnen ist ständig überlastet. Moderne Eisenbahnstrecken nach westeuropäischem Standard gibt es nur in wenigen Regionen. Und die Flughäfen des Landes müssten – von einigen Ausnahmefällen abgesehen – modernisiert werden. Folgerichtig wird die Infrastruktur jener Sektor sein, der Russlands Wirtschaft im kommenden Jahrzehnt neben dem Rohstoffsektor am meisten beschäftigen wird. Das Engagement für sportliche Großereignisse wie die Fußball-Weltmeisterschaft 2018 in elf russischen Städten bot eine – nach den Olympischen Winterspielen 2014 in Sotschi – weitere gute Gelegenheit, auch das gravierende Problem der Verkehrsverbindungen einer Lösung zumindest näher zu bringen. Die angesichts der schwierigen Wirtschaftslage notwendige Kürzung der für das Großereignis der Fußball-Weltmeisterschaft vorgesehenen 20 Milliarden Euro um ca. 10 Prozent dürfte die Wirksamkeit der Investition nicht schmälern. Das Beispiel Sotschi hat deutlich gemacht, dass die dortigen Milliarden-Investitionen in die Infrastruktur die erhofften Früchte tragen. Der gleiche Effekt ist nach der Rückführung der Krim-Region nach Russland im Zuge des Ukraine-Konflikts im März 2014 zu beobachten. Anders als manche westliche Kommentatoren glauben, wird das wirtschaftliche Engagement des russischen Staates in der Krim-Region nicht als „Belastung“ angesehen, sondern als großartige Aufgabe betrachtet, bei der es zu zeigen gilt, welche Vorteile die dortige Bevölkerung nach ihrem Votum für den Beitritt zur Russländischen Föderation erfährt. Und mit Blick auf ganz Russland wäre die geplante Investition von insgesamt 500 Milliarden Euro allein für neue Straßen und Autobahnen während der kommenden zehn Jahre gewiss nicht zu hoch veranschlagt. Wie die derzeit zu beobachtende Verzögerung bei manchen Infrastrukturprojekten zeigt, wird es aber auch notwendig sein, mehr Kontrolle und Druck auszuüben.

Nicht zuletzt stellt die Energieversorgung des Landes eine große Herausforderung für die russische Regierung dar. Russland gehört nach den USA und China – trotz der vergleichsweise niedrigen Bevölkerungszahl und Industrieproduktion – zu den größten Energiekonsumenten der Welt. Zwar hat der Gedanke, die Energieeffizienz zu steigern, Eingang in die russische Energiestrategie gefunden. Doch wird man noch zahlreiche strukturelle Hindernisse überwinden müssen. Hier gilt es, durch problemorientiertes und flexibles Handeln die Rahmenbedingungen neu zu setzen. Ungeachtet der vielfältigen Möglichkeiten des Einsparens und der Verbesserung der Energieeffizienz wird Russland mit der derzeitigen Kapazität der eigenen Energieproduktion schon bald nicht mehr auskommen und enorme Anstrengungen unternehmen müssen, um die Energieerzeugung zu steigern. Dabei wird die Art der Energieproduktion wohl auch künftig sehr unterschiedlich sein. Während in Sibirien wegen der günstigen geographischen Verhältnisse die Energieerzeugung aus Wasserkraft vorherrscht, werden es im Westen Russlands eher die Thermalkraftwerke sein, die mit den nötigen Brennstoffen versorgt werden müssen. Es ist abzusehen, dass die derzeitige Energieproduktion durch Gaskraftwerke (44 Prozent), durch Kohle (21 Prozent), durch Wasserkraft (21 Prozent) und durch Kernkraft (14 Prozent) eine Änderung erfahren wird. Russland mißt der Kernenergie zu Recht eine große Bedeutung zu. Die Stromerzeugung durch Kernenergie ist in den Augen der russischen Regierung eine „strategisch wichtige Branche". So hat die Staatsduma bereits 2006 für die Energieproduktion in Kernkraftwerken bis zum Jahre 2020 eine jährliche Steigerung um fünf Prozent beschlossen. Die Planung in diesem Bereich sieht vor, bis zum Jahre 2020 den Anteil der Energieproduktion durch Kernkraftwerke auf 25 Prozent zu erhöhen. Bis 2030 sollen 26 neue Kernkraftwerke gebaut werden. Das Modernisierungsprogramm zur Sicherstellung der Energieversorgung Russlands dürfte wohl einen Umfang von 500 Milliarden Dollar erreichen.

Mit Blick auf die umfangreichen Investitionen, die zur Weiterentwicklung der Wirtschaft Russlands notwendig sind, werden nicht nur die staatlichen Großkonzerne enorme Anstrengungen unternehmen müssen. Für den Erfolg des ehrgeizigen Programms der russischen Regierung, die

Wirtschaft des Landes entscheidend voranzubringen und eine solide Grundlage für das Wohlergehen der Bevölkerung und die Entwicklung der Militärmacht zu schaffen, wird es des loyalen Engagements der Oligarchen bedürfen, die eigene bedeutende Unternehmen leiten und in der Privatwirtschaft eine große Rolle spielen. Immerhin können wir feststellen, dass Russlands Großunternehmer, die gemeinsam mit den Staatsbetrieben in der Wirtschaft des Landes den Ton angeben, der derzeitigen politischen Führung in Moskau zumeist aufgeschlossen gegenüberstehen. Sie hoffen darauf, dass Staatspräsident Wladimir Putin ihnen die für ihre Geschäfte erforderliche Freiheit lässt, weiteren Reformen Raum gibt und nicht darauf dringt, bedeutsame Unternehmen wieder vollständig unter staatliche Kontrolle zu bringen. Das Vertrauen in die individuelle Kraft des Einzelnen und die Überzeugung, dass eine größere Vielfalt in der Wirtschaftsordnung den Wettbewerb antreibt und neue Problemlösungen stimuliert, können zu einer wesentlichen Stärkung der Wirtschaft Russlands führen.

Viele russische Oligarchen machten ihr Vermögen, als nach dem Zusammenbruch der Sowjetunion staatliche Betriebe überstürzt und oft unter nicht ganz geklärten Umständen privatisiert wurden. Den staatstragenden Kräften in Russland war dieser historische Vorgang von Anfang an suspekt. Ihre Neigung, diese problematische Tendenz zu stoppen, die staatliche Kontrolle über wichtige Bereiche der Industrie zurückzugewinnen, auf die wirtschaftlichen Erfolge privater Unternehmer zu bauen, aber auch die angesichts der chaotischen Verhältnisse nach dem Umbruch gegebenen Ansatzpunkte für Prozesse gegen einzelne private Unternehmer zu nutzen, erschien daher verständlich. Dies fiel umso leichter, da die ersten Ansätze marktwirtschaftlicher Liberalisierung der großen Mehrheit der Bevölkerung als eine soziale Katastrophe in Erinnerung sind. Die meisten Russen haben daher auch Enteignungen wie die des einst größten Ölkonzerns Yukos und seines Chefs Michail Chodorkowskij stillschweigend unterstützt.

Dennoch können wir beobachten, dass die Zahl der erfolgreichen Großunternehmer, die es verstanden, enormen Reichtum zu erwerben, während des vergangenen Jahrzehnts in Russland deutlich angewachsen ist. Prominente Oligarchen, die unter den speziellen Rahmenbedingungen des russischen Wirtschaftssystems Erfolge erzielten, fügen sich in der Regel den Maßgaben der politischen Führung. Leute wie Roman Abramowitsch, Oleg Deripaska, Michail Fridman, Sergej Galizkij, Wladimir Potanin, Iskander Machmudow, Wladimir Lisin u.a. profitieren von ihrer Nähe zum Staat, der unter Präsident Wladimir Putin seine Präsenz in der Wirtschaft stark ausgeweitet hat und aufrechterhalten will. Es ist auch nicht ungewöhnlich, dass der Chef des Kohle- und Kupferkonzerns UGMK, Iskander Machmudow, entlang der Straßen der Millionenstadt Jekaterinburg im Ural auf zahlreichen Plakaten „für eine stabile Zukunft" wirbt. Ebenso deutlich teilt der Boss des Bergbau- und Stahlkonzerns NLMK, Wladimir Lisin, seinen Landsleuten auf Plakaten mit, dass er „für Stabilität und Prosperität Russlands" eintritt. Und es erscheint durchaus normal, wenn der Besitzer der Stahlgruppe EVRAZ, Roman Abramowitsch, auf den Anschlagtafeln seiner Firma für „ein starkes Russland" plädiert.

Eine charakteristische Kombination aus Organisationstalent, Wirtschaftskompetenz und nicht selten auch persönlicher Bekanntschaft mit der politischen Führungselite des Landes bot einer Reihe von Unternehmern die Chance, bedeutende Firmen aufzubauen und beständige Erfolge zu erzielen. Dabei gelang es Arkadij und Boris Rotenberg durch umfangreiche Staatsaufträge für ihre Baufirmen, einen großen Teil des Straßen- und Eisenbahnbaus, sowie des Pipelinebaus auf sich zu ziehen. Die russische Staatsführung kann auf sie zählen, zumal auch geopolitisch bedeutsame Projekte, wie die Pipeline nach China und die Brücke über die Meeresstraße von Kertsch zur Halbinsel Krim hierzu zählen. Zu den relativ wenigen Oligarchen, die sich durch ihre Nähe zum Staat auszeichnen, gehört auch Gennadij Timtschenko, der mehrere Baufirmen besitzt und das Unternehmen GUMVOR leitet, das sich auf den Handel mit Erdöl konzentriert. Zu diesem Kreis zählt zudem Zijawudin Magomedow aus der Kaukasus-Republik Dagestan, der als vorrangiger Partner des staatlichen Unternehmens Transneft den Bau von Erdöl-Pipelines organisiert und den größten Anteil der Aktien am russischen Ölhafen Noworossijsk am Schwarzen Meer besitzt.

Die meisten Oligarchen dürften im russischen Wirtschaftssystem auch künftig eine wichtige Position einnehmen. Ihre Konzerne bilden den Kern der Wirtschaft dieses großen Landes. Anders als noch zu Beginn des Jahrzehnts wird den Oligarchen jedoch kaum entscheidender Einfluss auf die Politik zugestanden. In allen Fragen, die mit der strategischen Unternehmensführung zu tun haben, sind die Oligarchen von der russischen Staatsführung abhängig. Die auferlegten Steuern, die Vergabe und der Entzug von Lizenzen dürften dabei zu den Instrumenten gehören, mit denen die Staatsführung ihre Politik durchsetzen wird. Im operativen Geschäft dürften die Oligarchen allerdings wie bisher weitgehend freie Hand behalten. Darüber hinaus werden die Oligarchen gelegentlich von der Staatsführung Russlands verpflichtet, „gesellschaftliche Verantwortung" zu übernehmen. Sie müssen sich in diesem Zusammenhang für bestimmte, von der politischen Führung gewünschte soziale Projekte oder Großunternehmen, wie z.B. die Olympischen Winterspiele 2014 in Sotschi oder die grundlegende Renovierung von Kulturgütern engagieren und dabei auch Verluste akzeptieren, wenn auf andere Weise die vorgegebenen Probleme nicht zu lösen sind.

Zwar gibt es unter den Oligarchen, die sich im Großen und Ganzen in den politischen Rahmen der derzeitigen russischen Führungselite einfügen, auch einige Vertreter, die für sehr viel weiter gehende Privatisierungen und vor allem für die Präzisierung der Rechte eintreten. So plädiert Sergej Petrow, einer der größten Autoimporteure des Landes, für eine deutlich stärkere Deregulierung der Wirtschaft. Und Sergej Galizkij, Besitzer der Handelskette MAGNIT, verlangt klarere Regeln sowie Garantien für Investoren und macht zudem mit seinen Forderungen nach einem effizienten System der Gesundheitsvorsorge und der strikten Bekämpfung der Korruption in der Beamtenschaft auf sich aufmerksam. Auch Leonid Lebedew, der sich mit seinem Unternehmen auf Energie- und Infrastrukturprojekte, wie z.B. den Bau von Pipelines und Kraftwerken konzentriert, tritt für eine stärkere Privatisierung ein und schlägt vor, mehr Freiheit zu gewähren, anstatt alles unter staatlicher Kontrolle zu halten. Wenngleich es mit Blick auf die persönlichen Einstellungen der Oligarchen Unterschiede gibt, zeigen die meisten von ihnen doch eine gewisse Loyalität zum Regime oder sie mischen sich – wie zum Beispiel der Oligarch Michail Fridman – nicht in die Politik ein. Und nach den im Zuge des Ukraine-Konflikts seit dem Frühjahr und Sommer 2014 von den USA und der Europäischen Union gegen Russland verhängten Sanktionen können wir sogar beobachten, dass sich das wirtschaftliche Establishment hinter die politische Führung des Landes stellt. So dürften auch die Bestrebungen der USA, etwa durch neue Sanktionen einen Keil zwischen der politischen Führung Russlands und den Oligarchen zu treiben, keinen Erfolg haben. Seit Februar 2018 ist zu erkennen, dass viele Oligarchen ihre Gelder vor allem aus Europa abziehen und nach Russland transferieren. Diese Entwicklung liegt ganz im Interesse der politischen Führung in Moskau, die mit einem Amnestie-Gesetz die Möglichkeit unterstützt, russisches Vermögen wieder ins Land zu holen.

Es gehört zu den Charakteristika des russischen Regierungssystems, dass sich der Staatspräsident recht häufig mit einzelnen Oligarchen trifft und einen engeren Kreis von Personen gebildet hat, die großen Einfluss haben. Zu diesem Kreis gehören Igor Setschin und Gennadij Timtschenko.

Im Übrigen dürften im Rahmen der Einflusskanäle die offiziellen Beratungsgremien, wie z.B. der Verband der Industriellen und Unternehmer (Rossijskij Sojuz Promyschlennikov i Predprinimatelej = RSPP) auch künftig eine wichtige Rolle spielen.

Allerdings lässt sich nicht bestreiten, dass manche erfolgreiche Großunternehmer dem russischen Staat den Rücken gekehrt und sich ins Ausland abgesetzt haben. Zu ihnen gehört der in der Jelzin-Ära sehr einflussreiche Oligarch Boris Beresowskij, der bis zu seinem Tod am 23. März 2013 in Großbritannien lebte. Sie verstanden es in vielfältiger Weise, ihre enormen Vermögen ins Ausland, vor allem in Staaten der Europäischen Union, zu transferieren. Das schon während der 90er Jahre des vergangenen Jahrhunderts auftauchende Problem der Kapitalflucht fügt dem russischen Staat große Verluste zu und erreicht mit durchschnittlich etwa 60 Milliarden Dollar pro Jahr ein beachtliches Ausmaß. Die im Zuge des Ukraine-Konflikts im Laufe des Jahres 2014 erhöhten Kapitalabflüsse in Höhe von 150 Milliarden Dollar verschärften das Problem einmal mehr und bereiteten der russischen Regierung große Sorgen. Wladimir Putin musste also darauf setzen, das Kapital der Oligarchen durch eine geschickte Politik nach Russland zurückzuholen. In diesem Zusammenhang spielte der Vorschlag der Vorsitzenden des Föderationsrats, Valentina Matvijenko, eine „Amnestie für Kapital" einzuführen, eine große Rolle.

Auch der relativ geringe Umfang der russischen Mittelschicht von etwa 20 Prozent der Gesamtbevölkerung von ca. 146 Millionen Menschen stellt ein großes Hindernis für die ökonomische Entwicklung dar. Wenngleich der Wohlstand dieser Schicht allmählich wächst und zu größerem Selbstbewusstsein zu führen scheint, wird sich die politische Führung diesem Teil der Gesellschaft künftig stärker zuwenden müssen. So beachtlich die bisherigen Leistungen der Staatswirtschaft und der privaten Großunternehmer auch sind, steckt doch ein enormer Teil des Entwicklungspotentials in jener mittleren Schicht der Gesellschaft Russlands, das noch der Entfaltung bedarf.

Trotz der Rückschläge durch die Finanzmarkt- und Wirtschaftskrise, der großen Probleme um die territoriale Integrität der Kaukasus-Region und der notwendigen Verbesserung der Einsatzfähigkeit der russischen Streitkräfte sind Staatspräsident Wladimir Putin und die russische Regierung entschlossen, den wirtschaftlichen Reformprozess fortzusetzen, durch die bereits in Gang befindliche Verschlankung der Bürokratie staatliches Handeln zu beschleunigen und durch die genauere Fixierung von

Verantwortlichkeiten effizienter zu gestalten. Der Mitte Juli 2012 vom russischen Parlament gebilligte und am 22. August 2012 offiziell vollzogene Beitritt zur Welthandelsorganisation (WTO) kann Russland helfen, seiner Wirtschaft mehr Dynamik zu verleihen, seine weltweiten Interessen besser zu vertreten und Investoren ins Land zu holen. Für die erfolgreiche Entwicklung der Wirtschaft bleibt jedoch entscheidend, dass die politische Führung des Landes für Rechtssicherheit und verlässliche Regelhaftigkeit sorgt.

Der Beitritt zur WTO bietet nicht nur neue Möglichkeiten für eine vertiefte Kooperation mit westlichen Industrieländern und die Entwicklung von nützlichen Partnerschaften. Die russische Wirtschaft erhält durch die Mitgliedschaft in der Welthandelsorganisation auch neue Impulse für Reformen. Ihre stärkere Teilnahme am globalen Wettbewerb wird die Produktivität der Unternehmen erheblich steigern und dazu zwingen, die Verwaltung zu reformieren und insgesamt schlanker zu machen. Legt man die Erfahrungen Chinas auf diesem Felde zugrunde, kann Russland mittelfristig ein zusätzliches Wachstum von etwa drei Prozent und langfristig sogar von fünf Prozent des Bruttoinlandsprodukts (BIP) erwarten. Vor allem im Dienstleistungsbereich dürften sich neue Möglichkeiten für eine internationale Zusammenarbeit eröffnen und in Russland zu Wohlfahrtsgewinnen führen. Mit der intensiveren und immer breiter gefächerten Kooperation im globalen Maßstab wird sich die Abhängigkeit von Rohstofflieferungen verringern. Und durch den Aufbau kleiner und mittelständischer Unternehmen ergeben sich für die Mittelschicht in Russland neue Chancen der Teilhabe.

Für die Entwicklung der Wirtschaft Russlands ist das entschlossene Engagement auf dem Gebiet der Wissenschaft und Technologie außerordentlich bedeutsam. Angesichts der Schnelligkeit und Unaufhaltbarkeit des Veränderungsprozesses in der Wissenschaft und der Technologie bedeutet wert- und zielorientiertes Regieren erst recht in der Zukunft die auf der Teilhabe an der neuesten wissenschaftlichen und technologischen Entwicklung beruhenden wirtschaftlichen Grundlagen des Staates ständig neu zu sichern und alle Möglichkeiten zu nutzen, die diesem Ziel dienen können. Nicht nur die politische Stabilität, auch der wirtschaftliche Erfolg eines Landes hängt davon ab, wie gut es seine wissenschaftlichen und technologischen Fähigkeiten organisiert und für das Gemeinwohl verfügbar macht.

Die Chancen Russlands zur substanziellen Teilhabe an den neuen Fähigkeiten und den daraus sich ergebenden Machtmöglichkeiten werden zwar durch die Nachwirkungen der katastrophalen wirtschaftlichen Rückschläge in den 90er Jahren des vergangenen Jahrhunderts noch begrenzt. Bedeutende ideologische Widerstände gegen die Nutzung neuer Technologien, wie wir sie z.B. in westlichen Ländern etwa im Bereich der Gentechnik und der Biotechnologie kennen, gibt es in Russland jedoch nicht. Man wird daher wohl erwarten dürfen, dass die politische Führung Russlands künftig alles daransetzen wird, den wissenschaftlichen und technologischen Fortschritt des eigenen Landes konsequent zu fördern. Den russischen Politikern ist bewusst, dass die erfolgreiche und weitgehend unbeschränkte Mitwirkung in diesem nicht nur für die Wirtschaft so wichtigen Bereich in vielen Ländern an oberster Stelle auf der politischen Tagesordnung steht. Die Entschlossenheit dieser Länder zur vollen Teilhabe an der neuesten wissenschaftlichen und technologischen Entwicklung, insbesondere auf den wichtigen Feldern der Gentechnik, der Biotechnologie, der Nanotechnologie und der Informationstechnik, kann man daran ablesen, dass die meisten Regierungen sich gegenseitig darin zu übertreffen suchen, ihre Wissenschaftsbudgets zu steigern. Dabei wird nichts dem Zufall überlassen, gilt es doch, dem jeweils eigenen Land eine gute Position, größeren Einfluss und neue politische Handlungsmöglichkeiten für die Zukunft zu erschließen.

Vor diesem Hintergrund erscheint es nur folgerichtig, wenn sich Russland dem internationalen Wettbewerb auf dem Felde der fortgeschrittensten Wissenschaft und Technologie stellt. Hier sind es in erster Linie die USA und unter den asiatischen Ländern vor allem China, die bislang die größten technologischen Kapazitäten aufgebaut haben und beständig ihre Entschlossenheit signalisieren, auf diesem für die Zukunft entscheidenden Gebiet die Führung zu behaupten. Russland wird sich diesem Trend anpassen müssen, wenn es seine politischen Ziele im kommenden Jahrzehnt erreichen will. Dabei wird es nicht nur notwendig sein, Wissenschaft und Forschung mit weit höheren finanziellen Mitteln auszustatten als bisher. Es wird auch darauf ankommen, qualifizierten Nachwuchs in Naturwissenschaft und Technik heranzubilden und nicht zu zögern, die Zahl der Hochschulabsolventen mit Diplom oder Promotion drastisch zu erhöhen. Pragmatisches und entschlossenes Vorgehen der politischen Führung Russlands in diesem Bereich kann schon in der unmittelbar vor uns liegenden Epoche die wirtschaftliche Entwicklung des Landes enorm beschleunigen. Dank der Erfolge des wissenschaftlichen Establishments während der Sowjet-Ära und in der post-sowjetischen Zeit dürfte es möglich sein, in der Wissenschaft und Technologie weltweit mitzuhalten. Dies gilt nicht nur für die militärische Hightech-Ausrüstung, etwa auf dem Felde der immer wichtiger werdenden Cyber-Potenziale.

Mit Blick auf das Engagement der führenden Mächte in Wissenschaft und Technologie lehrt die Erfahrung, dass neben der substanziellen Teilhabe an der Entwicklung und Nutzung neuer Kapazitäten – etwa im Bereich der Computertechnik, der Gentechnik und der Biotechnologie – auch das Engagement in der Weltraumfahrt eine große Rolle spielen wird. Während die USA in der Obama-Ära unentschlossen wirkten, wenn es um die künftigen Aktivitäten in der Weltraumfahrt ging, muss man die Möglichkeit in Betracht ziehen, dass die derzeitige U.S.-Regierung auf diesem Felde größeres Engagement zeigt. Erste Anweisungen an die NASA in dieser Richtung hat U.S.-Präsident Donald Trump bereits Ende Februar 2017 gegeben.[91] Darüber hinaus kündigte die chinesische Führung bereits an, in der Weltraumfahrt zügig voranschreiten zu wollen. China will sein Weltraumlabor Tiangong 2 bis zum Jahre 2022 zu einer ständig bemannten Weltraumstation ausbauen. Nach der beabsichtigten Stillegung der Internationalen Raumstation ISS im Jahre 2024 würde China in wenigen Jahren das einzige Land sein, das eine eigene ständig bemannte Raumstation betreibt, wenn andere Staaten ihre derzeitige Haltung in dieser bedeutsamen Frage nicht revidierten. Damit könnten sich die bisher so vertrauten Machtverhältnisse in der Raumfahrt deutlich verschieben. Die Voraussetzung für ihre ehrgeizigen und weit in die Zukunft reichenden Pläne haben die Chinesen mit dem gigantischen Ausbau des Weltraumbahnhofs in Jiuquan in der Provinz Gansu (Nordwest-China) geschaffen. Weitere Flüge zum Mond, die Errichtung einer ständigen Basis auf dem Erdtrabanten und langfristig – etwa 2025 – sogar Flüge zum Mars sind beabsichtigt und Bestandteil der nationalen Planung.[92]

Die Tatsache, dass China bereits seit dem Jahre 2011 aktiver im Weltraum engagiert ist als die USA macht deutlich, wie konsequent Peking hier vorgeht. Das Satelliten-Navigationssystem Compass wurde ebenfalls bereits 2011 in Betrieb genommen und befindet sich damit in einem fortgeschritteneren Stadium als das europäische Galileo. Dabei ist bemerkenswert, dass das gesamte chinesische Raumfahrtprogramm unter der Federführung der Streitkräfte steht. Man kann also davon ausgehen, dass ein Großteil der Weltraumaktivitäten militärischen Zwecken dient.

Russland wird angesichts dieser Perspektiven kaum abseits stehen dürfen, wenn es darum geht, im internationalen Wettbewerb auf dem Felde der Wissenschaft und Technologie mithalten und eine einflussreiche Position in der Welt einnehmen zu können. Hier kommt es zum einen darauf an, für die Raumfahrttechnik ein besseres Qualitätsmanagement zu entwickeln und die Zuverlässigkeit der modernen Systeme zu erhöhen. Zum anderen wird es notwendig sein, neue Möglichkeiten der Raumfahrt zu erschließen. Bereits die umfangreichen Investitionen in Wissenschaft und Technologie, wie etwa in den Bau des neuen Weltraumbahnhofs „Wostotschnij" im Amur-Gebiet machen deutlich, dass man in Russland die enorme Bedeutung der eigenen Kapazitäten in der Weltraumfahrt erkannt hat und die russische Regierung ihren Anspruch auf eine eigenständige Rolle im internationalen System ernst nimmt. Es ist nur folgerichtig, wenn Russland seine nationalen Ressourcen in der Weltraumfahrt zügig entwickelt und eine eigene Weltraumstation errichtet. Angesichts der gravierenden politischen Differenzen mit den USA und der Ankündigung seitens der Leitung der russischen Weltraumbehörde Roskosmos, sich am Weiterbetrieb der ISS ab 2024 nicht mehr zu beteiligen sowie dem Bemühen, von dem Weltraumbahnhof Baikonur in Kasachstan unabhängig zu werden, wird es nötig sein, die Arbeiten in „Wostotschnij" entschlossen voranzutreiben und eine eigene Weltraumstation zu bauen. Von einigen technischen Schwierigkeiten, die es im Laufe des Jahres 2015 gab, wird man sich sicher nicht ablenken lassen, das gesteckte Ziel zu erreichen. Der erste Start einer Rakete von dem neuen Weltraumbahnhof „Wostotschnij" am 28. April 2016 im Beisein des russischen Staatspräsidenten ist ein gutes Zeichen. Der zügige Ausbau dieser Einrichtung und die angekündigte ehrgeizige Planung bemannter Missionen zum Mond und zum Mars während des nächsten Jahrzehnts[93] würden deutlich machen, dass Russland eine Raumfahrtnation bleibt und die feste Absicht hat, technologisch zu den führenden Ländern der Welt zu gehören.

Ebenso zielführend dürfte es sein, zunächst eine Mondbasis zu errichten und hierfür die enge Zusammenarbeit mit der Europäischen Weltraumagentur (ESA) und der NASA vorzusehen. Immerhin könnte das Mond-Unternehmen wichtige Erkenntnisse mit Blick auf die Mars-Mission bringen. Aus der engen Kooperation mit den Europäern und den Amerikanern auch bei der Erkundung des Planeten Mars kann Russland nicht nur technologischen Nutzen ziehen. Die am 14. März 2016 von Baikonur aus erfolgreich gestartete Mission „ExoMars" erscheint vielmehr auch politisch bedeutsam, weil sie demonstriert, dass die Zusammenarbeit zwischen der ESA und Roskosmos trotz des Konflikts um die politische Orientierung der Ukraine funktioniert und die notwendigen finanziellen Ressourcen vorhanden sind. Die Planung, dass künftig Astronauten der ESA und der NASA vom neuen Kosmodrom „Wostotschnij“ starten sollen, unterstreicht dies noch. Wenn zwischenzeitlich – wie z.B. Anfang des Jahres 2016 – das Raumfahrtbudget aus haushaltspolitischen Gründen etwas gekürzt wurde, sollte das der generellen Planung keinen Abbruch tun.

Im Zusammenhang mit dem sinnvollen und wichtigen Engagement Russlands in der Weltraumfahrt wird man die Bemühungen forcieren müssen, die Abhängigkeit von technologischen und industriellen Kapazitäten zu beenden, die nunmehr im Bereich des Kiewer Regimes liegen. Dies kann durch eine verstärkte Kooperation mit China und anderen Mächten geschehen. Das Abkommen, das die russische Raumfahrtagentur Roskosmos Anfang März 2018 mit der chinesischen Raumfahrtbehörde für die Zusammenarbeit in der Mondforschung geschlossen hat, dürfte für Russland großen Nutzen bringen. Die beste Lösung wird aber darin liegen, rasch eigene nationale Kapazitäten auf jenen Feldern aufzubauen, die für den Fortschritt in der Weltraumtechnik entscheidend sind. Dazu gehören vor allem die Fähigkeiten in der Raketen- und Triebwerkstechnik sowie in der Mikroelektronik. Hier gilt es, neue Wege zu beschreiten und neue Entwicklungen voranzutreiben.

Vor dem Hintergrund der äußerst schwierigen Rahmenbedingungen lässt sich feststellen, dass es Präsident Wladimir Putin zu gelingen scheint, der russischen Wirtschaft die nötigen Impulse zu geben, um den machtpolitischen Wiederaufstieg des Landes abzusichern. Es werden jedoch weiterhin hohe Ansprüche an die Flexibilität und die Durchhaltefähigkeit der politischen und wirtschaftlichen Eliten gestellt werden, um in der globalisierten Welt mithalten zu können. Russland wird sich den Anforderungen des Weltmarktes stellen müssen, um einen guten Platz innerhalb der weltweiten Arbeitsteilung zu finden. Entscheidend für den weiteren Erfolg der russischen Wirtschaftspolitik dürfte die Diversifizierung der Wirtschaft sein, d.h. eine deutliche Abkehr von der Herrschaft der Monopole und die Gewährung von mehr Freiheit für private mittlere Unternehmen. Mutige Reformen sind also zwingend notwendig, um auf den wichtigsten Gebieten international wettbewerbsfähig zu sein und damit für die machtpolitischen Ambitionen Russlands die entscheidende Grundlage zu schaffen.

Neuaufbau der Militärmacht

Mit Blick auf die Entwicklung der eigenen Machtressourcen hat Russlands Präsident Wladimir Putin in der ersten Phase seiner Amtszeit erkennen müssen, welchen dramatischen Wandel die russische Militärmacht nach dem Zerfall des Sowjetstaates und während des Jelzin-Regimes erfahren musste. Abgesehen von sehr eng begrenzten militärischen Engagements in Georgien, in Moldawien, in Tadschikistan und in Tschetschenien schienen die russischen Truppen kaum mit beeindruckenden Erfolgen aufwarten zu können. Inzwischen ist die Zeit der militärischen Schwäche Russlands offensichtlich vorbei. Darüber hinaus deutet alles darauf hin, dass die politische Führungselite Russlands der Modernisierung der Streitkräfte auch weiterhin große Aufmerksamkeit zuwenden wird. Bereits die von dem Vorgänger des derzeitigen Verteidigungsministers am 14. Oktober 2008 verkündete Absicht, eine umfassende Militärreform durchzuführen und die russischen Streitkräfte auf die neuen Anforderungen des 21. Jahrhunderts zuzuschneiden, macht deutlich, dass man in Moskau die Notwendigkeit des Neuaufbaus der Militärmacht recht bald erkannt hatte. In welche Richtung der grundlegende Wandel der russischen Streitkräfte gehen wird, lässt sich in gewissen Grenzen an der am 15. Februar 2010 vom damaligen Staatspräsidenten Dmitrij Medwedjew unterzeichneten und am 26. Dezember 2014 vom derzeitigen Staatspräsidenten Wladimir Putin in einigen Punkten präzisierten Militärdoktrin ablesen.[94]

Die neue, bis zum Jahr 2020 geltende Militärdoktrin ist das zweite bedeutsame sicherheitspolitische Dokument nach der Verkündung der Sicherheitsdoktrin Russlands am 12. Mai 2009. Sie entstand nach langen internen Diskussionen um die teilweise recht unterschiedlichen sicherheitspolitischen Auffassungen der führenden russischen Entscheidungsträger und hochrangiger Militärs. Neben allgemeinen Überlegungen gibt das Dokument Auskunft über militärische Gefahren und Bedrohungen für die Russländische Föderation, die Militärpolitik Russlands und die militärökonomische Sicherstellung der Verteidigung. Es ist dabei durchaus zielführend, dass die Militärdoktrin von vornherein die Konzeption der sozioökonomischen Entwicklung bis zum Jahre 2020, die entsprechende Sicherheitsdoktrin und die Konzeption der russischen Außenpolitik berücksichtigt.

Bei der Beschreibung der militärischen Gefahren für Russland wird festgestellt, dass sich die ideologische Konfrontation abgeschwächt und der Grad der ökonomischen, politischen und militärischen Einflussmöglichkeiten einzelner Staaten oder Bündnisse verringert hat. Gleichwohl sieht man das Bemühen einiger Mächte, Anspruch auf „umfassende Dominanz“ zu erheben. In der Militärdoktrin wird dargelegt, dass es in jüngster Zeit immer schwieriger geworden ist, regionale Konflikte einvernehmlich zu regeln und die Tendenz vorherrscht, gewaltsame Lösungen vorzuziehen. Besondere Sorge bereitet dabei die Tatsache, dass sich darunter auch Regionen befinden, die an Russland grenzen. In diesem Zusammenhang wird der derzeitigen Architektur des Systems der internationalen Sicherheit, einschließlich der damit verbundenen völkerrechtlichen Mechanismen die Kapazität abgesprochen, die gleiche Sicherheit für alle Staaten zu gewährleisten.

Wenngleich die Militärdoktrin einen großen Krieg unter Einsatz konventioneller und nuklearer Waffen derzeit nicht für wahrscheinlich hält, sieht man eine Vergrößerung der militärischen Bedrohung aus mehreren Richtungen. Dabei wird zuerst die NATO genannt, deren Out-of-Area-Einsätze im Zentrum der Betrachtung stehen. Dies gilt vor allem für jene Aktivitäten der NATO, die ohne Zustimmung des Sicherheitsrates der Vereinten Nationen durchgeführt werden, so dass Russland keine Möglichkeit hat, dagegen sein Veto einzulegen. Darüber hinaus wird in der Beschreibung der Bedrohungslage das Streben der NATO angeführt, die militärische Infrastruktur an die Grenze der Russländischen Föderation heranzurücken. Diese Einschätzung hat mit den Maßnahmen des westlichen Bündnisses im Zuge des Ukraine-Konflikts, vor allem mit der Stationierung einer schnellen Eingreiftruppe der NATO in den baltischen Ländern und in Polen, sowie einer Verlagerung von schwerem Militärgerät der U.S.-Streitkräfte in verschiedene osteuropäische Länder eine bemerkenswerte Aktualität erhalten.[95] Die von Präsident Wladimir Putin am 26. Dezember 2014 unterzeichnete Neufassung der Militärdoktrin nimmt folgerichtig als größtes Risiko den Aufbau der militärischen Fähigkeiten des westlichen Bündnisses vor allem in unmittelbarer Nähe zu den Grenzen Russlands und die strategischen Rüstungsprojekte der USA im Weltraum in den Blick.[96] Und schließlich beklagt die Militärdoktrin das Bemühen, den westlichen Militärblock zu erweitern. Dies richtet sich vor allem gegen das Bestreben Georgiens, in die NATO aufgenommen zu werden – wohl mit Blick auf die territorialen Ansprüche, die Georgien gegenüber Russland nach dessen Anerkennung Südossetiens und Abchasiens als selbständige Staaten erhebt. Wie aktuell und berechtigt die russischen Sorgen mit Blick auf die Erweiterungspolitik des westlichen Bündnisses sind, belegt der Beschluss der NATO-Außenminister vom 2. Dezember 2015 und die entsprechende Unterzeichnung des Beitrittsprotokolls am 19. Mai 2016, Montenegro als weiteres Land in das Bündnis aufzunehmen. Mit der Hinterlegung der Beitrittsurkunde am 5. Juni 2017 in Washington wurde Montenegro der 29. Mitgliedsstaat der NATO.

Ohne die USA direkt zu nennen, steht die westliche Weltmacht aus russischer Sicht eindeutig im Mittelpunkt der Beschreibung weiterer militärischer Bedrohungen: Die Militärdoktrin führt dabei die Verstärkung militärischer Streitkräfte von Staaten an, deren Territorium oder Seegebiete an Russland oder an die mit ihm verbündeten Staaten grenzen. Es erscheint von daher durchaus folgerichtig, dass Präsident Wladimir Putin anlässlich eines Flottenbesuchs im Stützpunkt Baltijsk (Kaliningrad) am 26. Juli 2015 eine neue Marinedoktrin verkündet hat. Sie konkretisiert die allgemeine Militärdoktrin in wichtigen Punkten und führt aus, wie Russland die Annäherung der NATO an die russischen Grenzen zu erwidern gedenkt.[97] Überdies nimmt sie die veränderte Lage in der Arktis in den Blick und betont dabei die gewachsene Bedeutung des nördlichen Seeweges für den ungehinderten Zugang zum Atlantischen und zum Pazifischen Ozean ebenso wie die enormen Bodenschätze, die im Gebiet der Arktis lagern.

Nicht zuletzt wird die Errichtung eines Systems der strategischen Raketenabwehr durch die NATO als eine Bedrohung der Sicherheit Russlands angesehen. Es untergräbt nach russischer Auffassung die globale Stabilität, zerstört das gegenwärtige Gleichgewicht der Kräfte im strategischen Bereich, militarisiert den Weltraum und eröffnet nicht-nuklearen strategischen Präzisionswaffen neue Einsatzmöglichkeiten. Aus russischer Sicht erscheint die Errichtung eines Systems strategischer Raketenabwehr durch die NATO nur denkbar, wenn Russland sich gleichberechtigt daran beteiligen könnte. Der Aufbau einer gemeinsamen Kommando-Zentrale wäre dabei unabdingbar.

In der Liste weiterer militärischer Bedrohungen für Russland wird auch die Verletzung internationaler Abkommen durch einzelne Staaten sowie die Nicht-Einhaltung früher abgeschlossener internationaler Verträge auf dem Gebiet der Rüstungskontrolle und Abrüstung aufgeführt. Im Fokus stehen hierbei die Kündigung des Anti-Ballistic-Missile-Vertrags (ABM-Vertrag) durch die USA im Jahre 2002 und die Weigerung der NATO-Staaten, den 1999 angepassten Vertrag über die Konventionellen Streitkräfte in Europa (KSE-Vertrag) zu ratifizieren. Die Militärdoktrin erkennt ebenso an, dass die Verbreitung von Massenvernichtungswaffen, vor allem Nuklearwaffen, sowie die Ausbreitung des internationalen Terrorismus zu den militärischen Bedrohungen gehören, denen Russland seine Aufmerksamkeit widmen will. Bei der Betrachtung dieser Gefahren hat die politische Führung Russlands insbesondere jene Regionen im Blick, die unmittelbar an Russland grenzen oder deren Konfliktkonstellationen Auswirkungen auf Russland haben können. Territoriale Streitigkeiten, das Aufkommen starker separatistischer Bestrebungen und Terroraktionen von Extremisten stehen dabei im Mittelpunkt.

Es ist bemerkenswert, dass die Militärdoktrin auch innere militärische Bedrohungen feststellt, z. B. Versuche, die verfassungsmäßige Ordnung Russlands gewaltsam zu ändern, die Souveränität zu untergraben sowie die Einheit und territoriale Integrität Russlands zu verletzen. In diesem Kontext werden von der Militärdoktrin ebenso Versuche zur Desorganisation des Funktionierens der Organe der Staatsmacht, wichtiger staatlicher militärischer Objekte und der Informationsstruktur des Landes aufgeführt.

Die Militärdoktrin verlangt durchaus folgerichtig, dass die russischen Streitkräfte hinsichtlich Struktur, Bestand und zahlenmäßiger Stärke mit den aufgeführten militärischen Bedrohungen in Übereinstimmung zu bringen sind. Militärpolitisch besonders wichtig ist die Frage der Funktion nuklearer Waffen. Ihre Rolle wird – anders als in der Vergangenheit – enger gesehen. Nukleare Waffen behalten ihre wichtige Aufgabe, das Entstehen nuklearer und konventioneller militärischer Konflikte globalen oder regionalen Umfangs zu verhindern. Für den Fall des Ausbruchs eines militärischen Konflikts mit konventionellen Waffen, der die Existenz Russlands selbst bedroht, kann der Einsatz von Nuklearwaffen durchaus in Betracht kommen. Eine Automatik gibt es dabei nicht. Gleichwohl bleibt der Einsatz von Nuklearwaffen nicht ausgeschlossen. Dies lässt mögliche Aggressoren bewusst im Unklaren, scheint aber darauf zu deuten, die Schwelle für den Einsatz von Nuklearwaffen höher zu legen. Diese Tendenz liegt im wohlverstandenen Eigeninteresse der Russländischen Föderation.

Mit Blick auf Nuklearwaffen führte Präsident Wladimir Putin bereits im Jahre 2016 mehrmals aus, dass die Stärkung dieses speziellen Potentials weiter vorangetrieben werden müsse. Dabei bekräftigte er die Modernisierung der gesamten nuklearen Triade, also der maritimen, der bodengestützten und der luftgestützten Anteile dieser Waffen.[98] Die Modernisierung der nuklearen Triade Russlands dient einerseits dem Erhalt der Zweitschlagsfähigkeit, andererseits dem quantitativen und qualitativen Erhalt des Status quo unter den Nuklearmächten. Es wird aus dieser Perspektive darauf ankommen, künftig über eine militärische Streitmacht zu verfügen, deren vielseitige Fähigkeiten so ausgeprägt sind, dass die politischen Entscheidungsträger gar nicht in die Lage geraten, auf den Einsatz nuklearer Waffen zurückgreifen zu müssen. Dies dürfte in Anbetracht der Waffenentwicklung in den USA nicht einfach sein. Die dortige Tendenz, das nukleare Arsenal zu modernisieren,[99] mit Gefechtsköpfen geringeren Formats zu bestücken und für die Praxis handhabbarer zu machen, kann eine bedrohliche Entwicklung einleiten, die rechtzeitig unter Kontrolle gebracht werden muss, um eine denkbare Eskalation zu beherrschen. Dies gilt erst recht, nachdem die Trump-Administration am 2. Februar 2018 eine neue Nukleardoktrin (Nuclear Posture Review, NPR-2018) verkündet hat, dass sie die Entwicklung dieser speziellen Kategorie von Nuklearwaffen vorantreiben und damit ihre militärischen Handlungsoptionen vor allem gegenüber Russland und China verbessern will. Vor diesem Hintergrund setzt die politische und militärische Führung Russlands darauf, das eigene Nuklear-Potential zu modernisieren, aber die nuklearen Waffen „im friedensbewahrenden Modus" zu belassen und die anderen Nuklearmächte – vor allem die USA und China – dazu zu bewegen, das nukleare Instrumentarium politisch-diplomatisch besser einzuhegen und keine neue Eigendynamik entstehen zu lassen.[100]

Die Militärdoktrin sieht im Übrigen auch den Einsatz russischer Streitkräfte im Ausland vor, u. a. zur Gewährleistung des Schutzes russischer Bürger, die sich außerhalb des Territoriums Russlands aufhalten. Dabei geht es vor allem um die ca. 25 Millionen Russen, die in den Nachfolgestaaten der früheren Sowjetunion leben und eventuell in Bedrängnis geraten können. Darüber hinaus erlaubt die Militärdoktrin die Teilnahme Russlands an friedensschaffenden Operationen unter dem Mandat der Vereinten Nationen. Ferner ist vorgesehen, dass sich russische Streitkräfte an dem Kampf gegen die Piraterie zur Gewährleistung der Sicherheit der Seewege und zur Bewahrung der Sicherheit der wirtschaftlichen Aktivitäten Russlands auf den Weltmeeren beteiligen.

Gemäß den Bestimmungen der Militärdoktrin haben die russischen Streitkräfte auch die Aufgabe, die militärpolitische und militärtechnische Zusammenarbeit Russlands mit anderen Staaten sicherzustellen. Hierbei werden ausdrücklich die Staaten Weißrussland, Kasachstan, Armenien, Kirgistan, Usbekistan und Tadschikistan sowie die Shanghaier Organisation (China, Kasachstan, Kirgistan, Usbekistan, Tadschikistan) und die Vereinten Nationen erwähnt – jedoch nicht die NATO. Das westliche

Bündnis und die Europäische Union werden nur im Zusammenhang mit der Verhinderung militärischer Konflikte genannt.[101]

Dem „Verteidigungsindustrie-Komplex“ weist die Militärdoktrin zu Recht eine herausragende Rolle zu. Seine Aufgabe besteht darin, das effektive Funktionieren als vielseitiger Hochtechnologie-Sektor sicherzustellen, der in der Lage ist, den Bedarf der Streitkräfte an moderner Bewaffnung, Militär- und Spezialtechnik zu decken und die strategische Präsenz Russlands auf den Weltmärkten für Hochtechnologie-Produkte und die damit verbundenen Dienstleistungen zu garantieren.

Inzwischen ist in Russland das Bemühen zu erkennen, die im Jahre 2008 verkündete Militärreform den Vorgaben der Militärdoktrin anzupassen. In der gegenwärtigen Phase des grundlegenden Umbaus der Streitkräfte soll die personelle Zusammensetzung, die Struktur und die Rüstung eine völlig neue Gestalt erhalten. Dabei ist es richtig, die Streitkräfte personell erheblich zu verkleinern. Sie sollen – von derzeit 1,2 Millionen Soldaten – auf 1 Million Soldaten reduziert werden. Gleichwohl sieht man die Möglichkeit vor, die Streitkräfte im Kriegsfall auf 1,7 Millionen Soldaten verstärken zu können. Die Reduzierung des Personals sucht man zum einen dadurch zu erreichen, dass einige bedeutsame Dienstleistungen ausgelagert werden, die bislang von Militärs wahrgenommen wurden. Hierzu gehören Militärärzte, Militäranwälte, Finanzfachleute und ein Teil der Militäringenieure. Zum anderen wird angestrebt, die deutlich geringere Personalstärke durch die Entlassung einer großen Anzahl von Offizieren zu erreichen. Die Streitkräfte sollen künftig mit 220.000 Offizieren auskommen und – anders als früher – nur noch über voll aufgefüllte Einheiten und Verbände verfügen. Die angesichts derart einschneidender Veränderungen im russischen Offizierskorps ausgelöste Unruhe hofft man durch die Versorgung mit Entlassungsgeld, durch Zuweisung von Wohnungen und durch Hilfe bei der Suche nach einem neuen Arbeitsplatz abfangen zu können.

Ob das ursprüngliche Ziel der Militärreform, die russischen Streitkräfte in eine Armee aus Berufssoldaten (70 Prozent) und Wehrpflichtigen (30 Prozent) umzuwandeln, gelingen kann, erscheint jedoch nicht sicher. Bislang ist die Neigung der jungen Russen sehr gering, Berufssoldat zu werden. Die relativ niedrige Bezahlung im Vergleich zu den hohen Anforderungen dürfte dabei ein wichtiges Motiv sein. Darüber hinaus bleibt die Anzahl der jungen Menschen in Russland, die zur Armee eingezogen werden können, weit hinter den Anforderungen zurück. Die seit Jahrzehnten feststellbare extrem niedrige Geburtenrate in Russland führt zwangsläufig dazu, dass der zur Erhaltung einer zumindest teilweise aus Wehrpflichtigen bestehenden Armee notwendige Nachwuchs fehlt. Und dies wird sich auch in überschaubarer Zukunft nicht wesentlich ändern. Die sichere Erwartung, dass die Gesamtzahl der verfügbaren Rekruten in den kommenden Jahren um mindestens ein Drittel niedriger sein wird, dürfte weitreichende Folgen nach sich ziehen. Wenn die politische Führung in Moskau die negativen Konsequenzen des dramatischen Rückgangs des Mannschaftspotentials vermeiden, aber dennoch die ehrgeizigen Vorgaben der Militärdoktrin erfüllen will, wird sie noch stärker auf eine Berufsarmee setzen müssen. Bereits der demographische Faktor dürfte zu dieser Vorgehensweise zwingen.

Überdies verlangt die moderne Kriegführung länger und sorgfältiger ausgebildetes Personal, das im Rahmen einer Armee, die mindestens teilweise aus Wehrpflichtigen besteht, nicht herangezogen werden kann. Die relativ kurzen Kriege, die Russland in der jüngsten Vergangenheit geführt hat, etwa in Tschetschenien oder in Georgien, können hier nicht als Maßstab dafür gelten, dass man sich auf dem richtigen Weg befindet. Die erfolgreiche Bekämpfung der militärischen Gegner, islamistische Terroristen im Kaukasus oder die kleine Armee des winzigen Nachbarstaats Georgien mit kaum 20.000 Soldaten, sind nicht mit jenen Herausforderungen zu vergleichen, denen Russland in der internationalen Politik gegenüberstehen wird. Darauf weist auch das große militärische Engagement Russlands im Nahen Osten hin.

Gleichwohl wird Russland um die Bekämpfung der islamistischen Terrorgruppen, die sich zum Ziel gesetzt haben, die Einheit des Landes zu zerstören, nicht herumkommen und geeignete Kräfte hierfür bereitstellen müssen. Die bisherige Erfahrung mit dem islamistischen Terrorismus sowohl in anderen Ländern, als auch auf dem Gebiet der Russländischen Föderation deutet darauf hin, dass die Neigung der islamistischen Terrorgruppen zu brutalen Terrorakten und Selbstmordanschlägen, die besonders hohe Verluste an Menschenleben verursachen, zuzunehmen scheint. Doch gibt es für Russland durchaus Möglichkeiten effektiven Handelns. Die russische Militärführung sollte aber immer darauf gefasst sein, dass sich die Kampfmethoden der Terroristen rasch ändern. Abgesehen von der sichtbaren Demonstration, sich nicht zu exzessiven, die Menschenrechte verletzenden Reaktionen provozieren zu lassen, wird es darauf ankommen, auf der Basis eines zielbewussten, realistischen, nicht nur militärisch definierten Konzepts vorzugehen und zu versuchen, das Gesetz des Handelns zu bewahren. Hierzu wäre es zweckmäßig, die Spezialtruppen des Innenministeriums weiter entschlossen zu professionalisieren und einzusetzen. Mit diesen Truppen können die gegnerischen Kräfte auf der Grundlage sorgfältiger und präziser Aufklärung permanent bedrängt werden, um ihnen die Vorteile zu nehmen, die sie in der Vergangenheit durch ihre hohe Flexibilität erreicht hatten. Es gilt dabei zu vermeiden, Unbeteiligte in Mitleidenschaft zu ziehen.

Angesichts des Tatbestands, dass sich die Gegner Russlands im Nordkaukasus der enormen Möglichkeiten der medialen Verstärkung ihrer Aktionen (insbesondere durch Fernsehbilder) zu bedienen wissen, erscheint es notwendig, das Handeln der Gegner, aber auch das eigene Vorgehen mit einer sachlich korrekten, zielgerichteten und offensiven Presse- und Informationspolitik zu begleiten.

Vor dem Hintergrund der aktuellen und künftigen geopolitischen und strategischen Rahmenbedingungen wird Russland eine in jeder Hinsicht einsatzfähige militärische Streitmacht brauchen, deren Personal hervorragend ausgebildet und gut bezahlt ist. Neben der Orientierung an diesen beiden wichtigen Kriterien wird man für sehr viel bessere soziale Bedingungen (Wohnungen, Schulen, Freizeiteinrichtungen, etc.) sorgen und strenger darauf achten müssen, dem Leistungsprinzip in der Personalpolitik Vorrang einzuräumen. Eine entsprechende, an der erfolgreichen Umsetzung der Militärreform ausgerichtete Öffentlichkeitsarbeit dürfte das Bild der Streitkräfte in der russischen Gesellschaft in einer Weise verbessern, dass man den notwendigen Nachwuchs erhält und sicher planen kann. Die dem russischen Staat derzeit verfügbaren finanziellen Ressourcen wären mit Blick auf den dringenden Umbau der Streitkräfte wirkungsvoll angewandt, wenn sie vorrangig einer qualifizierten Ausbildung und der deutlich besseren Bezahlung des Militärpersonals zugute kämen.

Immerhin konnten im Rahmen der Militärreform einige Strukturveränderungen vorgenommen werden. Dabei erscheint die Neugliederung der Landstreitkräfte in besser führbare Brigaden unterschiedlicher Prägung – nach amerikanischem Vorbild – als ein bedeutsamer Schritt. Auch das Bestreben, dass alle Brigaden personell und materiell ständig einsatzfähig sein sollen, ist ein bemerkenswerter Fortschritt. Darüber hinaus wurden im Jahre 2015 die Luftstreitkräfte mit den Weltraumtruppen zusammengelegt. Mit der Auflösung der früheren 6 Militärbezirke und der Errichtung von 4 Operativ-Strategischen Kommandos (OSK) hat die Befehlsstruktur der russischen Streitkräfte eine wesentliche Verbesserung erfahren. Hierbei fällt vor allem die Tatsache ins Gewicht, dass die neuen Kommandos nicht nur die Landstreitkräfte befehligen. Ihnen unterstehen nunmehr alle Teilstreitkräfte in der jeweiligen Region mit Ausnahme der Strategischen Raketentruppen. So gehören zum OSK West mit dem Hauptquartier in St. Petersburg die Land- und Luftstreitkräfte der früheren Militärbezirke Moskau und Leningrad, die Baltische Flotte und die Nordmeerflotte sowie die im Gebiet Kaliningrad stationierten Streitkräfte. Das OSK Mitte mit seinem Hauptquartier in Jekaterinburg wurde aus dem westlichen Teil des früheren Militärbezirks Sibirien und dem größeren Teil des einstigen Militärbezirks Wolga-Ural geschaffen. Dem OSK Süd mit seinem Hauptquartier in Rostow am Don unterstehen die Truppen des früheren Militärbezirks Nord-Kaukasus und des südlichen Teils des ehemaligen Militärbezirks Wolga-Ural, sowie die Schwarzmeerflotte und die Kaspische Flottille. Das OSK Ost mit seinem Hauptquartier in Chabarowsk umfasst den früheren Militärbezirk Fernost und den östlichen Teil des einstigen Militärbezirks Sibirien sowie die Pazifikflotte.

Die bemerkenswerte Änderung der Befehlsstruktur der russischen Streitkräfte wird jedoch keineswegs automatisch zu der gewünschten Verbesserung führen. Das Führungspersonal wird für die effiziente Leitung der Truppen erst Erfahrung sammeln und eine intensive Ausbildung der Offiziere durchführen müssen. Diese Aufgabe dürfte mehrere Jahre in Anspruch nehmen und eine grundlegende Umstellung des gesamten Ausbildungssystems erfordern. Die angestrebte Verbesserung wird wohl erst dann sichtbar werden, wenn eine neue Generation von Offizieren die entsprechenden Schulungen durchlaufen und ein hinreichendes Verständnis des gewandelten Systems erworben hat. Umfangreiche Übungen, von Stabsrahmenübungen bis zu Manövern mit Volltruppe, werden notwendig sein, um der Militärführung ein klares Bild davon zu geben, wie weit die Umgestaltung der Streitkräfte gelungen ist. Es erscheint in diesem Zusammenhang konsequent, mit der neuen regionalen Gliederung und der völlig veränderten Befehlsstruktur auch die Einführung von modernen operativ-strategischen Kommunikations-Systemen zu verbinden. Sie können wesentlich dazu beitragen, die russischen Streitkräfte mit Blick auf die Führungskapazitäten und im Vergleich zu den Streitkräften anderer Staaten auf einen hohen Einsatzstand zu bringen.

Großübungen der Streitkräfte, wie z.B. die umfangreichen Luftmanöver, die am 30. Oktober 2014 über der Ostsee, der Nordsee, dem Schwarzen Meer und dem Atlantik durchgeführt und prompt von hochrangigen Vertretern der NATO bewusst irreführend als „Drohgebärden" bezeichnet wurden, dürften dabei auch in Zukunft nützlich sein. Sie sind zwingend notwendig, damit die politische Führung des Landes erkennen kann, ob die Streitkräfte die in sie gesetzten Erwartungen erfüllen und als Machtinstrument auch einsetzbar sind. Zudem wird Russland damit zeigen können, inwieweit es in der Lage ist, seine vitalen Interessen auch außerhalb seines Territoriums wirkungsvoll wahrzunehmen. Die regelmäßige Durchführung von Patrouillenflügen der Langstreckenbomber bis in den Golf von Mexiko oder die erhöhte Flottenpräsenz im Atlantik, im Mittelmeer und im südlichen Teil des Pazifischen Ozeans gehören folgerichtig in diesen Kontext. Insbesondere haben die russischen U-Boot-Aktivitäten im Atlantik und in den angrenzenden Seegebieten seit 2015 erheblich zugenommen. Dabei ist bemerkenswert, dass Russland seine U-Boot-Flotte in den vergangenen Jahren nahezu vollständig modernisiert und deren Kampfkraft erheblich erhöht hat. Sie können deutlich länger auf See bleiben und sind schwerer zu orten als ihre Vorgänger. Russland demonstriert damit, dass es ähnlich wie die USA und China fähig ist und auch künftig sein wird, global zu operieren, seine Macht weltweit zu projizieren und die finanziellen Ressourcen dafür bereitzustellen. Sicherlich kann man diese Vorgehensweisen Russlands auch als eine „Herausforderung der USA und ihrer NATO-Partner“ betrachten, wie der britische Verteidigungsexperte Keir Giles vom Royal Institute of International Affairs meint.[102] Doch erscheint das russische Verhalten vor dem Hintergrund der konfrontativen Politik der U.S.-Administration insbesondere unter Barack Obama und einigen Bündnispartnern der USA nur folgerichtig. Russlands politische Führung kann sich in ihrer Sicherheits- und Verteidigungspolitik angesichts der Beschlüsse des NATO-Gipfels in Warschau am 8./9. Juli 2016 durchaus bestätigt fühlen.[103] Die Lernbereitschaft führender westlicher Politiker mit Blick auf die Behandlung des Ukraine-Konflikts und das weitere Ausgreifen der NATO bis an die Grenzen Russlands ist äußerst gering. Und es nützt den Regierungen der westlichen Länder gar nichts, wenn die NATO-Staaten die Wiedereingliederung der Krim-Region in die Russländische Föderation nicht anerkennen. Eine gewisse Normalisierung der Beziehungen zwischen Russland und den NATO-Staaten erscheint unausweichlich und liegt im Interesse beider Seiten. Dies wurde im Zuge der Zusammenkünfte des NATO-Russland-Rates seit der Wiederaufnahme der Gespräche in diesem Rahmen am 13. Juli 2016 in Brüssel immer wieder deutlich.

Während die Dislozierung zusätzlicher Kampfverbände der NATO in Polen, Litauen, Lettland und Estland kaum mehr als symbolischen Wert hat, aber dennoch die bestehenden Verträge in Frage stellt, kann sich Russland der konsequenten Umsetzung seiner neuen Sicherheits- und Verteidigungspolitik zuwenden. Die militärische Position Russlands an der Grenze zur Region des Baltikum ist so stark, dass die NATO nicht die geringsten Chancen hätte, diesen Bereich gegen einen Angriff zu verteidigen. Darauf hat nicht zuletzt eine Studie des U.S.-Thinktanks RAND hingewiesen. Doch ist dies aus russischer Sicht gar nicht das Thema. Man weiß in Moskau, dass der Artikel 5 des NATO-Vertrages in jedem Fall gilt. Darüber hinaus machen die haltlosen Vorwürfe des früheren U.S.-Präsidenten Barack Obama und der deutschen Bundeskanzlerin Angela Merkel, dass „Russland die Schuld an der NATO-Aufrüstung trage",[104] vor aller Welt deutlich, in welcher guten diplomatischen Position sich Moskau befindet.

Die Militärreform wird im Übrigen dazu führen, zahlreiche Standorte zu schließen, die man angesichts der Verkleinerung der Streitkräfte und der Veränderung der Struktur nicht mehr braucht. So werden bei den Landstreitkräften von den bisherigen ca. 1900 Einrichtungen nur noch etwa 175 übrig bleiben. Von den ca. 340 Luftwaffenbasen sollen nur noch 55 genutzt werden. Die ca. 240 Flottenbasen sollen auf 123 reduziert werden. Und von den 12 bislang unterhaltenen Einheiten der Strategischen Raketentruppen will man lediglich 9 bestehen lassen.

Die regionale und strukturelle Umgestaltung der russischen Streitkräfte, sowie die veränderte Dislozierung von Truppen im Zuge der neu definierten Bedrohungen durch die NATO verursacht in der derzeitigen Phase der Militärreform nicht nur erhebliche Unruhe in der Truppe durch die notwendigen Versetzungen, den Neuaufbau von Militär-Standorten, von Ausbildungszentren, Schulen und Versorgungseinrichtungen. Sie verschlingt auch einen großen Teil des Militäretats. Erst recht aber kostet die Modernisierung der Rüstungen und Waffensysteme enorme Geldmittel. Nicht zuletzt wird der russische „Verteidigungsindustrie-Komplex" im Rahmen der aktuellen Verteidigungsplanung eine entschlossene Modernisierung erfahren müssen, wenn die ehrgeizigen Pläne verwirklicht werden sollen.

Für die erklärte Absicht der politischen Führung Russlands, ihrem militärischen Instrumentarium ein der Militärdoktrin, dem Sicherheitskonzept und der Außenpolitik angemessenes Aussehen zu geben, wird es noch großer Anstrengungen bedürfen. Zu diesem Zweck müssten etwa 70 bis 80 Prozent der Militärtechnik der Streitkräfte erneuert werden. Man ist jedoch auf dem richtigen Wege, wenn man zum einen den „Verteidigungsindustrie-Komplex" nach amerikanischem Vorbild neu formiert, für die

Modernisierung der Rüstungsunternehmen sorgt und fähigen Nachwuchs an Ingenieuren heranbildet. Zum anderen gilt es, die Streitkräfte mit modernen Waffensystemen auszustatten, die den derzeitigen und künftigen militärischen Herausforderungen entsprechen. Das betrifft alle Teilstreitkräfte gleichermaßen. Selbst der Ankauf von modernen Waffensystemen aus anderen Ländern ist dabei sinnvoll. Der größte Teil der neuen Waffensysteme und Rüstungen muss jedoch von der russischen Rüstungsindustrie geliefert werden. Sie hat sich von der tiefen Krise nach dem Zerfall der Sowjetunion weitgehend erholt und müsste nunmehr auf einem technologischen Stand gehalten werden, der in den westlichen Ländern und inzwischen auch in China zum Standard gehört. Dies setzt enorme Investitionen sowohl in die Betriebe selbst, als auch in Forschung und Entwicklung voraus. Andernfalls werden die Unternehmen der Rüstungsindustrie die bestellten Waffensysteme modernster Technologie nicht produzieren können. Welche enorme Bedeutung eine leistungsfähige und gut funktionierende Rüstungsindustrie für die Restauration russischer Macht besitzt, wird daran sichtbar, dass Staatspräsident Wladimir Putin selbst am 10. September 2014 den Vorsitz einer Kommission übernommen hat, die dazu ausersehen ist, die heimische Rüstungsindustrie streng zu kontrollieren. Es ist damit zu erwarten, dass Russlands Streitkräfte etwa im Jahre 2020 über ein Arsenal an wichtigen Waffensystemen verfügen werden, die den modernen Standards entsprechen.

Die mehrfach wiederholte Ankündigung Wladimir Putins,[105] in den kommenden zehn Jahren 600 Milliarden Euro für die Modernisierung der Streitkräfte auszugeben und dabei 400 Interkontinentalraketen, 600 Kampfflugzeuge und 2300 Kampfpanzer anzuschaffen, sieht auf den ersten Blick sehr ehrgeizig aus. Sie offenbart aber auch den enormen Nachholbedarf im Vergleich zu den Streitkräften anderer Länder, etwa der USA oder Chinas. Bei der geplanten Neu-Ausrüstung der Streitkräfte orientiert sich die politische Führung Russlands an den entsprechenden Entwicklungen vor allem in den USA. Die Produktion moderner Kampfflugzeuge nach dem Beispiel des neuen amerikanischen Langstreckenbombers B-3 und der F-35, sowie von neuen nuklear bestückten Langstreckenraketen und Marschflugkörpern wird dabei als unerlässlich angesehen. Die Rüstungspläne werden sich in der Tat nur unter den günstigsten ökonomischen Rahmenbedingungen verwirklichen lassen. Doch ungeachtet der u.a. durch den Konflikt um die politische Orientierung der Ukraine und die ziemlich niedrigen Erdölpreise verursachten finanziellen Probleme dokumentiert Russland mit der erfolgreichen Entwicklung strategischer Waffen, aber auch des modernen Kampfpanzers T-14 Armata, dass man entschlossen ist, die Rüstungspläne zu verwirklichen. Die öffentliche Vorstellung des Kampfpanzers, der weltweit den neuesten technologischen Stand aufweist und in großen Stückzahlen produziert werden soll, bei der Siegesparade in Moskau am 9. Mai 2015 hat die westlichen Fachleute zu Recht beeindruckt. Und man kann davon ausgehen, dass selbst die führenden NATO-Länder auf diesem Feld der Rüstung wohl kaum mithalten können.

Politisch und strategisch ähnlich bedeutsam ist die Ankündigung Wladimir Putins von Mitte Juni 2015, die Stationierung von 40 neuen Interkontinentalraketen in Aussicht zu stellen. Die Ankündigung erscheint im Zuge der russischen Rüstungspläne durchaus konsequent. Wenngleich der damalige amerikanische Verteidigungsminister Ashton Carter nur eine Woche später mit der Überlegung an die Öffentlichkeit trat, die Stationierung von modernen nuklear bestückten Marschflugkörpern in Europa vorzusehen und die auf der deutschen Luftwaffenbasis Büchel (Rheinland-Pfalz) gelagerten Atombomben durch moderne Systeme zu ersetzen, wird Russland getrost abwarten können, ob sich derartige Überlegungen der U.S.-Regierung realisieren lassen. Angesichts der pazifistischen Grundströmung in wichtigen NATO-Ländern und der dezidierten Abneigung der meisten Europäer gegen eine Verschärfung des Konflikts mit Russland dürfte der Widerstand rasch anwachsen, wenn Washington diese Pläne verwirklichen möchte. Nicht nur in diesem Fall wird Russland von der Schwäche seiner Gegner profitieren. Die Europäische Union hat schwere innere und vor allem finanzielle Probleme. Und die NATO ist ungeachtet der vollmundigen Erklärungen und der im Zuge des Ukraine-Konflikts ergriffenen Maßnahmen zur Truppenverstärkung an ihren östlichen Flanken weit davon entfernt, ein in jeder Weise handlungsfähiges Bündnis zu sein. Die meisten Mitgliedsstaaten haben ihr Rüstungspotential in nahezu allen Bereichen während der vergangenen zwei Jahrzehnte drastisch reduziert.[106] Einen „neuen Rüstungswettlauf" werden die europäischen NATO-Länder – ungeachtet der Forderung von U.S.-Präsident Donald Trump nach einem größeren Beitrag der Europäer – nicht aufnehmen oder gar längere Zeit durchhalten können.

Die Erhöhung des Militäretats für 2013 um 25 Prozent auf ca. 66 Milliarden Dollar[107] und für 2014 auf 80 Milliarden Dollar[108] deutete bereits den Willen der politischen Führung Russlands an, die Streitkräfte zu einem wirksamen und gut nutzbaren Instrument zu machen. Dieser beeindruckende Trend setzte sich in den Jahren 2015 und 2016 fort. Nur im

Jahre 2017 wurde der Anstieg des Militäretats wegen der Probleme in der Wirtschaftsentwicklung Russlands unterbrochen. Doch die Verkündung des Rüstungsprogramms für die Jahre 2018 bis 2027 durch Präsident Wladimir Putin am 26. Februar 2018 macht deutlich, wie entschlossen die politische Führung auf diesem Wege weitergehen will.[109] Präsident Wladimir Putin zeigt mit diesen Entscheidungen, dass er keinen Zweifel an seinen Rüstungsplänen aufkommen lassen will. Auch mit der Berufung von Sergej Schojgu zum Verteidigungsminister, nachdem sein Vorgänger Anatolij Serdjukow am 6. November 2012 über einen Korruptionsskandal sein Amt verlor, hat die politische Führung Russlands einmal mehr ihre Entschlossenheit unterstrichen, den Umbau der Streitkräfte zügig voranzubringen und das gewaltige Rüstungsprogramm durchzuführen. Sergej Schojgu, ehemaliger Armeegeneral, einstiger Minister für den Katastrophenschutz und kurzzeitig Gouverneur des Gebiets Moskau, genießt in Russland zu Recht hohes Ansehen. Er ist eine dynamische Persönlichkeit und äußerst durchsetzungsbegabt. Ihm traute man zu, die ehrgeizige und komplizierte Herausforderung zu bestehen. Unter seiner kompetenten Leitung sind die Streitkräfte, für die Russland gegenwärtig etwa 4 Prozent seines Bruttoinlandsprodukts[110] an finanziellen Ressourcen aufwendet, ein schlagkräftiges Instrument der Außenpolitik geworden, das gleichzeitig an mehreren geopolitisch sehr unterschiedlichen Orten Krieg führen kann.

Schon heute können wir beobachten, dass es der politischen Führung Russlands gelungen ist, ihre Militärmacht zu einem hochmobilen Instrument zu formen, das sich ausgezeichnet für den Einsatz in lokalen und regionalen Konflikten eignet. Mit seinem stark verschlankten Führungssystem, dem hohen Grad der Einsatzbereitschaft und der entsprechenden Ausbildung des Personals brach Russland mit alten Traditionen und passte sich den Erfordernissen der Gegenwart an. Die neue Streitkräftestruktur erlaubt es der politischen Führung, die Truppen schnell über relativ große Entfernungen zu verlegen, ohne auf eine lange Mobilisierung zurückgreifen zu müssen.

So ehrgeizig die russischen Pläne für die Modernisierung der Streitkräfte und deren Formierung zu einem brauchbaren Instrument der Außenpolitik derzeit sind, wird man in Russland doch sehr viel mehr als bisher darauf achten müssen, das militärische Potential auf den revolutionären Wandel in der Kriegführung zuzuschneiden. Gewiss war schon immer die Aufgabe schwierig, die Art und den möglichen Verlauf künftiger Konflikte vorauszusehen und dementsprechend die Streitkräfte vorzubereiten. Dennoch werden die militärischen und strategischen Planer Russlands nicht umhin können, mindestens das nächste Jahrzehnt in den Blick zu nehmen, um die Art, den Umfang und die Struktur der Streitkräfte, sowie die Entwicklung und Beschaffung von Waffen und Ausrüstungen solide zu fundieren. In der vor uns liegenden Epoche erscheint dies besonders wichtig, weil die neuen Technologien, die in den fortgeschrittenen Staaten der Welt für den rasanten Wandel der Wirtschafts- und Lebensverhältnisse sorgen und weiterhin sorgen werden, auch neue Dimensionen der Kriegführung eröffnen.

Im Hinblick auf die raschen Veränderungen im Militärwesen mögen die Beschaffung und der Einsatz von modernen Waffensystemen, wie z.B. Stealth-Bomber, zielgenaue Marschflugkörper oder Kampfdrohnen bedeutsam und angemessen erscheinen. Der entscheidende Wandel besteht jedoch darin, die militärischen Organisationen und Strukturen den neuen Technologien anzupassen und die operationellen Konzepte entsprechend darauf auszurichten. Erst die neuartige Verknüpfung von modernen Technologien mit flexiblen Streitkräfte-Strukturen und dazu passenden operationellen Konzepten führt zu jenem synergetischen Effekt, den die russischen Streitkräfte-Planer anstreben müssen, wenn sie bei der Entwicklung ihrer Militärmacht im internationalen Wettbewerb bestehen wollen.

An den aktuellen militärischen Konflikten in verschiedenen Regionen der Welt können die russischen Streitkräfte-Planer ablesen, dass es künftig immer stärker darauf ankommen wird, über Truppen zu verfügen, die militärische Ziele mit enormer Schnelligkeit über große Entfernungen präzise bekämpfen und gleichzeitig die eigenen Kräfte vor Verlusten bewahrt werden können. Es gilt also, das alte Denken in starren Formationen und umfangreichen Verbänden abzulegen. Man sucht das Bewusstsein zu schärfen, dass eher statische Fronten der Vergangenheit angehören. Der russische Generalstabschef Walerij Gerassimow argumentiert in diesem Kontext zu Recht, dass kleinere, schnellere und unabhängiger operierende Verbände das Bild der künftigen militärischen Konflikte prägen und im Rahmen „nicht-linearer“ Einsätze größere Räume beherrschen werden. Dabei werden luft-, boden- und seegestützte Verbände sowie Spezialtruppen in neuartigen Formen wesentlich intensiver zusammenwirken als je zuvor. Und in spezifischen Situationen, in denen sich die Grenzen zwischen Krieg und Frieden verwischen, zielt man auf den synergetischen Effekt politischer, wirtschaftlicher, militärischer und informationstechnischer Mittel, um die eigenen Interessen durchzusetzen. Ergänzt wird dieses Konzept durch asymmetrische und eher indirekte Einsatzformen von Spezialkräften sowie irregulären und „privaten“ Kriegsunternehmern, die es erlauben, militärische Interventionen zu verschleiern.[111] Die Massierung von Truppen wird dagegen immer gefahrvoller werden. Schon vor dem Hintergrund dieser fundamentalen Veränderungen ist es für fortgeschrittene Staaten wie Russland, die über moderne Technologien verfügen und den revolutionären Wandel der Kriegführung erkannt haben, nicht länger sinnvoll, extrem umfangreiche Streitkräfte zu unterhalten. Es kommt in der vor uns liegenden Epoche vielmehr darauf an, die begrenzten finanziellen Ressourcen in Waffensysteme und Ausrüstungen zu investieren, die der revolutionären Kriegstechnik entsprechen.

Im Zuge der heute erkennbaren Planung werden die technologischen, strukturellen und konzeptionellen Veränderungen den russischen Streitkräften nicht nur ein völlig anderes Aussehen geben. Auch die einzelnen Soldaten werden in Bezug auf ihre individuellen Fähigkeiten, Einsatzmöglichkeiten und Funktionen erhebliche Veränderungen erfahren. Schon von den sehr viel höheren Ansprüchen her, die eine moderne Kriegführung an den einzelnen Soldaten stellt, dürfte eine Armee mit Wehrpflichtigen bald obsolet sein. Nicht nur die rasch zunehmende Komplexität der Waffensysteme und der übrigen Kriegstechnik zwingt dazu, auf länger dienende, sich den schnellen Veränderungen ständig anpassende „Professionals“ zurückzugreifen. Auch der neue Führungsstil und die enorm beschleunigten Entscheidungsprozesse erfordern den Berufssoldaten, der von vornherein hohe technische Qualifikationen haben und diese auch beständig erweitern muss.

Die Eigenart des revolutionären Wandels der Kriegführung bringt es mit sich, dass die enormen Fortschritte auf dem Gebiet der Informationstechnologie zusammen mit der Fähigkeit, diese Fortschritte durch konsequente Veränderung der Strukturen und operationellen Konzepte zu nutzen, zu einer bedeutenden Quelle der Macht werden. Jene Akteure im internationalen System, die den Wandel am schnellsten und konsequentesten vollziehen, werden einen klaren Vorteil gewinnen, zumal diese neue Form militärischer Macht als unmittelbar nutzbares Instrument der Politik zur Verfügung steht. Wer sich dagegen an altem Denken orientiert und gegen die revolutionäre Transformation im militärischen Bereich sperrt, wird relativ schnell merken, dass er Handlungsmöglichkeiten einbüßt und seine Fähigkeit schwindet, die eigenen Interessen erfolgreich wahrzunehmen.

Die politische Führung Russlands wird in nächster Zukunft darauf dringen müssen, einen technologischen Vorsprung der USA im Bereich der Streitkräfte nicht zuzulassen. Sie sollte auf diesem Feld aktiv bleiben und nicht darauf setzen, dass die amerikanische Regierung dank zahlreicher Bedenken aus verschiedenen Gruppen der Gesellschaft oder dank internationaler Kritik von der konsequenten Nutzung moderner Technologien, wie z.B. beim Einsatz von Drohnen in militärischen Konflikten ablässt. Anders als die Westeuropäer – insbesondere die Deutschen – werden die Entscheidungsträger der USA den notwendigen politischen Rückhalt im Lande finden, um ihre Streitkräfte mit den neuesten Technologien zu versorgen und in den Einsatz zu schicken.

Russland wird sich die Chance kaum entgehen lassen, den schon begonnenen Prozess der Innovation auch mit Blick auf die Anstrengungen der USA, Chinas und anderer Nationen zielstrebig weiterzuführen. Dabei dürfte auch der Weltraum an Bedeutung für das Handeln der Streitkräfte gewinnen. Hier werden nicht nur immer präzisere Aufklärungssatelliten positioniert, sondern auch andere militärisch nutzbare Systeme eine Rolle spielen. Dies muss nicht bedeuten, dass die Ausgaben für die Verteidigung exorbitant steigen. Die konsequente Nutzung der neuesten Technologien und die Anpassung der Strukturen und operationellen Konzepte können sogar die Kosten der Verteidigung reduzieren helfen, wenn bei der Entwicklung und Beschaffung von Waffensystemen und Ausrüstungen die Prioritäten richtig gesetzt werden. Vor dem Hintergrund der entschlossenen Vorgehensweise der wichtigsten Konkurrenten Russlands im internationalen System und der absehbaren neuen Herausforderungen wird die russische Regierung nicht zögern dürfen, ihre Streitkräfte entsprechend dem revolutionären Wandel im Militärwesen zu entwickeln.

In diesem Zusammenhang ist auch zu bedenken, dass von dem revolutionären Wandel der Kriegführung in der vor uns liegenden Epoche auch die Politik der Abschreckung profitieren kann. Dies liegt zum einen an der höheren Wahrscheinlichkeit, dass die neuen Waffensysteme und Technologien eingesetzt werden, weil sie direkt nutzbar sind, sehr schnell große Wirkung erzielen und unter den eigenen Kräften weniger Opfer verlangen als dies früher der Fall gewesen wäre. Zum anderen erlauben insbesondere die auf den revolutionären Informationstechnologien beruhenden militärischen Instrumente, eine früher nicht gekannte „Transparenz" herzustellen, die es ermöglicht, Situationen schneller zu verstehen, eigene Maßnahmen überzeugender zu begründen und die militärischen Mittel nur im Hintergrund bzw. indirekt wirken zu lassen. Das Vorhandensein von Waffensystemen dieser Art kann durchaus dazu beitragen, die Handlungsmöglichkeiten aggressiver regionaler Mächte deutlich zu verringern und den Stellenwert der Abschreckung mit nicht-nuklearen Mitteln zu erhöhen.

Und schließlich wird Russland alles daransetzen, um seine nachrichtendienstlichen Kapazitäten zu erhöhen und die Fähigkeit zur Führung eines Cyberwar zu verbessern. Der Cyberwar ist bereits heute ein eigenständiges Feld der Auseinandersetzung, das gleichberechtigt neben die bisherigen Schauplätze tritt, offensichtlich an Bedeutung und möglicherweise sogar eine Schlüsseldimension gewinnt. Russland wird daher die Einsatzdoktrin und die Operationsführung auch auf die neuen technologischen Fähigkeiten zuschneiden müssen. In diesem Kontext ist es nicht nur folgerichtig, die notwendigen Techniken zu erwerben, zügig zu entwickeln und die eigenen Soldaten auf diesem Felde einsatzfähig zu machen. Es erscheint auch sinnvoll, mit privaten Hackergruppen und IT-Firmen zusammenzuarbeiten und deren Kompetenzen zu nutzen. Man wird sich dabei an den enormen Anstrengungen orientieren, die vor allem China und die USA auf diesem Gebiet unternehmen. Die russische Regierung dürfte nicht die Erwartung hegen, dass die realitätsferne und gelegentlich sogar absurde Kritik aus einigen westeuropäischen Ländern an den Maßnahmen der USA und den Aktivitäten ihrer Nachrichtendienste die Amerikaner künftig davon abhalten könnte, auf diesem wichtigen Felde mit ihren Anstrengungen fortzufahren. Die Wahrnehmung der Bedrohungslage in einigen Ländern Westeuropas ist das Ergebnis einer Umdeutung der tatsächlichen Verhältnisse und folgt naiven Vorstellungen über die Welt. Die U.S.-Regierung wird sich nicht danach richten. Daher werden die Nachwirkungen der Enthüllungsaffäre um den amerikanischen IT-Spezialisten Edward Snowden begrenzt bleiben. Umfassende und rechtzeitige Information war zu allen Zeiten kostbar und wird es bleiben. Und die Fähigkeiten zur Führung des Cyberwar könnten in Zukunft entscheidend sein. Auch die Führung der Volksrepublik China wird nach eigenem Bekunden alles tun, um ihre Aktivitäten im Bereich des Cyberwar zur „strategischen Achse ihrer Entwicklung" zu machen. Wenn die Mittel der Europäer auf diesem Felde bescheiden sind und die Staatskanzleien in den europäischen Ländern – mit Ausnahme Großbritanniens – moralischen Gesichtspunkten Vorrang gewähren, kann dies Russland nur recht sein. Dank der charakteristischen Verhaltensweisen einflussreicher gesellschaftlicher Gruppen in den westlichen Demokratien und zahlreicher Vertreter der westlichen Massenmedien wird die russische Regierung die Verwirrung der politisch-moralischen Maßstäbe vor allem der Europäer in ihrem Sinne nutzen können.

Angesichts der mittlerweile vorliegenden Erfahrung, dass die Fähigkeit einiger Nationen zur Führung des Cyberwar die Grenzen zwischen

Krieg und Frieden, zwischen zivilem und militärischem Handeln verwischen, wird auch Russland daran mitwirken müssen, die Kontrolle über diesen Bereich der Kriegführung zu verbessern und Fähigkeiten zu entwickeln, Konzepte zur Zurückhaltung und Steuerung zu schaffen. Dies erscheint mit Blick auf die Tatsache notwendig, dass die Offensivfähigkeiten im Bereich des Cyberwar bedeutsamer sind als die defensiven Optionen und damit große Gefahren für alle Seiten bergen.

Nicht zuletzt wegen der charakteristischen, gegen die vitalen Interessen Russlands gerichteten Informationspolitik der USA und der Europäischen Union sowie eines bedeutenden Teils der westlichen Medien sind die Anstrengungen Russlands auf dem Gebiet des Informationswesens zum festen Bestandteil der Militärdoktrin geworden. Sie zielen darauf ab, die öffentliche Meinung nicht nur im eigenen Land zu kontrollieren, sondern auch das Denken und Handeln der Menschen in anderen Ländern im Sinne der russischen Interessen zu beeinflussen. Im Mittelpunkt stehen dabei die Darstellung von Fakten und die Verbreitung der russischen Sichtweise politischer Entwicklungen. Es erscheint in diesem Kontext nur folgerichtig, dass die politische Führung Russlands ihr starkes Engagement auf dem Gebiet des Informationswesens ebenso umfassend wie hochprofessionell durchführt und nahtlos in den Bereich des Cyberwar münden lässt. Als Instrumentarien werden hierbei nicht allein die klassischen Medien, sondern zunehmend auch die vielfältigen, die ganze Welt umspannenden sozialen Netzwerke genutzt. Im Hinblick auf die politischen Auseinandersetzungen mit den führenden westlichen Ländern kann man durchaus feststellen, dass Russland den Aufbruch in das neue Zeitalter des Cyberwar geschafft hat und besonders für den Bereich der Außenpolitik wirkungsvoll anzuwenden versteht. Ob allerdings staatliche russische Organisationen die von der Regierung Obama und den amerikanischen Geheimdiensten seit Dezember 2016 immer wieder behaupteten Hackerangriffe gegen die Partei der Demokraten geführt und zur Niederlage der Kandidatin Hillary Clinton beigetragen haben, steht dahin. Unwiderlegbare Beweise für die russischen Aktivitäten und deren Bedeutung für Donald Trumps Wahlsieg konnten die U.S.-Geheimdienste nicht vorlegen. Barack Obama meinte gleichwohl, diese Behauptung nutzen zu sollen, um die Beziehungen zu Russland nachhaltig zu beschädigen und die Handlungsmöglichkeiten seines Nachfolgers zu beschneiden. Mit der prompten Ausweisung von 35 russischen Diplomaten Ende Dezember 2016 suchte Barack Obama kurz vor dem Ende seiner Amtszeit ein „Zeichen der Stärke“ zu setzen. Doch hat Wladimir Putin damals nicht eine sofortige adäquate Antwort nach dem Muster des Kalten Krieges gegeben. So wurde der aus dem Amt scheidende U.S.-Präsident erneut ausmanövriert. Und die auch nach der Amtsübernahme von Donald Trump von einem Teil der U.S.-Medien wiederholt vorgetragenen Vorwürfe, die russische Regierung habe im Zuge des Cyberwar das Ergebnis der Wahlen in den USA beeinflusst, konnte Moskau kühl zurückweisen. Allerdings beeinflusste die Kampagne der amerikanischen Medien zu diesem Thema die Politik Washingtons in starkem Maße und hinderte die Trump-Administration daran, sinnvolle Beziehungen zum russischen Regime aufzubauen. Dabei wäre auch aus westlicher Sicht ein substantieller Dialog mit Russland dringend geboten.

Wladimir Putins zielbewusste Außenpolitik

Angesichts der gegen Ende der Jelzin-Ära in Russland fest etablierten geopolitischen und historischen Argumentationsweise war es kein Zufall, dass sich wesentliche Elemente dieses Denkens in zunehmendem Maße in der russischen Außenpolitik wiederfanden. Dem mit zahlreichen Maßnahmen Wladimir Putins zur Zentralisierung des Staatsaufbaus und zur besseren Lenkung der Regionen des Landes etablierten „russischen Weg" der Organisation von Wirtschaft, Gesellschaft und Staat entspricht die machtpolitische Zielsetzung in der Außen- und Sicherheitspolitik. Bei allen Gegensätzen, die bislang in der politischen Führungselite spürbar waren, konnten wir doch beobachten, dass die führenden Politiker des Landes dem von Wladimir Putin inspirierten programmatischen Beitrag der *Nezavisimaja gazeta* vom 29. Dezember 1999 unter dem Titel „Russland an der Schwelle zum dritten Jahrtausend" treu geblieben sind, dessen zentrale Botschaft lautete: „Russland war eine Weltmacht, und es muss wieder zu einer solchen werden".

Neben der Konsolidierung der Wirtschaft und der Autorität der Staatsführung waren die machtpolitischen Interessen Russlands bisher der wichtigste Orientierungspunkt. Eine Anpassung an die in vielen Ländern der Europäischen Union und in den USA geäußerten Vorstellungen für das Handeln in der internationalen Politik stand für die Führungselite in Moskau nicht zur Debatte. Die russische Diplomatie pflegte in dem vergangenen Jahrzehnt beharrlich allen Tendenzen entgegenzutreten, die den Machtanspruch Russlands hätten schmälern können.

Wladimir Putin und seine Mitstreiter haben mit ihrer ausgeprägten Neigung, die vitalen Interessen ihres Landes entschlossen zu vertreten, stets eindrucksvoll klar gemacht, dass die Politik Russlands jenen traditionellen Prinzipien und Regeln folgt, die wir aus früheren Epochen der russischen Geschichte kennen. Dem Bemühen Moskaus, Russlands Macht und globalen Einfluss wieder zu vergrößern und die Herausbildung einer multipolaren Welt zu fördern, in der Russland „eine führende Rolle spielen" soll, kam in diesem Kontext hohe Priorität zu. Die Herauslösung auch nur eines Teils der Russländischen Föderation, etwa Tatarstans, Tschetscheniens oder Dagestans, hätte sich mit diesem Programm nicht vertragen. Vielmehr haben Wladimir Putin und seine Mitstreiter immer wieder die Einheit des Landes betont und die Beziehungen zu anderen Staaten nach utilitaristischen Kriterien bestimmt. Dies galt vor allem für das Verhältnis zu den USA und zu den Ländern der Europäischen Union, aber auch im Hinblick auf die aufstrebenden Staaten im Asiatisch-Pazifischen Raum, wie etwa China und Indien. Konsequent achtete die russische Führungselite darauf, trotz der noch immer recht großen wirtschaftlichen Probleme des Landes und dem Nachholbedarf bei der Entwicklung der Militärmacht „auf gleicher Augenhöhe“mit den USA wahrgenommen zu werden. Der Bezugspunkt USA kam bislang durchgängig in allen Aktionen zum Ausdruck, die weltweite Beachtung finden – von der Teilnahme Russlands an internationalen Konferenzen bis zu den Konzepten und Strategien, nach denen sich der Aufbau und der Einsatz der eigenen Streitkräfte richtet. Der Versuch, mit den USA „Schritt zu halten“, spiegelte sich nicht nur in den Militärreformen und in den Abrüstungsverträgen wider. Auch die Rüstungskooperation mit zahlreichen Ländern der Welt und eine zielbewusste Waffenexportpolitik spielten von Anfang an in Russlands Strategie zum Wiederaufstieg eine große Rolle. Das schon im vergangenen Jahrzehnt sichtbare Bemühen, alte Partnerschaften zu ehemaligen Verbündeten der Sowjetunion, wie Nordkorea und Kuba wiederaufleben zu lassen und neue strategische Allianzen, wie z.B. mit Venezuela und Nicaragua gegen das Machtstreben der USA zustande zu bringen, lässt erkennen, wie unbeirrt die Führungselite in Moskau die russischen Interessen verfolgt hat.

Mit Blick auf das Bestreben, in der internationalen Politik größeren Einfluss auszuüben, konnte die russische Diplomatie beachtliche Erfolge verbuchen. So gelang es Moskau in zunehmendem Maße, in den Beziehungen zur NATO die Initiative zu ergreifen und das westliche Bündnis mit eigenen konzeptionellen Vorstellungen in Verlegenheit zu bringen. Das entschlossene Ringen Russlands um seinen Wiederaufstieg und das utilitaristische Vorgehen der Führungselite in Moskau zeigten sich während des vergangenen Jahrzehnts besonders deutlich in der Politik gegenüber dem Nahen und Mittleren Osten. Dabei nutzte Russland nicht nur die Instabilität in dieser wichtigen Region, um neue Ansatzpunkte für sein politisches Handeln zu gewinnen und gleichzeitig die Position der USA zu schwächen. Die in der ersten Phase russischer Außenpolitik unter der Ägide Wladimir Putins gelegentlich recht hohen Preise für Erdöl und Erdgas füllten auch die Staatskasse in Moskau und gaben seiner Politik zusätzlichen Handlungsspielraum.

Zwar zeigte man in Moskau keine Sympathie für die islamistischen Terrorgruppen im Allgemeinen, zumal solche Organisationen im Kaukasus, im Süden Russlands und selbst im Zentrum des Landes seit vielen Jahren einen verlustreichen asymmetrischen Krieg führen. Doch stützte die russische Regierung arabische und iranische Positionen und suchte den in der Nahost-Region vorherrschenden Antiamerikanismus zu nutzen, um ihren eigenen Einfluss zu stärken. So kam es nicht von ungefähr, dass Moskau mit hochrangigen Vertretern der bei den Parlamentswahlen im Gaza-Streifen am 25. Januar 2006 siegreichen Terrororganisation Hamas einen Dialog begann, ohne die übrigen Mitglieder des sogenannten Nahost-Quartetts (USA, VN, EU, Russland), dass sich um eine friedliche Beilegung des palästinensisch-israelischen Konflikts bemühen soll, vorher zu informieren. Die damit vollzogene politische Aufwertung dieser gefährlichen Terrorgruppe, die in engem Schulterschluss mit dem Mullah-Regime im Iran und der vom Libanon aus operierenden islamistischen Terrororganisation Hizbullah das Existenzrecht des jüdischen Staates Israel verneint und auf Gewalt schwört, hat bereits eine eigene Dynamik entfaltet.

Darüber hinaus suchte Russland als Waffenlieferant für Israels erbitterte Gegner seine Stellung im Nahen und Mittleren Osten zu verbessern. So wurden nicht nur die syrischen Streitkräfte kontinuierlich mit Waffen versorgt. Auch die islamistische Terrororganisation Hizbullah erhielt große Mengen von Waffen, z.B. Nachtsicht-Geräte, Kurzstreckenraketen und moderne Panzerabwehrwaffen. Zudem hat Russland gemeinsam mit China als UN-Vetomacht seine schützende Hand über den syrischen Präsidenten Bashar al-Assad gehalten. Anders als im Libyen-Konflikt des Jahres 2011, wo der Westen eine vage formulierte Resolution des Sicherheitsrats der Vereinten Nationen dazu ausnutzen konnte, das ursprüngliche Ziel des Schutzes der Zivilbevölkerung zu einem Regimewechsel auszuweiten, war Russland im Falle Syrien stets auf klare Positionen bedacht, die das syrische Regime nicht gefährdeten.

Überdies gelang es der russischen Regierung mit Blick auf Syrien, an die erfolgreiche Stützpunktpolitik der Sowjetunion anzuknüpfen. So war der im südlichen Abschnitt der Mittelmeerküste gelegene Hafen Tartus bereits seit 1971 eine Basis des 5. Operativen Geschwaders der sowjetischen Schwarzmeerflotte. Nachdem dieser Verband nach dem Ende der Sowjetunion 1991 aufgelöst wurde, verlor der Hafen Tartus allmählich seine Funktionstüchtigkeit. Mit der erfolgreichen Restauration der Wirtschaft Russlands und der Neuausrichtung seiner Außenpolitik nahmen die Pläne zur erneuten Nutzung von Tartus und des weiter nördlich gelegenen Hafens von Latakia Gestalt an. Wie die umfangreichen russischen Investitionen in Syrien und der zügige Ausbau der Flottenstützpunkte Tartus und Latakia beweisen, ist das Engagement Russlands dort langfristig angelegt. Mit der nachrichtendienstlichen, militärischen und politischen Zusammenarbeit, der Öffnung syrischer Häfen für die russische Kriegsflotte und umfangreichen Rüstungslieferungen ist es Russland gelungen, Syrien eng an sich zu binden.

Dank seiner konsequenten Politik konnte Russland den Zusammenbruch des seit dem Frühjahr 2011 von den Truppen der Rebellen und seit dem Sommer 2014 zusätzlich von den Djihadisten der Terror-Miliz IS (Islamischer Staat) stark bedrängten Assad-Regimes verhindern. Mit bemerkenswert geschickter Diplomatie im Rahmen der Vereinten Nationen bemühte sich die russische Regierung darum, die Isolierung des außerordentlich brutal gegen seine Gegner vorgehenden syrischen Präsidenten abzuwehren und zögerte dabei auch nicht, gelegentlich von ihrem Veto-Recht im Sicherheitsrat der Vereinten Nationen Gebrauch zu machen. Präsident Bashar al-Assad konnte sich bislang auf die Hilfe Russlands verlassen und sowohl allen Maßnahmen der von einigen arabischen Regimen unterstützten Rebellen als auch den Sanktionen der westlichen Demokratien unter Führung der USA trotzen.

Russland demonstrierte im Verlauf der seit Frühjahr 2011 immer härteren militärischen Auseinandersetzung um den Bestand des syrischen Staates eine große Beharrlichkeit. Die von Russlands Außenminister Sergej Lawrow am 8. Mai 2013 gegenüber seinem damaligen amerikanischen Kollegen John Kerry in Moskau ins Spiel gebrachte Anregung einer internationalen Syrien-Konferenz war dabei nur eine Variation des russischen Vorgehens. Es wurde von Moskau gleichzeitig mit spezifischen Waffenlieferungen klar gmacht, wie sehr man darum bemüht ist, die Kampffähigkeit der syrischen Streitkräfte zu verbessern und auf mögliche westliche Gegenzüge zuzuschneiden. So könnten die von Russland gelieferten modernen Flugabwehr-Raketen vom Typ S-300 erfolgreiche Luftangriffe westlicher Streitkräfte erschweren. Und die Ausrüstung der syrischen Truppen mit modernen Anti-Schiff-Lenkwaffen vom Typ SS-N-26 (Jachont) könnte dazu dienen, eine Blockade über See zu verhindern. Zudem wurden Kampfflugzeuge vom Typ MiG-29 geliefert und so die Schlagkraft der syrischen Luftstreitkräfte verbessert.

Über diese gut durchdachten Maßnahmen hinaus untermauerte die russische Regierung ihren Willen zur Stützung des Assad-Regimes noch dadurch, dass sie die Flottenpräsenz im östlichen Mittelmeer deutlich erhöhte. Auf diese Weise signalisierten die Russen vor allem gegenüber den westlichen Ländern einmal mehr, dass sie nichts unversucht lassen würden, ihren Bündnispartner Syrien zu schützen. Präsident Wladimir Putin hat dieses konsequente Verhalten bereits beim G-8-Gipfel in Irland am 17. Juni 2013 und während des G-20-Gipfels am 6. September 2013 in St. Petersburg unterstrichen.

Russland profitierte allerdings in jüngster Zeit davon, dass die westlichen Demokratien angesichts der spezifischen Rahmenbedingungen und Strategien der Kriegführung ihre militärischen Interventionen nicht mehr zum Erfolg führen konnten. Eine zunehmend anti-militärische Haltung der westlichen Gesellschaften räumt den Gewalt-Potentialen gerade jener Regime – und Terrorgruppen – das Feld, die in keiner Weise zögern, ihre militärische Macht zur Durchsetzung ihrer politischen Ziele rücksichtslos einzusetzen. Das Lavieren der Regierung Obama im Hinblick auf die Indizien für den Einsatz chemischer Kampfstoffe durch das Assad-Regime in Syrien im Sommer 2013 hat nicht nur in Moskau den Eindruck verstärkt, dass die Fähigkeit der westlichen Regierungen zu sachlich korrekten Lagebeurteilungen erhebliche Schwächen aufweist und wie wenig handlungsbereit die führenden westlichen Mächte sind.

Nicht zuletzt gelang es der russischen Regierung im Herbst 2013 mit ihrer überlegenen Diplomatie, den USA eine empfindliche Niederlage zuzufügen. Der damalige U.S.-Präsident Obama wurde nach seiner Androhung eines Militärschlags gegen Syrien wegen des Einsatzes chemischer Waffen von Russland elegant ausmanövriert und musste auf den russischen Vorschlag eingehen, die Chemiewaffen Syriens zunächst unter die Kontrolle der Vereinten Nationen zu stellen und später zu vernichten. Dank der schweren Fehler der amerikanischen Regierung wurde Russland wieder zu einem wichtigen Akteur in der Nahost-Region, der zwar Verantwortung übernehmen musste, aber gleichzeitig neuen Handlungsspielraum gewann. Die entsprechende, am 27. September 2013 im Sicherheitsrat der Vereinten Nationen einstimmig verabschiedete Resolution belegte erneut, dass Russland das Gesetz des Handelns bestimmte. Das Assad-Regime wurde weder als Schuldiger an dem Chemiewaffen-Einsatz genannt, noch wurde der syrische Präsident dafür zur Rechenschaft gezogen. Und als Drohung für unbotmäßiges Verhalten des Assad-Regimes kamen automatische Militärschläge damals nicht in Betracht. Es wurden lediglich Maßnahmen nach Kapitel VII der Charta der Vereinten Nationen vorgesehen, gegen die Russland jederzeit sein Veto einlegen kann. Die angesichts des Bürgerkrieges sehr schwierige Feststellung der Bestände an chemischen Waffen und die Debatte über die Kompliziertheit ihrer Entsorgung befreite Syrien damals de facto zum einen von der Drohung eines amerikanischen Militärschlages und gewährte dem Assad-Regime wertvolle

Zeit, um sich zu stabilisieren und die Bekämpfung der verschiedenen Rebellengruppen erfolgreich fortzuführen. Zum anderen lenkte die intensive internationale Debatte über den von Russlands Außenminister Sergej Lawrow und dem damaligen U.S.-Außenminister John Kerry im September 2013 ausgehandelten und weitgehend russischen Vorstellungen folgenden Vier-Punkte-Plan zur Lösung des Chemiewaffen-Konflikts mit Syrien die Aufmerksamkeit von der aggressiven Politik des Mullah-Regimes im Iran ab.

Während Russlands Politik der politischen und militärischen Absicherung des Assad-Regimes bis zum Frühjahr 2015 eher routinemäßig verlief, zwangen das Vordringen der islamistischen Terror-Miliz IS (Islamischer Staat), in der auch mehrere Tausend Islamisten aus dem russischen Teil des Kaukasus kämpften, und der von den USA in Syrien unterstützten Rebellen die russische Regierung zu neuem Engagement. Dies geschah zum einen durch die stark ausgeweitete Lieferung von modernen Waffen an die in den zurückliegenden Kämpfen arg geschrumpfte syrische Armee und den Einsatz von russischen Ausbildern in Syrien. So wurde die Schlagkraft der syrischen Streitkräfte durch die Lieferung von modernen russischen Schützenpanzern vom Typ BTR-82 A und Kampfflugzeugen vom Typ MiG-31 erheblich verbessert. Darüber hinaus wurden eine mobile Flugleitzentrale vor Ort aufgebaut und Mitte September 2015 nahezu 60 Kampfflugzeuge der russischen Luftstreitkräfte auf die nahe bei Latakia liegende Basis Hmaimim verlegt.[112] Zum anderen bemühte sich die russische Regierung im Rahmen einer geschickt vorgetragenen und mit dem Mullah-Regime in Teheran abgestimmten diplomatischen Offensive, die Beteiligung an der internationalen Koalition gegen die islamistische Terror-Miliz IS unter Einschluss des Assad-Regimes zu forcieren und dabei die Schlagkraft seiner eigenen Truppen in die Waagschale zu werfen. Zwar wurde dieses Ansinnen von den USA zunächst abgelehnt. Es nutzte der damaligen amerikanischen Regierung jedoch nichts, dass sie die bulgarische Regierung dazu veranlassen konnte, die Überflugrechte für russische Flugzeuge zu verweigern. Diese Flugzeuge kamen nunmehr über den Iran nach Syrien. Doch fand die russische Initiative angesichts der zunächst nur begrenzten Erfolge des westlich dominierten Engagements gegen die Terror-Miliz IS vor allem in Europa eine gewisse Zustimmung.

Mit dem glänzenden Schachzug, die eigene Militärpräsenz in Syrien deutlich zu erhöhen und seine Zusammenarbeit beim Kampf gegen die islamistische Terror-Miliz IS anzubieten, gelang es dem russischen Präsidenten, die USA und ihre westlichen Partner in die Defensive zu drängen.

Mehrere westliche Staatschefs waren nunmehr bereit, Bashar al-Assad als Gesprächspartner zu akzeptieren und damit den ersten Schritt zur Anerkennung der Bedingungen zu tun, die von der russischen Diplomatie sorgfältig vorbereitet worden waren. So war es schon keine Überraschung mehr, dass es am Rande der 70. UN-Vollversammlung in New York am 28. September 2015 zu einem Treffen zwischen U.S.-Präsident Barack Obama und Staatspräsident Wladimir Putin kam.

Nur zwei Tage später, am 30. September 2015, schuf Wladimir Putin mit dem Beginn von Luftschlägen gegen die Terror-Miliz IS und vor allem gegen die das Assad-Regime bekämpfenden Rebellengruppen neue Fakten. Der syrische Präsident hatte sich an Moskau mit der Bitte um diesen Einsatz der russsichen Luftstreitkräfte gewandt. Das nachfolgende militärische Vorgehen Russlands in Syrien findet somit im Einklang mit dem syrischen Regime statt und setzte die gleichfalls operierenden Luftstreitkräfte westlicher Länder (USA, Großbritannien und Frankreich) und deren Regierungen unter Druck, alle militärischen Aktionen in der umkämpften Region mit den Russen abzustimmen.

Der sehr gut vorbereitete und selbst von der Führung der Russisch-Orthodoxen Kirche, Patriarch Kirill, als „heilig" bezeichnete[113] Einsatz der russischen Luftstreitkräfte zur Bekämpfung der islamistischen Terror-Miliz IS, aber vor allem zur Unterstützung der Bodenoffensive der syrischen Truppen wurde einmal mehr zu einer geopolitischen Lehrstunde für den Westen. Die führenden Repräsentanten der USA und der NATO hatten diesem Vorgehen nichts entgegenzusetzen. Das russische Vorgehen legte vor aller Welt offen, wohin die westliche Politik des „Self-Containment" führt. Die Aufforderung des damaligen U.S.-Präsidenten Barack Obama und von NATO-Generalsekretär Jens Stoltenberg an Russlands Staatspräsident Wladimir Putin, das Assad-Regime nicht weiter zu unterstützen, erschien dagegen wie aus einer anderen Welt. Auch das am 12. Oktober 2015 öffentlich vorgetragene Verlangen der Außenminister der EU-Staaten, Russland solle die Bombardierung der gegen die Truppen Assads kämpfenden „gemäßigten" Rebellen einstellen, wirkte ziemlich hilflos. Zudem führte Russland mit dem Einsatz von Marschflugkörpern vom Kaspischen Meer aus über eine Entfernung von 1.500 km gegen Stellungen der Terror-Miliz IS seine beachtlichen militärischen Kapazitäten vor. Die seit dem 30. September 2015 laufende Syrien-Operation ist der erste russische Militäreinsatz außerhalb der ehemaligen Sowjetunion seit dem Ende des Kalten Krieges und beweist die Fähigkeit Russlands zur globalen Machtprojektion. Er zeigt, dass man militärtechnisch auf der Höhe der

Amerikaner ist, die Modernisierung der russischen Streitkräfte planmäßig verläuft und dass es offensichtlich an finanziellen Mitteln nicht fehlt. Die Welt musste zur Kenntnis nehmen, dass Russland in der Lage ist, einen ebenso komplizierten wie risikoreichen Militäreinsatz beeindruckend schnell vorzubereiten und professionell durchzuführen. Mit dem Besuch des syrischen Präsidenten Bashar al-Assad in Moskau am 20. Oktober 2015 hat Wladimir Putin erneut auf höchster Ebene demonstriert, dass er weiter zu Assad steht. Man signalisierte zudem, dass die russische Militäroperation so lange dauern werde, bis das Land gesichert ist. Und mit der von Russland durchgesetzten Teilnahme des iranischen Mullah-Regimes im Rahmen der am 30. Oktober 2015 begonnenen Serie von Gipfeltreffen der Außenminister von 17 Ländern über die Syrien-Krise in Wien konnte Moskau erneut einen bedeutsamen diplomatischen Erfolg verbuchen.

Diese Politik erfuhr eine weitere Dynamik nach den blutigen Anschlägen der Terror-Miliz IS am 13. November 2015 in Paris und den nachfolgenden Reaktionen der französischen Staatsführung. Die nunmehr gezeigte Bereitschaft Frankreichs, bei der Bekämpfung der Islamisten im Nahen Osten mit Russland zusammenzuarbeiten, erleichterte es der russischen Diplomatie, die entsprechende Resolution der Vereinten Nationen vom 19. November 2015 zur Niederringung der Terror-Miliz IS und zur Behandlung der Syrien-Frage wesentlich mitzugestalten und hier mit dem syrischen Präsidenten Bashar al-Assad zu planen. Der dabei aufgezeichnete Weg zu einer Friedensregelung für Syrien orientierte sich recht deutlich an russischen Interessen und stärkte die Position des syrischen Präsidenten. Der von westlichen Ländern, insbesondere von den USA gegenüber Russland geforderte Strategiewechsel wurde von Moskau abgelehnt. Auch der wahrscheinlich durch einen Sprengstoffanschlag der Terror-Miliz IS herbeigeführte Absturz eines russischen Zivilflugzeugs über dem Sinai am 31. Oktober 2015 und der Abschuss eines russischen Kampfflugzeugs vom Typ SU-24 im syrischen Luftraum durch die türkische Luftwaffe am 24. November 2015 veranlassten Präsident Wladimir Putin nicht zu einem Wechsel der Strategie.[114] Angesichts der erfolgreichen russischen Luftangriffe auf die Stellungen der verschiedenen gegen das Assad-Regime kämpfenden Rebellengruppen gelang es der syrischen Armee und den mit ihr verbündeten Milizen aus dem Iran und dem Libanon eine Reihe von Gebieten und Städten in Syrien zurückzuerobern. Die Nachschublinien der Rebellengruppen in die Türkei wurden unterbrochen und der Ölexport der Terror-Miliz IS weitgehend zum Erliegen gebracht. Dabei war es nur konsequent, dass Russland die Aufforderung der Amerikaner und

Europäer, die Bombardements der umkämpften syrischen Städte einzustellen, um die Anfang Februar 2016 begonnenen Friedensgespräche in Genf nicht zu gefährden, mit dem Verlangen konterte, die USA und Saudi-Arabien sollten ihrerseits die Unterstützung der verschiedenen Rebellengruppen unterlassen. Es galt für die russische Regierung vielmehr, Fakten zu schaffen und das Gesetz des Handelns zu bestimmen. Diesem Ziel diente der fortgeführte Einsatz der russischen Luftstreitkräfte ebenso wie die von Außenminister Sergej Lawrow am 11. Februar 2016, dem Vorabend der 52. Münchner Sicherheitskonferenz, vorgetragene Initiative zu einer Feuerpause. Die ab dem 27. Februar 2016 geltende Waffenruhe wurde zwar nicht von allen am Konflikt beteiligten Gruppen durchgehend eingehalten. Sie erlaubte es aber der russischen Seite, ihre Militärstützpunkte in Syrien für internationale Hilfslieferungen zu öffnen und Fahrzeuge für den Transport und die Verteilung der Hilfsgüter zur Verfügung zu stellen. Am 5. Mai 2016 demonstrierte Russland mit einem Konzert des Marinskij-Orchesters aus St. Petersburg in den Ruinen der befreiten Stadt Palmyra, wie weit die Sicherheit des syrischen Territoriums schon gediehen war. Es wurde dabei vor aller Welt sichtbar, dass Russland nicht nur „auf Augenhöhe" mit den USA war, sondern sogar seine Überlegenheit vorführen konnte. Während die Repräsentanten der wichtigsten westlichen Länder eher ihren vielfältigen „Hoffnungen" Ausdruck gaben, machten die Russen durch ihr Verhalten deutlich, dass es hier um strategische und politische Machtpositionen ging, die nicht nur Syrien betrafen, sondern weit darüber hinaus reichten. Nicht zuletzt mit seiner wohlüberlegten Entscheidung am 14. März 2016, einen Teil der russischen Streitkräfte aus Syrien abzuziehen, sorgte Präsident Putin einmal mehr dafür, seine Gegner zu überraschen und ins Abseits zu stellen. Mit dem militärischen Engagement war es zum einen gelungen, wichtiges Terrain, wie z.B. die berühmte Stadt Palmyra, für das Assad-Regime zurückzugewinnen und die bedeutende Stadt Aleppo einzuschließen. Der Hauptzweck der Intervention – die Sicherung des Kernlandes der Alawiten – war weitgehend erfüllt. Zum anderen diente dieser glänzende Schachzug dazu, seine eigene Verhandlungsposition in den Genfer Gesprächen zu stärken und neue militärische Aktionen der Gegenseite zu erschweren. Für die syrische Opposition war es danach psychologisch-politisch schwieriger geworden, die Kämpfe überhaupt wieder aufzunehmen und ihre bis dahin zur Schau getragene kompromisslose Haltung weiter zu vertreten. Russland demonstrierte damit vor aller Welt einmal mehr seine Fähigkeit und Entschlossenheit, unabhängig zu handeln. Auch gegenüber den USA präsentierte man sich als

Herr des Verfahrens. Die in Wien Mitte Mai 2016 fortgeführten Gespräche über die Syrien-Frage haben dies erneut deutlich gemacht. Und auf den am 20. Mai 2016 von Verteidigungsminister Sergej Schojgu in Moskau vorgebrachten Vorschlag an die U.S.-geführte Koalition, künftig gemeinsame Luftangriffe gegen die Terrorgruppen zu unternehmen, reagierten die westlichen Länder eher ratlos. Mit der Syrien-Operation hat Wladimir Putin zudem die Aussage des damaligen U.S.-Präsidenten Barack Obama, dass „Russland nur noch eine Regionalmacht" sei, nachdrücklich widerlegt. Darüber hinaus zeigte die politische Führung Russlands seinen Verbündeten, dass man sich auf sie verlassen kann.

Das Ringen um Syrien wies die Welt besonders eindringlich darauf hin, dass Russlands Diplomatie auch deswegen so erfolgreich war, weil hinter ihr – anders als im Westen – die reale Möglichkeit und die Bereitschaft militärischen Handelns standen. Wenngleich das entschlossene militärische Vorgehen und die Diplomatie Russlands in dem speziellen Konflikt um Syrien nicht unmittelbar zu einer vollwertigen Partnerschaft im Kampf gegen die Terror-Miliz IS führte, gelang es doch, das Assad-Regime zu stabilisieren und den syrischen Staatspräsidenten politisch einstweilen wieder ins Spiel zu bringen.

Im Zuge der mit Hilfe Russlands erzielten Erfolge der syrischen Armee bei den Kämpfen um wichtige Städte des Landes, wie z.B. Aleppo im Sommer und Herbst 2016, sahen sich die USA und andere westliche Mächte genötigt, ihre Strategie zu ändern. Man musste Russland zugestehen, gemeinsam die Terror-Miliz IS zu bekämpfen und in der Syrien-Frage nach Kompromissen zu suchen. Zwar wurde von amerikanischer Seite weiter versucht, das Assad-Regime in Frage zu stellen und dessen Erfolg bei den Operationen zur Einnahme der wichtigen Stadt Aleppo zu verhindern. Doch erwies sich auch hier die russische Diplomatie als überlegen. Es gelang den Russen, die vom Westen betriebene und von manchen Nichtregierungsorganisationen unterstützte einseitige Berichterstattung in den Medien zu kontern und das syrische Vorgehen in und um Aleppo abzusichern. Dazu war Moskau sogar bereit, zeitweise Langstreckenbomber von der iranischen Basis Hamadan aus einzusetzen, um die von den Rebellengruppen gehaltenen Stellungen in Aleppo zu bombardieren. Zwar wurde die dramatische Lage der von syrischen Truppen eingeschlossenen Zivilbevölkerung von russischer Seite nicht in Abrede gestellt. Doch machte Russlands Außenminister Sergej Lawrow zu Recht klar, dass man den in Aleppo agierenden islamistischen Rebellen nicht die Möglichkeit des personellen und materiellen Nachschubs gestatten konnte. Die westlichen Länder blieben daher in einer aussichtslosen Demandeur-Position – erst recht nachdem die politische Führung der Türkei Mitte August 2016 eine Kehrtwende in ihrer Syrien-Strategie vollzogen hatte und danach ihre Zusammenarbeit mit Russland in den Vordergrund rückte. Die intensiven Gespräche, die der russische Generalstabschef Walerij Gerassimow am 15. September 2016 mit seinem türkischen Kollegen Hulusi Akar in Ankara führte, waren daher nur folgerichtig.[115] Das NATO-Land Türkei gewährte Russland in Aleppo freie Hand. Im Gegenzug überließen die russischen Streitkräfte den türkischen Truppen zwischen Aleppo und der Grenze zur Türkei das Feld. Die ganze Welt konnte täglich sehen, dass Russland sich nicht durch die Strategie der Rebellen, die Zivilbevölkerung als Geisel zu nehmen, beirren ließ und im Syrien-Konflikt wie eine Weltmacht handelte. Das Ergebnis der Verhandlungen über eine Waffenruhe in Syrien zwischen dem damaligen U.S.-Außenminister John Kerry und Russlands Außenminister Sergej Lawrow am 9. und 10. September 2016 in Genf spiegelte die Veränderung der machtpolitischen Verhältnisse wider. Die USA mussten sich den Interessen Russlands beugen. Die sogenannten „gemäßigten" Rebellen erwiesen sich als eine Chimäre, und das Ende ihres Widerstands gegen das Assad-Regime war seitdem nur eine Frage der Zeit. Der irrtümliche Luftangriff der Amerikaner auf syrische Truppen am 18. September 2016 brachte die USA zusätzlich in die Defensive und führte zu weiteren Zugeständnissen an die russische Seite. Die vor aller Welt sichtbare Fehlleistung und die Nachgiebigkeit der USA ließ das Vertrauen zahlreicher nahöstlicher Akteure in Washington weiter sinken. Auch die beharrlichen Versuche der Amerikaner, den Druck auf Russland nach dem Bruch der Waffenruhe in Syrien und dem Scheitern der bilateralen Gespräche durch eine weltweite Medienkampagne mit Blick auf die Leiden der Bevölkerung zu erhöhen, gingen ins Leere. Alle Akteure konnten sehen, dass der Kampf um Aleppo und andere Städte erst dann zu Ende sein würde, wenn die Rebellen keine Unterstützung von den USA und Saudi-Arabien mehr erhalten und dann aufgeben. Russland konnte den USA sogar Bedingungen stellen, um den Dialog wieder aufzunehmen. Die geschickte Verknüpfung des russischen Forderungskatalogs mit den wichtigsten Konfliktpunkten auf mehreren anderen sicherheitspolitischen Feldern, zum Beispiel bei der Ausweitung der NATO-Präsenz in Osteuropa und der Einmischung der USA in der Ukraine, hat dies noch unterstrichen.[116] Zudem machte Russland mit der Verstärkung seiner Marinepräsenz im östlichen Mittelmeer und der Dislozierung von Flugabwehrraketen vom Typ S-300 in Tartus Anfang Oktober 2016 klar, dass man bereit war, weitere sorgfältig kalkulierte Risiken einzugehen und das Ringen um die Macht in der Nahost-Region für sich zu entscheiden. Amerikanische Überlegungen, mit Luftangriffen auf syrische und russische Stützpunkte in den Konflikt einzugreifen, wurden daher von der Obama-Regierung erst einmal fallengelassen. Und Russland mit neuen Sanktionen zum Rückzug zu zwingen, blieb angesichts der Uneinigkeit unter den westlichen Ländern aussichtslos. Das Scheitern der Syrien-Gespräche am 15. Oktober 2016 in Lausanne machte deutlich, dass die westlichen Länder keine anwendbaren Optionen mehr hatten, um Russland und das Assad-Regime zum Einlenken zu bewegen. Lediglich dem Vorschlag des UN-Sondergesandten Staffan de Mistura, Kämpfern der Rebellen den Abzug aus Aleppo zu gewähren, gab der russische Außenminister eine Chance. Doch die mit einem solchen Schritt dokumentierte offene Niederlage der USA und Saudi-Arabiens wollte man in Washington nicht riskieren. So überraschte es nicht, dass Russland und Syrien einseitig eine Waffenruhe vom 20. bis 23. Oktober 2016 verkündeten, um die Versorgung der notleidenden Bevölkerung zu ermöglichen sowie Zivilisten und Rebellen die Möglichkeit des Verlassens von Aleppo zu bieten.[117] Dieser Schachzug erleichterte es nicht nur dem russischen Staatspräsidenten, am 19. Oktober 2016 an dem Berliner Treffen mit der deutschen Kanzlerin, dem französischen Staatspräsidenten und – soweit die Ukraine-Krise betroffen war – dem ukrainischen Präsidenten, teilzunehmen und die Interessen Russlands mit der gebotenen Klarheit zu vertreten. Er machte es auch den für eine härtere Haltung gegenüber Russland eintretenden Regierungen in der Europäischen Union schwer, sofort neue Sanktionen durchzusetzen. Es blieb bei der „Verschärfung des Tons“ und der insbesondere von Italien und Ungarn verlangten sehr vage formulierten Option, weitere Maßnahmen zu ergreifen. Auch einige andere Regierungen ließen ihre Auffassung durchblicken, dass man Russland als „strategischen Partner“ brauche.[118] Der Tatbestand, dass die in Aleppo eingeschlossenen Rebellen und Zivilisten die Gelegenheit zum Abzug nicht nutzten, war nicht Russland anzulasten. Der Versuch der führenden westlichen Länder, Russlands Vorgehen in Syrien mit Vorwürfen unter dem Deckmantel der Moral und des Völkerrechts zu verhindern, konnte nicht gelingen. Das entschlossene Vorgehen gegen die Rebellen in Aleppo seitens der russischen Luftstreitkräfte und der syrischen Truppen als Kriegsverbrechen einzustufen, erscheint äußerst fragwürdig.[119] Schließlich ist in der Welt allgemein bekannt, dass die Rebellen ihre

Hauptquartiere, Waffenlager und selbst die Scharia-Gerichte in Krankenhäuser, Schulen, Wohngebäuden und Moscheen verlegt hatten. Sie nutzten damit Zivilisten als menschliche Schutzschilde und verhinderten auf diese Weise eine klare Trennung von militärischen und zivilen Zielen. Dies ist ein integraler Bestandteil ihrer Strategie. Die Wiederaufnahme der Luftangriffe und der Kämpfe am Boden gegen die vor allem von den USA und Saudi-Arabien mit Waffen und Geld unterstützten Rebellen und die damit verbundenen großen Leiden der Zivilbevölkerung war somit vorprogrammiert.

Die Verlegung einer großen Kampfgruppe der russischen Seestreitkräfte mit dem Flugzeugträger „Admiral Kusnezow" in das östliche Mittelmeer Ende Oktober 2016 machte zusätzlich klar, dass Russland an seinen strategischen und politischen Zielen in Syrien festhalten würde. Man demonstrierte mit dem größten militärischen Aufmarsch seit dem Ende des Ost-West-Konflikts, dass man mit allen Mitteln eine Entscheidung in Syrien erzwingen wollte. Wie deutlich Russland das Gesetz des Handelns in Syrien bestimmte, zeigte auch die Ankündigung einer Waffenruhe bis zum 4. November 2016, verbunden mit der Aufforderung an die Rebellen in Aleppo, die Stadt zu verlassen. Und seit dem Sieg von Donald Trump bei der Präsidentenwahl in den USA am 8. November 2016 handelte Russland in Syrien in der Erwartung, dass die neue U.S.-Regierung ihr Engagement eher gegen die IS-Kämpfer und nicht gegen das Assad-Regime richten werde. Russland konnte daher nach der Eroberung von Aleppo durch iranische und syrische Streitkräfte am 15. Dezember 2016 mit einer deutlich gestärkten Position in den Verhandlungen im Sicherheitsrat der Vereinten Nationen auftreten und dort durchsetzen, dass die von den USA und Frankreich geforderten Beobachter bei der Evakuierung der Rebellen und ihrer Familien aus Aleppo unter seiner Kontrolle blieben. De facto wurden die Vereinten Nationen einmal mehr in eine Nebenrolle gedrängt. Wie schwach die Position jener Staaten geworden war, die immer noch die gegen das Assad-Regime kämpfenden Rebellen unterstützten, lässt sich an den Statements ablesen, die im Laufe der Außenminister-Konferenz in Paris am 10. Dezember 2016 abgegeben wurden.[120] Und die Staats- und Regierungschefs der EU-Staaten stellten am 15. Dezember 2016 bei ihrem Treffen in Brüssel mit dem Bürgermeister von Ost-Aleppo und Assad-Gegner Brita Hagi Hasan einmal mehr vor aller Welt zur Schau, wie ohnmächtig sie mit Blick auf das Geschehen in Syrien sind. Nur wenige Tage später, am 20. Dezember 2016, demonstrierten die Außenminister Russlands, des Iran und der Türkei bei ihrem Treffen in Moskau, wer das Gesetz des Handelns bestimmt. In ihrer „Moskauer Erklärung“ drückt sich die überlegene Diplomatie dieser drei Staaten aus. Sie boten sich als Vermittler und Garantiemächte für ein Friedensabkommen zwischen syrischer Regierung und der Opposition an.[121] Es gelang den drei Mächten unter Führung Russlands, mit den gegen das Assad-Regime kämpfenden Rebellengruppen (nicht eingeschlossen die Terror-Miliz IS und die Al-Nusra-Front) eine Feuerpause ab dem Jahreswechsel zu vereinbaren und den Weg zu öffnen, um bei einem Treffen in der kasachischen Hauptstadt Astana vom 23. bis 24. Januar 2017 Gespräche über eine Beendigung des Bürgerkriegs in Syrien wieder in Gang zu bringen. Dabei ist bezeichnend, dass kein westlicher Staat die Chance hatte, daran mitzuwirken. Die bis zum 20. Januar 2017 amtierende U.S.-Regierung Obama spielte bei diesen Bemühungen keine Rolle mehr. Sie musste ohnmächtig zuschauen, wie Russland und seine Verbündeten im Nahen Osten die neue geopolitische Landkarte zeichnen. Für die Organisation der Vereinten Nationen nahm der Sondergesandte Staffan de Mistura als Beobachter am Verhandlungstisch Platz. Immerhin hatte die politische Führung in Moskau die neue amerikanische Regierung zu den Syrien-Gesprächen in Astana eingeladen. Zwar konnte aus Washington in den ersten Tagen der Regierung Trump niemand kommen, doch waren die USA durch den amerikanischen Botschafter in Kasachstan vertreten. Wenngleich es im Zuge der Konferenz lediglich gelang, recht vage Regeln für die Feuerpause zu vereinbaren und den Weg für die ab Ende Februar 2017 folgende Runde der Gespräche in Genf zu ebnen, zeigte sich Russland in der Lage, den „trilateralen Mechanismus“ mit der Türkei und dem Iran auf diplomatischer Ebene zu etablieren.

In der Tat demonstrierte die Konferenz in Astana die neuen Machtverhältnisse in Syrien und Russlands dominierende Rolle im Nahen Osten. Die Rebellen standen mit dem Rücken zur Wand. Sie mussten verhandeln oder in den sonst weiter geführten Kämpfen untergehen. Während der erneut Ende Februar und Anfang März 2017 abgehaltenen Genfer Konferenz über die Syrien-Frage wurde dies eindrucksvoll bestätigt. Russland gab kein diplomatisches Terrain preis. Und vor Ort in Syrien setzte sich der Prozess der Rückeroberung des Territoriums durch die syrischen Truppen fort: Seit Ende März 2017 hat das Assad-Regime auch Homs, die drittgrößte Stadt des Landes wieder unter seiner Kontrolle. Die letzten Kämpfer der Rebellen konnten zusammen mit ihren Familien am 22. Mai 2017 aus Homs abziehen. Auf eine nachhaltige militärische Unterstützung auf der Grundlage eines gut begründeten strategischen Konzepts seitens der neuen Administration in Washington warteten die Rebellen vergebens. Zudem hat Russland mit einem am 20. Januar 2017 geschlossenen Vertrag über die Militärpräsenz im Hafen von Tartus und auf dem Luftstützpunkt Hmaimim bei Latakia über weitere Jahrzehnte seine Position einmal mehr abgesichert.[122]

Zwar ließ U.S.-Präsident Donald Trump am 6. April 2017 den syrischen Luftstützpunkt Sheirat – als Antwort auf einen vermuteten Chemiewaffen-Einsatz der syrischen Luftstreitkräfte am 4. April 2017 auf die weitgehend von Rebellen kontrollierte Stadt Khan Sheikun – mit 59 Marschflugkörpern bombardieren. Doch brachte sich die amerikanische Regierung mit diesem völkerrechtswidrigen und militärstrategisch nutzlosen Angriff in eine schwierige Lage. Dabei half es Washington auch nicht, dass die Staats- und Regierungschefs der EU und der NATO das völkerrechtswidrige Vorgehen als „nachvollziehbar" abnickten und die Außenminister der G-7-Länder mit einem gemeinsamen Appell Russland aufforderten, die Unterstützung des Assad-Regimes zu beenden.[123] Es trat vielmehr das Gegenteil des von Washington gewünschten Verhaltens ein: Moskau verteidigte die Position Syriens auf allen Ebenen, und die syrischen Luftstreitkräfte setzten ihre Angriffe auf Stellungen der Rebellen unbeeindruckt von dem amerikanischen Militärschlag in gewohnter Weise fort. Selbst die gegen das Assad-Regime kämpfenden Rebellen zeigten angesichts der mangelnden strategischen Fundierung des amerikanischen Vorgehens große Skepsis. Auf eine nachhaltige militärische Hilfe durch die USA konnten sie nicht hoffen. Und bei dem anschließenden Besuch des damaligen U.S.-Außenministers Rex Tillerson am 12. April 2017 in Moskau konnte die Welt zuschauen, was passiert, wenn Amateure auf Profis treffen. Der amerikanische Chefdiplomat scheiterte völlig mit dem Versuch, seinen Kollegen Sergej Lawrow und den russischen Präsidenten Wladimir Putin von der Unterstützung des Assad-Regimes abzubringen. Die politische Führung Russlands ließ den Repräsentanten der USA nach allen Regeln der diplomatischen Kunst auflaufen, demonstrierte aber gleichzeitig ihre Gesprächsbereitschaft und mahnte den amerikanischen Präsidenten, rechtswidrige Militäraktionen künftig nicht zu wiederholen.[124] Wie routiniert die russische Führung im Hinblick auf die höchst problematische Nahostpolitik der U.S.-Regierung vorging, wurde angesichts des Treffens der Außenminister Russlands, des Iran und Syriens in Moskau am 14. April 2017 deutlich. Nur einen Tag nach der erfolglosen Demarche des amerikanischen Außenministers stimmten die drei Mächte ihre Politik gegenüber den USA untereinander ab.[125] Ebenso routiniert trieben Russland, der Iran und die Türkei ihre Gespräche mit den gegen das Assad-Regime kämpfenden Rebellengruppen in Astana voran. Dabei gelang es immerhin, am 4. Mai 2017 ein Memorandum zur Einrichtung von „Deeskalationszonen" in Syrien zu unterzeichnen. Dort sollte die militärische Gewalt eingedämmt und humanitäre Hilfe für die Bevölkerung ermöglicht werden. Die vagen Formulierungen des Memorandums ließen viel Spielraum für machtpolitisch gebotene Aktionen und erlaubten dem Assad-Regime, seine Bestrebungen zur Rückeroberung des beanspruchten Territoriums fortzusetzen. Folgerichtig legte die politische Führung Russlands Wert darauf, dass die geographisch klar definierten Deeskalationszonen nicht zu einer Art Prototyp für die künftige territoriale Aufteilung des syrischen Staates werden.[126]

Vor diesem Hintergrund war es schon keine Überraschung mehr, dass die U.S.-Regierung ankündigte, ihr Programm zur Bewaffnung und Ausbildung der syrischen Rebellen einzustellen. Darüber hinaus gelang es den Russen – rechtzeitig zum G-20-Gipfel in Hamburg, nach Verhandlungen mit Israel, Jordanien und den USA, eine Waffenruhe für den Südwesten Syriens zu vereinbaren und mediengerecht am 7. Juli 2017 bei dem ersten Treffen zwischen U.S.-Präsident Donald Trump und Präsident Wladimir Putin zu verkünden.[127] Diese Waffenruhe ist zwar auch aus der Sicht der U.S.-Regierung sinnvoll, spiegelt jedoch erneut die Tatsache wider, dass sie eher den russischen Interessen nahekommt, da die Kontrolle in russischer Hand verbleibt und das Assad-Regime weiter stabilisiert wird. Die Gesprächsrunden in Kasachstans Hauptstadt Astana im September und Oktober 2017 sowie die Rückeroberung wichtiger syrischer Städte, wie z.B. Deir Es-Zor und Albu Kamal durch Assads Armee mit Unterstützung der russischen Luftstreitkräfte Anfang November 2017 unterstreichen die für Moskau und Damaskus günstige Entwicklung einmal mehr. Auch im Jahre 2018 setzte das Assad-Regime mit seinen militärischen Aktionen gegen die verbliebenen Kräfte der Rebellen seinen Plan zur Rückeroberung wichtiger Gebiete und Städte fort. So gelang es den syrischen Truppen Anfang Juli 2018, die Kämpfer der Rebellen in der Provinz Daraa im Süden des Landes zur Aufgabe zu zwingen. Die gezielte Unterstützung durch die russischen Luftstreitkräfte sicherte ihnen den Erfolg. Und auf der diplomatischen Ebene – etwa in den Verhandlungen über die politische Lösung der Syrien-Frage in Sotschi Ende Januar 2018 – blieben die USA außen vor. Russland, der Iran, die Türkei und Assads Syrien bestimmten hier die Agenda.

Zielstrebigkeit, entschlossener Einsatz der militärischen Macht, überlegene Diplomatie und Pragmatismus haben Russland wieder zu einem bedeutsamen Akteur in Syrien gemacht. Überdies erreichte die russische Regierung mit ihren wohldurchdachten Initiativen und dem entsprechenden Handeln, den eigenen Einfluss im Nahen Osten erheblich zu vergrößern und – vor allem nach dem für Russlands Strategie so günstigen Abschluss des Atomabkommens mit dem Iran am 14. Juli 2015 – von der weiteren nuklearen Rüstung des Iran abzulenken.

Insbesondere mit der militärischen Aufrüstung und der konsequenten Unterstützung des Nuklearprogramms des Iran konnte sich Russland im Nahen und Mittleren Osten eine starke politische Position sichern. Die seit Januar 1995 aus Russland erhaltene massive Hilfe zum Aufbau einer militärischen Nuklearoption des Mullah-Regimes im Iran hat die strategische Situation in diesem Gebiet dramatisch verändert. Der politischen Führung Russlands war die militärische Zielsetzung des iranischen Nuklearprogramms von Anfang an bekannt. Der frühere Präsident Boris Jelzin, aber auch hochrangige Vertreter der damaligen russischen Regierung, wie z.B. Atomminister Adamow und Jelzins Berater Alexej Jablokow, haben dies schon in den 90er Jahren des vorigen Jahrhunderts wiederholt öffentlich bestätigt. Während der vergangenen fünfzehn Jahre wurde nicht nur die diplomatische Unterstützung der iranischen Nuklearpolitik fortgesetzt. Man lieferte auch einen großen Teil des notwendigen technischen Knowhow, um die Qualität des iranischen Raketenarsenals – z.B. im Hinblick auf die Reichweite und die Zielgenauigkeit – zu verbessern. Und mit der Lieferung des Flugabwehrraketen-Systems S-300 sowie taktischer Boden-Luft-Raketen, u.a. des Typs Tor M-1, die sich besonders für den Abschuss niedrig fliegender Flugzeuge und Lenkwaffen eignen, zeigte die politische Führung in Moskau einmal mehr, dass sie die neuen strategischen Kapazitäten des Iran bewusst in Kauf nimmt. Hinzu kommt, dass diese Waffen auch geeignet sind, die Kriegsschiffe der USA, Großbritanniens und Frankreichs im Persischen Golf zu bedrohen.

Die Unterstützung des Mullah-Regimes in Teheran durch Russland drückte sich auch darin aus, dass die russische Regierung ihre diplomatischen Handlungsmöglichkeiten im Sicherheitsrat der Vereinten Nationen konsequent nutzte, um die Sanktionen der westlichen Demokratien gegen den Iran in erträglichen Grenzen zu halten und so die Fortführung der iranischen Nuklearpolitik abzusichern. Und es war nur konsequent, dass Russland mit großer diplomatischer Geschicklichkeit vorging, um die

USA und ihre Bündnispartner Großbritannien, Frankreich und Deutschland dazu zu drängen, mit dem Iran ein Abkommen zu schließen, das dem Mullah-Regime mit Blick auf seine Politik zum Erwerb von Nuklearwaffen einen Aufschub gewährt. Russland konnte dabei die naive und unprofessionelle Herangehensweise der Amerikaner und Westeuropäer nutzen. Die in den Verhandlungen in Genf vom 20. bis 23. November 2013 erzielte Übereinkunft, das Nuklearwaffenprogramm des Iran teilweise auszusetzen und die Urananreicherung zu begrenzen, und das Anfang 2015 in Lausanne erreichte Rahmenabkommen zur Begrenzung der iranischen Aktivitäten im Bereich der Nuklearrüstung schränkte die Aktivitäten des Iran nur auf einigen Gebieten ein. Wichtige für das militärische Nuklearprogramm konstitutive Elemente wurden von den Übereinkünften nicht erfasst. Angesichts der erreichten Vielfalt in der Nukleartechnik können es sich die Iraner leisten, auf einzelne Komponenten für die Herstellung nuklearer Waffen zu verzichten. Auch das Wiener Atomabkommen vom 14. Juli 2015 ermöglicht es den iranischen Technikern, ihre Arbeit im Verborgenen, d.h. auf speziell hergerichteten, den Inspektoren der Internationalen Atomenergiebehörde (IAEA) nicht zugänglichen Militärbasen fortzuführen.[128] Zudem hat Russland mit dem erfolgreichen Widerstand gegen die ursprünglichen amerikanischen Pläne zum Aufbau eines Raketenabwehrsystems in Polen und Tschechien den Iranern einmal mehr den Rücken frei gehalten.

Wenngleich die militärischen Auseinandersetzungen zwischen Israel und den islamistischen Terrororganisationen im weitgehend staatlich kontrollierten russischen Fernsehen keineswegs in jener einseitig antiisraelischen Manier dargestellt werden, wie wir dies so häufig in den westeuropäischen Medien beobachten können, wirft das konkrete politische Vorgehen Russlands doch einige Fragen auf, die nicht nur die Regierung Israels mit Sorge erfüllen. In der Tat ist das utilitaristische Verhalten der russischen Führungselite gerade im Bereich der Nahostpolitik bemerkenswert. Moskau ließ dabei keine Möglichkeit ungenutzt, um seine eigene Machtposition in dieser wichtigen Region zu verbessern. Die Allianz Russlands mit dem Iran und Syrien erschien in diesem Kontext zwar auf den ersten Blick zweckmäßig. Das für die Weltmacht USA höchst ungewöhnliche Self-Containment und die Schwäche der Obama-Administration haben den Russen dabei in die Hände gespielt. Doch ob diese Allianz vor dem Hintergrund des neuen politischen Ansatzes der Trump-Administration weitere Erfolge verbürgt, erscheint nicht gesichert. Angesichts des Versuchs von U.S.-Präsident Donald Trump, ein regionales Bündnis der sunnitischen arabischen Länder mit klarer Frontstellung zum schiitischen Iran zu schmieden, dürfte es für Russland sehr viel schwieriger werden, seine Machtposition im Nahen Osten zu halten oder gar zu erweitern. Der am 8. Mai 2018 von U.S.-Präsident Donald Trump verkündete Ausstieg aus dem Wiener Atomabkommen und die kurz darauf verhängten neuen Wirtschaftssanktionen gegen das Mullah-Regime im Iran haben dies noch einmal unterstrichen.

Von den schwierigen Rahmenbedingungen, unter denen Russland einen neuen Anlauf zum machtpolitischen Wiederaufstieg unternommen hat, ließ sich die Führungselite in Moskau auch im Hinblick auf Europa nicht entmutigen. Ihre herausragenden Repräsentanten denken in längeren Zeiträumen, als man dies etwa in Westeuropa oder Amerika gewöhnt ist. Das beharrliche und entschlossene Ringen um jeden Fußbreit politischen Terrains in Europa, im Kaukasus und in Zentralasien hat schon früh darauf hingewiesen, dass man in Moskau nichts verloren gibt. Zwar fehlte Russland seit dem Ende der Sowjetunion der durch die einst machtvolle Kommunistische Partei ideologisch abgesicherte Zugriff auf andere Staaten in seinem Umfeld. Auch gelang es Moskau nicht, für die Aufnahme der neuen Mitglieder der Europäischen Union Kompensationen zu erreichen oder die Erweiterung der NATO um einige frühere Länder des Warschauer Paktes und die einst zur Sowjetunion gehörenden baltischen Staaten zu verhindern. Doch hat die Erfahrung der politischen Führung Russlands mit der Ost-Expansion der NATO und der EU[129] wesentlich dazu beigetragen, das Bemühen um die Arrondierung des eigenen Territoriums und der Sicherung eines vorgelagerten „cordon sanitaire“ entschlossen voranzutreiben. Dabei zeigten Amerikaner und Westeuropäer wenig Verständnis für das russische Denken in Kategorien klassischer Geopolitik. Weder die Einbindung einstiger Staaten des Warschauer Paktes in einen amerikanischen Raketenabwehrschild noch die Ost-Erweiterung der EU vertrug sich mit dem vitalen Sicherheitsinteresse Russlands, als Großmacht in der internationalen Politik auftreten und handeln zu können. Immerhin konnte Russland mit seinem beharrlichen Drängen während des vergangenen Jahrzehnts erreichen, dass der Erweiterungsprozess der NATO sehr viel schwieriger geworden ist. Zwar gibt es nach wie vor den Drang weiterer ehemals zur Sowjetunion gehörender Staaten in die Europäische Union und die NATO. Doch hat Russland seine wachsende „Macht dazu genutzt, die Expansion der NATO in Gebiete zu verhindern, die für die nationale

Sicherheit wichtig sind“, wie der russische Politikwissenschaftler Sergej Karaganow richtig festgestellt hat.[130]

Vor allem das Abdriften der Ukraine in eine allzu enge Bindung zur Europäischen Union suchte Russland zu verhindern. Mit der von Russlands Präsident Boris Jelzin, dem Präsidenten Weißrusslands, Stanislaw Schuschkewitsch, und dem Präsidenten der Ukraine, Leonid Krawtschuk am 8. Dezember 1991 beschlossenen Auflösung der Sowjetunion war in der Tat eine neue Lage entstanden. Mit diesem Akt wurde die vom Hetman der Zaporoger Kosaken Bohdan Chmelnizkij am 8. Januar 1654 in Perejaslav mit seinem Eid auf den Zaren vollzogene Wiedereingliederung der Ukraine in das Russische Reich[131] rückgängig gemacht. Wenngleich die Russländische Föderation die staatliche Unabhängigkeit aller früheren Sowjetrepubliken – somit auch die Ukraine – Ende des Jahres 1991 unverzüglich anerkannt hat, blieben die russisch-ukrainischen Beziehungen immer etwas Besonderes. Russische Diplomaten sprachen schon während der 90er Jahre des vorigen Jahrhunderts offen davon, dass die Ukraine nicht lange selbständig bleiben werde und sich im Übrigen die nationale Unabhängigkeit dieser Republik mit der tausendjährigen Geschichte Russlands nicht in Einklang bringen lasse. Für sie gilt die Verselbständigung der Ukrainer nur als eine von Willkür getriebene Erscheinung ohne tiefere Verankerung in der Geschichte. In der Tat lässt sich nicht bestreiten, dass die Ukraine, das mit 46 Millionen Einwohnern zweitgrößte slawische Land, mit Russland historisch, kulturell und wirtschaftlich eng verbunden war. Und geschichtsbewussten Russen würde es gar nicht in den Sinn kommen, etwa den mythischen Ort Kiew als „normales“ Ausland zu akzeptieren.

Aus russischer Sicht gilt die Ukraine als Teil der eigenen nationalen Identität. Die *Kiewer Rus* war in der zweiten Hälfte des 9. Jahrhunderts und im Laufe des 10. Jahrhunderts immerhin die Wiege des russischen Staates und der russischen Zivilisation,[132] und die Russen betrachten Kiew als die „Mutter aller russischen Städte“. Insofern erscheint es nur konsequent, wenn die politische Führung Russlands das Abgleiten der Ukraine in den Einflussbereich der Europäischen Union als Gefährdung ihrer geopolitischen Interessen ansieht und wohl kaum hinnehmen kann. Dieser Zusammenhang ist bis heute von vielen europäischen und amerikanischen Politikern sowie zahlreichen Vertretern der westlichen Medien nicht verstanden worden. Sie haben offenbar das Studium der Geschichte und die daraus zu ziehenden Lehren mit Blick auf Russland nicht für nötig gehalten. Dabei hatte man in den westlichen Staatskanzleien mehr als zehn Jahre

Zeit, die immer wieder deutlich gemachten vitalen Interessen und spezifischen Denkweisen der politischen Führung Russlands zur Kenntnis zu nehmen und sich in realistischer Weise darauf einzustellen. Das Eintreten westlicher Regierungen für eine vollständige Hinwendung der Ukraine nach Westeuropa spiegelt nicht nur eine bemerkenswerte Unkenntnis der russischen Geschichte und des damit verbundenen kollektiven Bewusstseins der Russen wider. Das Verhalten der europäischen und amerikanischen Politiker hat auch dazu beigetragen, die in der ukrainischen Gesellschaft ohnehin schon ausgeprägte kulturell-zivilisatorische und ideologische Zersplitterung zu vertiefen.[133]

Russen und Ukrainern war dieses Problem stets bewusst. Während der ersten beiden Jahrzehnte nach dem Ende der Sowjetunion versuchte man in Kiew, die Folgen und problematischen Wirkungen dieser Zersplitterung zu mildern. Der frühere Präsident der Ukraine, Leonid Krawtschuk (19. Juli 1994–23. Januar 2005), bemühte sich während seiner elfjährigen Amtszeit mit einigem Erfolg darum, eine gewisse Balance zwischen seinen zum Westen neigenden Ambitionen und einem guten Verhältnis zu Russland zu wahren. Dies gelang trotz mancher Schwankungen. Doch der durch die „orangefarbene Revolution" Anfang 2005 an die Macht gelangte Präsident Viktor Juschtschenko und die ukrainische Regierungschefin Julia Timoschenko richteten die Außenpolitik ihres Landes deutlich nach Westen aus. Dabei war es ihr erklärtes Ziel, die Ukraine möglichst bald in die NATO und danach auch in die Europäische Union zu integrieren. Diese Politik blieb damals erfolglos, vertiefte aber die ohnehin vorhandenen ethnischen, sprachlichen und kulturellen Bruchlinien und die Spaltung des Landes in einer Weise, die nunmehr kaum noch zu kontrollieren war.

Während der Präsidentschaft Juschtschenkos kam es zu einer deutlichen Verschärfung aller seit dem Zusammenbruch der Sowjetunion offenen Streitfragen in den russisch-ukrainischen Beziehungen, vom Nutzungsrecht des Hafens von Sewastopol für die russische Schwarzmeerflotte bis zum Konflikt um den Preis für Erdgas und die Gebühren für den Transit des russischen Erdgases über die Ukraine nach Westeuropa. Der Streit führte 2006 und 2009 sogar zu einer zeitweiligen Unterbrechung des Gas-Transits nach Westeuropa.

Der im Frühjahr 2010 mit der Wahl von Viktor Janukowitsch zum Staatspräsidenten und des gebürtigen Russen Mykolai Asarow zum Ministerpräsidenten vollhzogene Machtwechsel in der Ukraine kam den Interessen Russlands in vielerlei Hinsicht sehr entgegen. Zwar beharrte auch

Janukowitsch auf der Unabhängigkeit seines Landes, doch konnten manche Probleme gelöst werden. So wurde der Pachtvertrag für den strategisch wichtigen russischen Marinestützpunkt Sewastopol auf der Halbinsel Krim bis zum Jahre 2042 verlängert. Gleichwohl blieb das freundliche Verhältnis nicht lange erhalten. Russland drängte darauf, seine Investitionsmöglichkeiten in der Ukraine – vor allem im Energiesektor und in der Rüstungsindustrie – deutlich zu erweitern. Zwar gelang es Moskau, eine stärkere Beteiligung russischer Unternehmen an ukrainischen Betrieben zu erreichen. Die geforderte Übernahme des ukrainischen Gas-Unternehmens Naftogaz Ukrainy und des Leitungssystems durch das mehrheitlich im Besitz des russischen Staates befindliche Unternehmen Gazprom lehnte Staatspräsident Janukowitsch allerdings ab. Dennoch haben die Notwendigkeit von Energielieferungen aus Russland und die wachsenden Beteiligungen russischer Unternehmen an ukrainischen Betrieben die Abhängigkeit dieses Landes von Moskau während des Janukowitsch-Regimes weiter vertieft.

Dies wurde einmal mehr deutlich, als es der politischen Führung Russlands Ende November 2013 gelang, den ukrainischen Staatspräsidenten Janukowitsch davon abzuhalten, ein schon fertig ausgehandeltes Assoziierungsabkommen mit der Europäischen Union zu unterzeichnen. Mit einer Mischung aus politischem Druck, dem Versprechen einer für die Ukraine günstigen wirtschaftspolitischen Kooperation, der Reduzierung des Gaspreises von 430 Dollar pro 1.000 Kubikmeter auf 268,50 Dollar und einem großzügigen Kredit über 15 Milliarden Dollar brachte Wladimir Putin die Führung der Ukraine dazu, seinen Vorschlägen zu folgen. So beendete die ukrainische Regierung am 21. November 2013 die konkrete Vorbereitung auf eine engere Anbindung an die EU und begründete diesen Schritt mit der Notwendigkeit, „nationale Sicherheitsinteressen" zu wahren.[134]

Die Tatsache, dass die russische Regierung das ukrainische Regime mit enormen Geldsummen dazu bewegte, die Bindung an die Europäische Union ad acta zu legen, weist eindrucksvoll darauf hin, für wie bedeutsam man in Moskau die Integration dieses Landes in die geplante „Eurasische Union" und damit in den russischen Einflussbereich hält. Die angesichts der plötzlichen Abwendung des ukrainischen Staatspräsidenten von seiner pro-europäischen Politik ausgebrochenen schweren, von Gewalt begleiteten Unruhen nationalistischer Kräfte in Kiew und anderen west-ukrainischen Städten hielt man in Moskau anfangs für beherrschbar.

In dieser Phase des Ringens um die politische Orientierung der Ukraine konnte Russland von der mangelnden Professionalität der westeuropäischen Diplomatie profitieren. Das EU-Partnerschafts-Programm stellte zwar viele Anforderungen an die Ukraine. Eine Beitrittsperspektive bot es nicht. In den Staatskanzleien der EU-Länder und bei der EU-Kommission in Brüssel glaubte man damals, mit der Assoziierung der Ukraine wirtschaftlichen Zugang zu einem großen Markt zu bekommen, ohne das Land als Vollmitglied in die Europäische Union aufnehmen zu müssen. Doch unterschätzte man sowohl die Eigendynamik des politischen Prozesses in der Ukraine, als auch die völlig andere Sichtweise der politischen Führung Russlands. Zudem verband die EU ihre Bereitschaft zur Unterstützung der Ukraine mit dem Verlangen nach Freilassung der im Zuge eines umstrittenen Prozesses zu einer Gefängnisstrafe verurteilten früheren Regierungschefin Julia Timoschenko, das aber von Präsident Janukowitsch zunächst nicht erfüllt wurde. Und mit Blick auf die von Russland eingesetzten finanziellen Ressourcen zur Beeinflussung der ukrainischen Regierung konnte die EU nicht mithalten. Die Unentschlossenheit und Hilflosigkeit, mit der die Politiker der Europäischen Union auf die Abwendung der Ukraine von Europa und auf das russische Vorgehen reagierten, legte erneut offen, wie wenig die Europäer gewöhnt sind, in Kategorien der Geopolitik zu denken. Ebenso wenig zeigten sie sich in der Lage, die Reaktionen der politischen Führung Russlands auf ihre eigene Politik gegenüber der Ukraine richtig einzuschätzen. Auf die prompt einsetzende Krise waren die Europäer nicht vorbereitet.

Der im Zuge des nach dem 21. November 2013 in der Ukraine geführten harten Machtkampfes einsetzende Versuch der Europäischen Union und der amerikanischen Regierung, die Opposition im Lande ohne Rücksicht auf deren fragwürdige Legitimation zu unterstützen und die nach regulären Wahlen im Februar 2010 ins Amt gekommene politische Führung der Ukraine mit dem Angebot großer finanzieller Zuwendungen wieder in den Bannkreis der EU zu ziehen, wurde von Russland als gravierende Einmischung angesehen. Auch die wiederholten Drohungen einiger EU-Politiker mit Sanktionen gegen die amtierende, von einer Mehrheit im Parlament getragene Regierung der Ukraine wurden von Moskau nicht anders bewertet. In gleicher Weise waren die intensiven Bemühungen führender Vertreter der Europäischen Union und der U.S.-Regierung einzuschätzen, den ukrainischen Staatspräsidenten Viktor Janukowitsch bei zahlreichen Gesprächen in Kiew zur Revision seiner Politik zu bewegen und die weitreichenden Forderungen der damaligen Opposition zu erfüllen. Und als diese Bemühungen nicht erfolgreich waren, glaubten viele hochrangige westliche Politiker, dass es sinnvoll wäre, die äußerst heterogene Opposition in der Ukraine direkt zu unterstützen. Man hatte dabei in Westeuropa und in den USA wohl vergessen, dass der friedliche und regelhafte Regierungswechsel nach Ende einer Legislaturperiode als eines der Hauptmerkmale der Demokratie gilt. Zudem war es äußerst fragwürdig, die in Kiew gegen die ukrainische Regierung demonstrierenden Menschen als Repräsentanten der ganzen Ukraine zu betrachten.

Wie weit die Einmischung hoher Repräsentanten der EU und der USA in die Politik der Ukraine schon vor dem Sturz von Präsident Janukowitsch und seiner Regierung tatsächlich ging, wurde nicht nur durch die direkte Unterstützung der Oppositionskräfte auf den Straßen und Plätzen in Kiew und durch die intensiven Bemühungen europäischer und amerikanischer Politiker deutlich, die politische Führung der Ukraine mit unterschiedlichsten Angeboten umzustimmen und dabei sogar die Forderung nach Neuwahlen und nach einer Änderung der Verfassung entsprechend westeuropäischer Kriterien zu stellen. Auch die abgehörten und dann veröffentlichten Telefonate hochrangiger amerikanischer Diplomaten Anfang Februar 2014 zeigten klar, wie konkret sich vor allem die Obama-Regierung bemühte, die Politik der Ukraine zugunsten des Westens zu wenden. Sie folgten damit der geopolitisch fundierten Idee des einstigen Sicherheitsberaters Zbigniew Brzezinski, der in seinem Buch „Strategic Vision" im Jahre 2012 die Auffassung vertreten hatte, dass es für die künftige Eindämmung Russlands entscheidend sei, die Ukraine aus dem russischen Einflussbereich herauszulösen. Die führenden U.S.-Diplomaten glaubten zudem, in diesem Fall ähnlich vorgehen zu sollen, wie seinerzeit in der Endphase der Sowjetunion, als man bereits auf Boris Jelzin setzte, während die offizielle Politik noch mit Staatschef Michail Gorbatschow die Bedingungen des Zwei-plus-Vier-Vertrages und den Rückzug der Russen aus Mittel- und Osteuropa aushandelte. Doch haben die Amerikaner zum einen nicht beachtet, dass sich die politischen und strategischen Rahmenbedingungen zu Beginn des Jahres 2014 von der Umbruchs-Situation Anfang der 90er Jahre des vergangenen Jahrhunderts wesentlich unterscheiden. Zum anderen unterschätzte man in Washington, dass die politische Führung Russlands unter Präsident Wladimir Putin ihre Lektion inzwischen gelernt hatte und ihre vielfältigen Machtinstrumente professionell anzuwenden verstand. Anders als wir von westlichen Politikern und Publizisten immer wieder hören können, sah man in Moskau recht klar, dass es mit der von den USA und der Europäischen Union betriebenen Politik gegenüber der Ukraine nicht nur um den Export der westlichen Form der Demokratie ging. Hier standen vor allem seitens der USA von Anfang an eher machtpolitische Überlegungen im Vordergrund.

So musste es mit der massiven Unterstützung des von Gewalt begleiteten Umsturzes in Kiew und der keineswegs die gesamte Ukraine repräsentierenden „Übergangsregierung“ durch die Europäische Union und die USA zur Konfrontation mit Russland kommen. Mit dem Versuch der „Einvernahme“ der Ukraine für die Europäische Union und der zielbewussten Zusammenarbeit mit den Gegnern des alten Regimes in Kiew hat sich der Westen ohne Not in eine schwierige Lage hineinmanövriert und einen lang andauernden Konflikt mit Russland aufgeladen. Es war geradezu naiv anzunehmen, die russische Regierung würde dies so ohne weiteres akzeptieren und ihre Pläne zur Errichtung einer „Eurasischen Union“ fallen lassen. Man hatte in Amerika und Europa offenbar nicht verstanden, dass man mit der Mißachtung der Interessen Russlands aufhören und die Einvernahme weiterer Staaten aus dem Bestand der einstigen Sowjetunion beenden muss. Dabei fehlen den Regierungen der westlichen Länder nicht nur wirksame Machtinstrumente, um ihr Handeln längerfristig durchzuhalten. Ihre undurchdachte Politik und die offen zutage tretende Zerstrittenheit über Sanktionen gegen Russland bot der politischen Führung in Moskau auch vielfältige Möglichkeiten, um die Machtergreifung der in die Europäische Union drängenden politischen Kräfte in Kiew mit konkreten Gegenmaßnahmen zu beantworten.

Die Regierungen der westlichen Länder bekamen prompt die „Rechnung“ für ihre Unterstützung des Umsturzes in Kiew präsentiert. Abgesehen davon, dass sie trotz ihrer eigenen wirtschaftlichen Bedrängnis mit hohen, aber dennoch nicht ausreichenden finanziellen Mitteln versuchten, den Staatsbankrott der Ukraine abzuwenden, hatten sie dem sofort beginnenden Prozess der Abspaltung der Krim-Region von der Ukraine und den pro-russischen Massendemonstrationen im Osten und Süden des Landes nichts entgegenzusetzen. Der Widerstand der für eine enge Verbindung zu Russland eintretenden Kräfte im Osten und Süden der Ukraine gegen das westlich orientierte Kiewer Regime führte zu anhaltender wirtschaftlicher und politischer Instabilität. Er manifestierte sich zunächst in der Rückführung der strategisch außerordentlich wichtigen Halbinsel Krim, die seit dem 8. Januar 1783 zum Russischen Zarenreich,[135] in der Ära der Sowjetunion zur Russischen Sozialistischen Föderativen Sowjetrepublik (RSFSR) gehörte und am 17. Januar 1954 durch eine höchst umstrittene

„Schenkung" des damaligen sowjetischen Staatschefs Nikita Chruschtschow (Erster Sekretär der KPdSU seit dem 7. September 1953) an die Ukraine gekommen war, nach Russland. Die Bevölkerung der Krim war im Januar 1954 nicht gefragt worden. Das entsprechende vom Präsidium des Obersten Sowjets der UdSSR im Februar 1954 erlassene Dekret, mit dem die Krim aus der Russischen Sozialistischen Föderativen Sowjetrepublik aus- und in die Ukrainische Sozialistische Sowjetrepublik eingegliedert wurde, war auch nach sowjetischen Maßstäben ungesetzlich, nicht verfassungskonform und eindeutig rechtswidrig. Es hätte sowohl der Oberste Sowjet in Moskau, als auch der Oberste Sowjet in Kiew zustimmen müssen. Es gab aber nur eine Abstimmung in den Präsidien der beiden Obersten Sowjets, und auch diese waren unterbesetzt, also formal nicht legitimiert. Der damalige Erste Sekretär der KPdSU auf der Krim, Pawel Titow, protestierte sofort gegen die Entscheidung, wurde jedoch umgehend abgelöst und durch Dmytro Polianski ersetzt.

Der Vorwurf westlicher und ukrainischer Politiker, die in einem Referendum der mehrheitlich russischen Bevölkerung der Krim[136] am 16. März 2014 bestätigte Unabhängigkeitserklärung des Regionalparlaments der Krim vom 11. März 2014 und das Ersuchen um Beitritt zur Russländischen Föderation seien völkerrechtswidrig, konnte die politische Führung in Moskau nicht beeindrucken. Vielmehr wiesen die führenden Politiker in Moskau darauf hin, dass das Selbstbestimmungsrecht der Bevölkerung in einem konkret umrissenen Gebiet ebenso wie das demokratische Mehrheitsprinzip einen hohen Stellenwert hat und grundsätzlich zu respektieren ist. Selbstverständlich – so argumentierte man in Moskau – haben die Bewohner der Krim, ebenso wie die Katalanen und die Basken in Spanien oder die Schotten im Vereinigten Königreich von Großbritannien das Recht, über ihre Zukunft zu bestimmen. Im Übrigen haben auch die Bewohner der früheren DDR von diesem Recht Gebrauch gemacht, als sie 1990 für den Beitritt zur Bundesrepublik Deutschland votierten. Zum anderen zeigt ein Blick auf die völkerrechtlich relevante Staatenpraxis unserer Epoche kein unumstrittenes Bild von dem, was die Akteure im internationalen System als rechtlich verbindlich anerkennen, aber dennoch letztlich akzeptieren müssen. Auf diesen Tatbestand hat nicht zuletzt der renommierte finnische Völkerrechtler Martti Koskenniemi hingewiesen und argumentiert, dass dieser fundamentale Widerspruch kaum zu lösen ist.[137] Die völkerrechtlich umstrittenen militärischen Interventionen der USA und anderer westlicher Länder im Balkan-Konflikt im Frühjahr 1999, im Irak nach dem 20. März 2003 und bei der Beseitigung des Gaddafi-

Regimes in Libyen 2011 illustrieren die Thesen des finnischen Gelehrten eindrucksvoll. Es ist daher verständlich, dass auch zahlreiche amerikanische und europäische Völkerrechtler die militärischen Interventionen westlicher Länder unter Führung der USA im Balkan-Konflikt und im Irak für völkerrechtswidrig halten und die massive militärische Unterstützung der Rebellen in ihrem Kampf gegen das Gaddafi-Regime in Libyen 2011 weit über das Mandat des Sicherheitsrats der Vereinten Nationen (Resolution 1973) hinausging und damit keine rechtliche Grundlage hatte. Es überrascht in diesem Zusammenhang nicht, dass auch der frühere deutsche Bundeskanzler Gerhard Schröder öffentlich zugegeben hat, dass er durch seine Entscheidung für Deutschlands Teilnahme am Jugoslawien-Krieg im Frühjahr 1999 völkerrechtswidrig gehandelt hat.[138] Angesichts der Nonchalance, mit der führende Länder des Westens mit den Bestimmungen des Völkerrechts in jüngster Zeit umgegangen sind, erscheint der oft wiederholte Vorwurf, die Wahrnehmung des Selbstbestimmungsrechts und die Aufnahme der Krim-Region in die Russländische Föderation seien völkerrechtswidrig, zwar sachlich richtig, aber doch recht einseitig. Von russischer Seite wird daher argumentiert, dass es nicht angehen kann, nur den eigennützigen Interpretationen des Völkerrechts durch westliche Regierungen zu folgen, aber die Sichtweise Russlands zu verdammen und das entsprechende Handeln mit Sanktionen zu belegen, wenn es seine vitalen Interessen wahrzunehmen suche.

Vor diesem Hintergrund ließ es sich Präsident Wladimir Putin nicht nehmen, in einer weltweit beachteten Rede vor den Abgeordneten beider Kammern des russischen Parlaments am 18. März 2014 seine Handlungsweise zu begründen.[139] Dabei erinnerte er nicht nur an die historische Verknüpfung Russlands mit der Ukraine und an die frühere, rund 170 Jahre währende Zugehörigkeit der Krim-Region zu Russland. Mit dem Schritt der Wiedervereinigung, so argumentierte Wladimir Putin, würde die willkürliche, verfassungswidrige und ungesetzliche Abtrennung der Krim von Russland vor 60 Jahren wieder aufgehoben. Seine Ausführungen waren auch eine Lehrstunde für die westlichen Politiker, die bislang immer noch glaubten, ihre Interessen rücksichtslos verfolgen und Russland mit Arroganz begegnen zu können. Sie bedeuteten zudem eine Zäsur im Verhalten Russlands gegenüber den USA und der Europäischen Union. Dieser einschneidende Wandel im Vorgehen der politischen Führung Russlands hatte sich lange angebahnt. Während die Wiedereingliederung der Krim in die Russländische Föderation im Frühjahr 2014 für die USA und Europa jenen Zeitpunkt markieren, wo die nach dem Epochenjahr 1989 entstandene internationale Ordnung zerstört wurde, erfolgte dieser Zusammenbruch aus russischer Sicht bereits im Frühjahr 1999, als NATO-Kampfflugzeuge Belgrad bombardierten. Die einseitige, von einer Koalition westlicher Länder unter Führung der USA und ohne UN-Mandat militärisch erzwungene Sezession des Kosovo bot Russlands Staatspräsident Putin eine zusätzliche Rechtfertigung, die Krim-Frage entsprechend den russischen Interessen zu lösen. Dabei ist bemerkenswert, dass die russische Mehrheitsbevölkerung der Krim ihr Recht auf Abspaltung von der Ukraine relativ friedlich eingefordert und wahrgenommen hat. Es konnte darüber hinaus nicht überraschen, dass Russlands Vorgehen in der Krim-Krise sowie der in Wladimir Putins Rede zum Ausdruck kommende Wille, Russland zu erneuern und seine global wirksame Macht wiederherzustellen, in der russischen Bevölkerung breite Zustimmung fand[140] und gleichzeitig als eine Warnung an jene gesellschaftlichen Kräfte in Russland verstanden werden musste, die eher dem westlichen Politik-Modell zuneigen und die Restauration russischer Macht für eine Fehlentwicklung halten. So war es nur folgerichtig, dass die 450 Abgeordnete umfassende Staatsduma den Beitritt der Krim zur Russländischen Föderation am 20. März 2014 mit 443 Stimmen guthieß, der Föderationsrat am 21. März 2014 den Beitritt ebenso billigte und Präsident Putin das entsprechende Gesetz noch am gleichen Tage unterzeichnete. Ebenso konsequent erscheint es, dass am 14. September 2014 die Bevölkerung der Krim-Region erstmals ein eigenes Parlament nach neuem Recht wählte und mit dieser Abstimmung ihre Integration als Teil der Russländischen Föderation vollendet hat.

Mit dem entschlossenen Schritt der Annexion der Krim und der Aufnahme in die Russländische Föderation wurde eine vor allem von amerikanischer Seite avisierte Eingliederung dieser strategisch bedeutsamen Region in den Einflussbereich der NATO verhindert. Moskaus Handeln in dieser Frage war wesentlich durch die Erweiterung der Europäischen Union und der NATO auf einst sowjetisches Staats- und Einflussgebiet bestimmt und eine – im Grunde längst überfällige – deutliche Antwort auf das Verhalten führender westlicher Länder. Diese Antwort muss zudem auch als Folge der Entscheidung der U.S.-Regierung unter George W. Bush angesehen werden, der Ukraine und Georgien die NATO-Mitgliedschaft zu versprechen. Dem in die Beschlüsse des NATO-Gipfels von Bukarest im Jahre 2008 aufgenommenen Versprechen ging offenbar keine sorgfältige Analyse der politischen Konsequenzen voraus. Und auch die

Obama-Administration blieb in den überkommenen strategischen Fehlüberlegungen mit Blick auf Russland gefangen. Sie versuchte mit bemerkenswerter Beharrlichkeit und einer eher indirekten Strategie die Verhältnisse zu Ungunsten Russlands zu verändern.

Das russische Vorgehen gegenüber der Ukraine machte zudem einmal mehr klar, mit welcher Entschlossenheit die politische Führung in Russland eine Politik zu bekämpfen bereit ist, die der Annäherung an die Europäische Union Vorrang vor einer Beteiligung an den eminent wichtigen Integrationsprojekten Moskaus gewährte. Die Ukraine hatte zwar ein Freihandelsabkommen mit Russland, Weißrussland und Kasachstan. Einen Beitritt zu der aus diesen drei Staaten seit dem 1. Januar 2010 bestehenden Zollunion lehnte aber selbst das alte Regime unter Präsident Janukowitsch beharrlich ab. Wenngleich der durch die monatelangen Gewaltaktionen nationalistischer und rechtsextremer Kräfte erreichte Sturz des Janukowitsch-Regimes die russischen Integrationspläne in ihrer ursprünglichen Form zunichte machte, gelang der politischen Führung in Moskau die Eingliederung der strategisch wichtigen Krim-Region in die Russländische Föderation.

Im Zusammenhang mit dem Geschehen um die Annexion der Krim und der Wiedereingliederung dieser Region nach Russland ist bemerkenswert, dass es hierfür in Moskau offensichtlich keinen präzise ausgearbeiteten Plan gab. Zum einen war man in Moskau überrascht, dass es trotz der nach Kiew entsandten russischen Berater und Geheimdienstkräfte nicht gelang, das Janukowitsch-Regime zu halten. Zum anderen belegen zahlreiche Einzelheiten des Ablaufs der Ereignisse auf der Krim unmittelbar nach der Flucht von Viktor Janukowitsch aus Kiew am 22. Februar 2014, dass man in Moskau die politischen Entscheidungen zur Einvernahme der Krim ad hoc und „in schöpferischer Improvisation“ je nach der Veränderung der Rahmenbedingungen traf.[141] Bereits der ziemlich amateurhafte Ablauf der militärischen Operationen auf der Halbinsel weist darauf hin, dass man weitgehend unvorbereitet in das Unternehmen hineinging. Erst recht aber belegt die chaotische Vorgehensweise der Repräsentanten Moskaus und der örtlichen politischen Führungskräfte in Simferopol, der Hauptstadt der Krim, nach dem 22. Februar 2014, dass ein detaillierter Plan fehlte. Zwar versetzte Moskau russische Spezialeinheiten in der Hafenstadt Noworossijsk und die Schwarzmeerflotte im Marinestützpunkt Sewastopol schon am 18. Februar 2014 in Alarmbereitschaft, als die gewalttätigen Auseinandersetzungen zwischen der Kiewer Polizei und den

Demonstranten einen Höhepunkt erreichten und nicht mehr zu kontrollieren waren. Am 20. Februar 2014 erhielten die russischen Truppen auf der Krim den Befehl, ukrainische Militäreinrichtungen auf der Halbinsel zu blockieren und die sich dort anbahnenden Auseinandersetzungen zwischen pro-russischen und pro-ukrainischen Gruppen zu verhindern.[142] De facto begannen die russischen Streitkräfte ihre Aktionen jedoch erst am 23. Februar 2014. Erst wenige Stunden vorher war der von Wladimir Putin ernannte Führer der Operation auf der Krim, Oleg Belawentsew, in Simferopol eingetroffen. Er war mit der lokalen Situation offensichtlich nicht vertraut und fällte prompt falsche Entscheidungen im Hinblick auf die künftige politische Führung in der Krim-Region, die rasch rückgängig gemacht werden mussten. Erst nach mehreren Gesprächen des damaligen Parlamentsvorsitzenden auf der Krim, Wladimir Konstantinow, in Moskau selbst berief Oleg Belawentsew den lokalen pro-russischen Geschäftsmann Sergej Aksionow zum Ministerpräsidenten.

Die Ereignisse der folgenden Tage lassen zudem erkennen, dass man weder in Moskau, noch in Simferopol eine klare Vorstellung über die weitere Vorgehensweise hatte. Am 27. Februar 2014 beschloss nämlich das Parlament in Simferopol, für den 25. Mai ein Referendum anzusetzen und die Bevölkerung der Krim zu fragen, ob sie „die staatliche Selbstbestimmung der Krim als Teil der Ukraine“ unterstütze. Doch am 1. März verlegte das Regionalparlament die Abstimmung vom 25. Mai auf den 30. März. Und am 6. März beschlossen die Abgeordneten eine erneute Vorverlegung um weitere zwei Wochen und stellten der Bevölkerung diesmal die Frage, ob sie „ eine Vereinigung mit Russland befürworte“, statt wie zuvor, nur die Autonomie innerhalb der Ukraine zu wünschen.[143]

Die improvisierte Vorgehensweise der politischen Führung Russlands im Zuge der Eingliederung der Krim-Region im Frühjahr 2014 zeigt klar an, dass man sich den Verhältnissen rasch anzupassen verstand. Den russischen Staatspräsidenten Putin wegen des Einsatzes der Streitkräfte auf der Krim ohne detaillierten Plan für die Zukunft der Region als „Spieler“ zu bezeichnen,[144] ist gleichwohl abwegig. Er nutzte vielmehr mit großem Geschick die für Russland günstigen Verhältnisse auf der Krim und das Überraschungsmoment, um Fakten zu schaffen, bevor die ukrainische Regierung in Kiew und ihre westlichen Unterstützer Gegenmaßnahmen ergreifen konnten.

Die insgeheim in der Obama-Administration in Washington gehegte Kalkulation, mit der Eingliederung der Ukraine in den Westen könnte man Russland schließlich die Nutzung des für die strategische Mobilität enorm wichtigen Hafens Sewastopol verwehren, wurde zur Makulatur. Die russische Schwarzmeerflotte verfügt nunmehr über einen sicheren Stützpunkt. Über ihre Präsenz muss man in Zukunft nicht mehr verhandeln oder Pachtgebühren entrichten. Dabei kann die russische Regierung auf die normative Kraft des Faktischen zählen. Aus der Sicht Moskaus wäre es ein unkalkulierbares Risiko gewesen, die strategisch bedeutsame Marinebasis Sewastopol dem Gutdünken ukrainischer Politik zu überlassen. Nach dem Sturz von Präsident Viktor Janukowitsch und dessen Flucht nach Russland am 22. Februar 2014 hatte man in Moskau die drohenden strategischen Konsequenzen sofort erkannt und wie Wladimir Putin am 9. März 2015 in einer Dokumentation des russischen Fernsehsenders *Rossija* 1 offenlegte, am 23. Februar 2014 die entsprechenden Maßnahmen zur Annexion und Eingliederung der Krim-Region nach Russland eingeleitet. Und es war vor dem Hintergrund des Streits mit den USA und der Europäischen Union durchaus konsequent, dass der russische Staatspräsident Wladimir Putin am 9. Mai 2014 die alljährliche Militärparade anlässlich des Sieges im Großen Vaterländischen Krieg nicht nur in Moskau abnahm, sondern auch in Sewastopol besuchte und so deutlich machte, was die neuen Fakten sind. Die Selbstverständlichkeit, mit der die russische politische Führung die Zugehörigkeit der Krim zu Russland demonstriert, zeigte sich auch in den nachfolgenden Besuchen des Staatspräsidenten und in den großzügigen Investitionen, die von der russischen Regierung auf der Halbinsel vorgenommen werden. Zu Recht bezeichnete Präsident Wladimir Putin schließlich in seiner Neujahrsansprache am 1. Januar 2015 die Wiedereingliederung der Krim als „einen der wichtigsten Meilensteine in der vaterländischen Geschichte“.[145]

Im Zuge der Wiedereingliederung der Krim-Region in Russland verlor die Ukraine dank der zahlreichen Überläufer einen Teil ihrer Armee und den Großteil ihrer Flotte. Das restliche Gebiet der Ukraine blieb angesichts der stark nach Russland orientierten Bevölkerung in den östlichen und südlichen Regionen instabil und für weitere Abspaltungen anfällig. Hier musste die russische Regierung keine offenen und direkten eigenen Maßnahmen ergreifen. Die Destabilisierung ergab sich aus der Eigendynamik in der stark zersplitterten Gesellschaft der Ukraine und der indirekten Unterstützung, die man den nach Russland orientierten Kräften angedeihen ließ. Dies geschah mit Hilfe einer modernen und meisterlich angewandten Taktik, in deren Rahmen eine relativ kleine Zahl speziell ausgebildeter Militärexperten, sowie gut ausgerüsteter und schwer identifizierbarer Kämpfer die lokalen Kräfte wirkungsvoll unterstützten. Ihre Aktionen wurden durch gut durchdachte Methoden der Medien-Arbeit und des Cyberwarfare ergänzt. Die Kiewer Regierung und ihre westlichen, vor allem amerikanischen Helfer hatten dieser Vorgehensweise nichts Gleichwertiges entgegenzusetzen. Das Gesetz des Handelns blieb in russischer Hand.

Zudem verschlechterte sich die Wirtschaftsentwicklung in den meisten Regionen der Ukraine in dramatischer Weise. Die Stahl- und Maschinenbau-Unternehmen exportierten in der Vergangenheit mehr als ein Fünftel ihrer Produktion nach Russland. Seit dem Umsturz in Kiew kamen aus Russland kaum noch Aufträge, so dass die Firmen nicht ausgelastet waren und viele Mitarbeiter entlassen mussten. Zusammen mit der sichtbaren Verbesserung der Lebensbedingungen auf der Krim trug die fühlbare Verschlechterung der Verhältnisse in der Ukraine zur Destabilisierung der Lage bei. Im Zuge dieser Entwicklung wurde auch offengelegt, dass es die seit dem Zerfall der Sowjetunion in der Ukraine Regierenden nicht geschafft haben, geordnete Verhältnisse herbeizuführen. Vielmehr beherrschen Oligarchen weitgehend das Land. Und dies änderte sich auch mit der „Maidan-Revolution" nicht. Es erscheint in diesem Zusammenhang bemerkenswert, dass die europäischen und amerikanischen Politiker zwar regelmäßig die russischen Oligarchen verdammten, aber keine Skrupel haben, mit den Oligarchen in der Ukraine zu kooperieren und ihnen vielfältige Unterstützung zu gewähren.

Die russische Politik konnte darauf bauen, dass die Mehrheit der Bevölkerung in der Ost-Ukraine die Regierung in Kiew ablehnte und mit der „Maidan-Revolution" nichts zu tun haben wollte. Die Tatsache, dass die USA und die EU auf die von Russland geforderten Gespräche über die künftige Gestaltung und politische Orientierung der Ukraine eingehen mussten, zeigte einmal mehr die überlegene russische Diplomatie. Das bei dem Treffen des russischen Außenministers Sergej Lawrow mit dem damaligen amerikanischen Außenminister John Kerry, der damaligen EU-Außenbeauftragten Catherine Ashton und dem Vertreter des Kiewer Regimes am 17. April 2014 in Genf erzielte Ergebnis dieser Gespräche machte bereits deutlich, dass die Ukraine wohl kaum Chancen haben würde, Vollmitglied der westlichen Bündnisse zu werden. Und selbst bei der damals diskutierten grundlegenden Änderung der Verfassung und der Einrichtung einer föderalen Struktur für das Land hätte Russland eine gewisse Kontrolle über die politische Orientierung der Ukraine erhalten und sichergestellt, dass die NATO und die EU nicht noch weiter nach Osten vorrücken konnte. Darüber hinaus gab das am 17. April 2014 in Genf erzielte Ergebnis der Gespräche einen klaren Hinweis darauf, dass andere Staaten aus dem Bestand der Sowjetunion, wie z.B. Georgien und Moldawien ihre Beitrittspläne für die NATO und die EU würden aufgeben müssen.

Der entgegen den Intentionen der Genfer Übereinkunft von der westlich orientierten Regierung in Kiew im Sommer 2014 unternommene Versuch, die von den pro-russischen Separatisten beherrschte Ost-Ukraine durch den Einsatz der Armee wieder unter ihre Kontrolle zu bringen, erwies sich als äußerst verlustreich, da die Destabilisierung schon sehr weit gediehen war und die ukrainischen Soldaten keine Resonanz in der lokalen Bevölkerung fanden. Russland drängte prompt darauf, die vom Westen gut geheißene Militäraktion zu beenden, zeigte sich aber andererseits hilfsbereit, als es darum ging, die im Rahmen des Einsatzes einer Militärbeobachter-Mission von den Separatisten genommenen Geiseln wieder zu befreien. Dass Russlands Außenminister Sergej Lawrow anlässlich des Treffens der Außenminister der Europarats-Staaten in Wien am 6. Mai 2014 seine Kollegen mit der Forderung nach der Teilnahme der ukrainischen Separatisten an den vorgeschlagenen Gesprächen überraschen konnte, belegte erneut, wie zielbewusst und professionell die russische Diplomatie wirkte.

An der überlegenen Position Russlands änderte auch die Tatsache nichts, dass die Separatisten nicht zu den Gesprächen am „Runden Tisch“ eingeladen wurden, die von der Regierung in Kiew mit Hilfe der OSZE im Mai 2014 einberufen worden waren. Dabei ist bemerkenswert, dass sich die internationale Organisation OSZE, die eigentlich neutral sein soll, in der Realität regelmäßig für die Interessen der Kiewer Regierung einspannen ließ. Ebenso wenig konnte der von der Kiewer Regierung initiierte Bericht der UN-Menschenrechtskommission, der den Separatisten schwere Verbrechen zur Last legte, Russland schaden. Die politische Führung Russlands respektierte das Ergebnis der Präsidentenwahlen in der Ukraine am 25. Mai 2014, wenngleich in den östlichen Bezirken Donezk und Lugansk dank des militanten Einschreitens der Separatisten keine Abstimmung möglich war. Der zum Präsidenten der Ukraine gewählte und am 7. Juni 2014 in Kiew vereidigte Oligarch Petro Poroschenko versuchte zwar, mit dem Einsatz der ukrainischen Streitkräfte den Osten des Landes wieder unter die Kontrolle der Kiewer Regierung zu bekommen. Er musste sich jedoch den neuen Realitäten fügen und viele seiner Ankündigungen ad acta legen.

Die Kampfhandlungen zwischen den ukrainischen Streitkräften und den bewaffneten Gruppen der Separatisten waren trotz gelegentlich angeordneter Waffenruhen mit hohen Verlusten beider Seiten verbunden. Mehr als 10.000 Menschen kamen bei den Kämpfen ums Leben, und es entstand eine umfangreiche Fluchtbewegung, die zur weiteren Destabilisierung der Ukraine beitrug. Dabei ist bezeichnend, dass von den mehr als drei Millionen ukrainischen Bürgern, die ihren Heimatort verließen, ein großer Teil, nämlich 1,8 Millionen Menschen, nicht in die West-Ukraine, sondern nach Russland geflüchtet sind. Darüber hinaus wurde in den Gebieten von Lugansk und Donezk der größte Teil der Infrastruktur zerstört. Dem im Vergleich zu den vom ukrainischen Präsidenten Petro Poroschenko angeordneten militärischen Maßnahmen eher konziliant auftretenden und auf Verhandlungen drängenden russischen Staatspräsidenten Wladimir Putin gelang es immer wieder mit großem Geschick, die diplomatische Überlegenheit Russlands ins Spiel zu bringen. In dieser Situation die ukrainische Führung noch zu härterem militärischen Vorgehen gegen die Separatisten zu ermuntern und die Unterstützung der NATO zuzusagen, wie der damals amtierende Generalsekretär Anders Fogh Rasmussen dies bei seinem Besuch in Kiew am 7. August 2014 tat, war höchst problematisch. Der dänische Politiker hatte wohl vergessen, dass die NATO ein Verteidigungsbündnis ist und keineswegs ein Mandat hat, sich in die internen Konflikte anderer Länder einzumischen. Es lässt sich nicht leugnen, nicht verbergen, nicht schönreden: Führende Politiker der westlichen Länder sind mitverantwortlich für das tragische Geschehen, das sich in der Ukraine seit November 2013 abspielt. Mit der politischen und finanziellen Hilfe für das westlich orientierte Kiewer Regime, das sich sehr stark an den Interessen ukrainischer Oligarchen ausrichtet, haben sich die USA und die Staaten der Europäischen Union auf einen lange andauernden Konflikt mit Russland eingelassen, der völlig unnötig war, enorme Kosten und viel menschliches Leid verursacht. In diesem Zusammenhang ist es besonders delikat, dass die ukrainische Partei „Prawyj Sektor“ (Rechter Sektor) und die „Swoboda“-Partei sehr eng mit nationalistischen Gruppierungen in Deutschland zusammenarbeiten. Mehr als 1.000 Mitglieder dieser beiden Parteien, die sich im Rahmen der „Maidan-Revolution“ in Kiew mit ihren Aktionen hervorgetan haben, kämpfen nicht nur in klar erkennbaren, von ukrainischen Oligarchen finanzierten Sondereinheiten an der Seite der ukrainischen Regierungstruppen. Die Bataillone des „Prawyj Sektor“ beanspruchen sogar eine Sonderrolle und forderten die Kiewer Regierung immer offener dazu auf, den Kampf gegen die Separatisten und Russland zu verschärfen. Die Führung dieses Verbandes, die über ca. 20 gut ausgerüstete Kampf-Einheiten verfügt, drohte sogar mit einem Staatsstreich für den Fall einer aus ihrer Sicht zu weichen Haltung im Konflikt mit Russland.

Auch mit den gegen Russland verhängten Sanktionen und der Verstärkung der NATO-Präsenz in den baltischen Ländern haben die USA und Europa Maßnahmen ergriffen, die eher schaden als nützen. Es ist von Anfang an klar gewesen, dass die baltischen Länder ebenso wie die ehemaligen Staaten des Warschauer Paktes definitiv nicht in die Überlegungen Moskaus zur Errichtung einer „Eurasischen Union" eingeschlossen waren. Dies hat sich auch im Zuge des Konflikts um die Ukraine nicht geändert. Insofern waren die martialischen Bekundungen des amerikanischen Präsidenten während seines Besuchs in Polen am 4. Juni 2014 und sein Hinweis auf die Beistandsklausel des NATO-Vertrages im Grunde überflüssig. Die von Barack Obama unterstellten russischen Angriffsabsichten auf osteuropäische NATO-Staaten standen und stehen nicht zur Debatte. Und den Forderungen des damaligen amerikanischen Präsidenten gegenüber den europäischen NATO-Staaten, ihre Verteidigungsetats deutlich zu erhöhen, konnte man in Moskau gelassen zuschauen. Die angesprochenen Regierungen hatten keine große Neigung, diesen Forderungen nachzukommen. Die anschließende Debatte darüber legte vielmehr die tiefe Spaltung der NATO-Staaten mit Blick auf die Vorgehensweise gegenüber Russland offen.

Es konnte zudem nicht überraschen, dass die unterschiedliche Sichtweise der NATO-Staaten im Zuge des Gipfeltreffens der Staats- und Regierungschefs am 4./5. September 2014 in Newport (Wales) zum Ausdruck kam. Einmal mehr plädierten der damalige U.S.-Präsident Barack Obama und der damalige Generalsekretär der NATO Anders Fogh Rasmussen für die Stationierung einer schnellen Eingreiftruppe in den baltischen Ländern, während die Vertreter Deutschlands und einiger anderer Staaten darauf drängten, stärker auf diplomatische Mittel zur Lösung des Konflikts zu setzen. Der schließlich gefundene Kompromiss der Bündnispartner, bis zu 5.000 innerhalb von zwei bis drei Tagen einsatzbereite Soldaten als „Speerspitze" bereitzuhalten und hierfür die notwendigen Stationierungsorte in den baltischen Ländern sowie in Polen vorzubereiten und dennoch die 1997 mit Russland geschlossene Vereinbarung, wonach die NATO auf die ständige Stationierung von Kampftruppen in jenen Staaten verzichtet, die einst dem Warschauer Pakt angehörten, nicht aufzukündigen, erwies sich weitgehend als Symbolpolitik. Auch die Mitte November

2014 beschlossene und erneut im Januar 2015 bekräftigte raschere Aufstellung dieser Eingreiftruppe konnte die Macht Russlands nicht schmälern. Der Lösung des Konflikts dienten diese Maßnahmen ebenso wenig wie die zusammen mit ukrainischen Seestreitkräften mehrfach abgehaltenen Seemanöver einiger NATO-Staaten im Schwarzen Meer und die Lieferung von Waffen an die ukrainische Armee. Und mit der Abhaltung eines großen Truppen-Manövers unter Führung der USA im Westen der Ukraine am 15. September 2014, sowie mit den Mitte Juni 2015 und erneut Anfang Juni 2016 in Polen durchgeführten größten Truppen-Manövern seit dem Ende des Kalten Krieges hat die NATO den Konflikt einmal mehr verschärft. Mit dem Plan der damaligen amerikanischen Regierung, Kampfpanzer und anderes schweres Kriegsgerät für ca. 5.000 Soldaten in mehrere Länder Osteuropas zu verlegen, heizte man zum einen den Konflikt mit Russland weiter an. Zum anderen wurde damit aber gleichzeitig der schlechte Zustand der NATO deutlich, demonstrierten diese Pläne doch, dass die NATO nur noch in wenigen Einzelfällen und unter großen Mühen ihrem kollektiven Charakter gerecht werden konnte. Im Übrigen waren die neuen Waffentransfers der U.S.-Streitkräfte nicht in der Lage, die militärische Überlegenheit Russlands im Osten auszubalancieren.

Dank der unbestreitbaren Fehler in der Politik der NATO-Staaten und der EU vor allem seit dem Frühjahr 2014 konnte Russland in Osteuropa Fakten schaffen, die noch lange nachwirken werden. Auch die von den USA und von der Europäischen Union gegen Russland verhängten Sanktionen änderten daran nichts. Der Ausschluss Russlands aus dem G-8-Gremium ließ die politische Führung in Moskau unbeeindruckt. Man hat sich in Moskau relativ schnell auf die Teilnahme an größeren Gremien, etwa die G-20-Gruppe, eingestellt und im Übrigen einen epochalen Paradigmenwechsel in der globalen Wirtschaftskooperation vollzogen. Die verstärkte Hinwendung Russlands nach China und anderen asiatischen Ländern zeigte bereits im Sommer 2014 erste Wirkungen. Die wirtschaftlichen Sanktionen der USA und der Europäischen Union hatten zwar fühlbare negative Folgen für die Wirtschaft Russlands. Sie erreichten jedoch ihr Ziel nicht. Vielmehr beschleunigten sie nicht nur die Hinwendung der Russen nach Asien, sondern gaben auch zusätzliche Impulse zu größerer Eigenständigkeit bei der Entwicklung von Hochtechnologie in Russland selbst. Die für die Wirtschaft des Landes so wichtige Produktionsdynamik wurde von den westlichen Sanktionen kaum beeinflusst. Darüber hinaus kamen zahlreiche von Russland benötigte Güter, vor allem Technologie für die Erschließung von Erdgas und Erdöl in der Arktis, über Umwege in die Russländische Föderation. Die Sanktionen schadeten sehr viel stärker den ohnehin wirtschaftlich angeschlagenen westlichen Ländern, die in unterschiedlicher Weise von deren Rückwirkungen betroffen waren. So verlor Frankreich enorme Exportmöglichkeiten insbesondere im Bereich landwirtschaftlicher Produkte, die nicht wettzumachen waren. Und angesichts der politisch motivierten Entscheidung, die zwei in Frankreich für die russische Marine gebauten Hubschrauberträger der Mistral-Klasse nicht auszuliefern, zwang die Franzosen schließlich, die bereits überwiesenen Geldbeträge an Russland zurückzuzahlen. Allein das deutsche Russland-Geschäft brach im Jahre 2014 um 22 Prozent und im Jahre 2015 erneut um 25 Prozent ein. Die damit verbundenen Verluste verstärkten die bereits durch andere politisch nicht vollständig durchdachte Entscheidungen der Regierung Merkel sichtbar werdenden wirtschaftlichen Probleme in Deutschland. Der von den westlichen Ländern gegen Russland entfachte Wirtschafts- und Finanzkrieg hat allein das Wirtschaftswachstum der Bundesrepublik Deutschland in den Jahren 2014 und 2015 um jeweils einen halben Prozent gedrückt. Zahlreiche deutsche und andere europäische Firmen verloren ihren Zugang zum attraktiven russischen Markt. So gefährdeten die westlichen Sanktionen mehr als zwei Millionen Arbeitsplätze in Westeuropa. Das Engagement vieler Firmen – vor allem im Hochtechnologiebereich – wurde rasch von asiatischen Unternehmen wahrgenommen. Für manche europäische Firmen dürfte es schwer sein, später wieder mit Russland ins Geschäft zu kommen. Daher überraschte es nicht, dass sich führende Vertreter der Wirtschafts-Verbände in Deutschland und Österreich, sowie zahlreiche deutsche und österreichische Unternehmen, die sehr stark in Russland engagiert sind, gegen weitere harte Maßnahmen der westlichen Regierungen wandten. So warnten der Vorsitzende des Ostausschusses der deutschen Wirtschaft, Eckhard Cordes, und der damalige Präsident der Wirtschaftskammer Österreichs, Christoph Leitl, eindringlich davor, mit weiteren Sanktionen gegen Russland Tausende von Arbeitsplätzen zu gefährden und plädierten für die Wiederaufnahme des Dialogs. Einzelne Firmen, wie z.B. Siemens, der Salzgitter-Konzern, Wintershall und BASF, unterstrichen zwar ihr Interesse an der Aufrechterhaltung ihrer Verträge mit russischen Unternehmen. Aber es ließ sich nicht vermeiden, dass z.B. ein Milliarden-Deal der BASF mit dem russischen Gazprom-Konzern zunächst platzte. Man hatte vereinbart, dass die Wintershall-AG das Gashandels- und Gasspeichergeschäft vollständig an den russischen Konzern abgibt. Dafür sollte BASF im Gegenzug mehr Anteile an großen Erdgasfeldern in Sibirien erhalten. Doch kam das Milliardengeschäft des deutschen Unternehmens BASF mit Gazprom Anfang September 2015 dennoch zustande. Dabei ist bemerkenswert, dass die deutsche Bundesregierung ihre Sicherheitsbedenken gegen den Deal fallen ließ, obwohl das russische Unternehmen Gazprom einen Großteil der deutschen Erdgasspeicher kontrolliert.

Die von russischer Seite eingeschlagene Strategie, direkt mit den führenden Vertretern großer deutscher Unternehmen Absprachen zu treffen und die politischen Maßgaben zu umgehen, erschien in dieser Phase der Beziehungen durchaus folgerichtig und sinnvoll. So war es zwar ungewöhnlich, aber zielführend, dass der damalige russische Wirtschaftsminister Alexej Uljukajew am 26. November 2014 bei der Industrie- und Handelskammer Stuttgart auftrat und in direktem Kontakt mit den Firmenleitungen von Daimler und Bosch, sowie des bedeutenden Laserspezialisten Trumpf und anderen wichtigen Repräsentanten der deutschen Industrie intensive Gespräche führte. Ungeachtet der schwerwiegenden Folgen der westlichen Sanktionen und des weiter schwelenden Konflikts um die künftige politische Ausrichtung der Ukraine blieben zahlreiche deutsche und österreichische Firmen in Russland präsent. Insgesamt kann man feststellen, dass die Konsequenzen der Sanktionspolitik für die Länder der Europäischen Union sehr viel stärker fühlbar sind als für Russland. Die westlichen Sanktionen gefährden nach einer Berechnung des Österreichischen Instituts für Wirtschaftsforschung (Wifo) vom Juni 2015 europaweit mehr als 2 Millionen Arbeitsplätze und ca. 100 Milliarden Euro an Wertschöpfung.[146] Allein in Deutschland stehen fast eine halbe Million Arbeitsplätze und ca. 27 Milliarden Euro an Wertschöpfung auf dem Spiel. Und angesichts der Tatsache, dass die EU ein eng verflochtener Wirtschaftsraum ist, wirken sich die Verluste gleich in mehreren Ländern aus.

Mit Blick auf die von westlicher Seite angezweifelte wirtschaftliche Solidität Russlands ließ die Regierung in Moskau am 19. April 2014 demonstrativ verkünden, dass man Nordkorea Schulden in Höhe von 10 Milliarden Dollar erlassen wird. Auch die anlässlich des Besuchs von Staatspräsident Wladimir Putin in Kuba am 11. Juli 2014 bekundete Bereitschaft, den Kubanern 90 Prozent der Schulden in Höhe von 23 Milliarden Dollar zu erlassen, machte deutlich, wie handlungsfähig Russland blieb. Zudem zeigte sich die russische Regierung in der Lage, wirksame Gegenmaßnahmen in dem vor allem von den USA entfachten Wirtschafts- und Finanzkrieg gegen Russland zu ergreifen. So wurde von Präsident Putin entschieden, eine nationale Gesellschaft für Kreditkarten zu gründen, die ein eigenes Zahlungssystem aufbaut und die bisherige Bindung an die amerikanischen Firmen American Express, Visa und Mastercard obsolet macht. Den amerikanischen Firmen droht damit der Verlust eines lukrativen Marktes. Das staatliche und landesweit größte Bankunternehmen Sberbank arbeitet nunmehr mit eigenen Kreditkarten. Mit dem PRO100 genannten System kooperiert die Bank bereits mit chinesischen Unternehmen und ist damit auch im internationalen Zahlungsverkehr präsent.

Darüber hinaus hat das von Russland Anfang August 2014 verhängte Importverbot von landwirtschaftlichen Produkten aus den westlichen Ländern, die sich an Sanktionen beteiligten, zu großen Einbußen für die Agrarwirtschaft und den Handel bei den betroffenen Staaten geführt. Allein die deutsche Obst- und Gemüsebranche hatte noch im Jahre 2013 Waren im Wert von zwei Milliarden Euro nach Russland exportiert. Dieser Betrag fehlte jeweils für 2014, 2015 und 2016. Das deswegen aufgelegte EU-Stützungsprogramm von etwa 125 Millionen Euro konnte diese Verluste nicht wettmachen. Die entsprechenden Waren bekam Russland trotzdem – aus anderen Ländern, zum Beispiel aus Asien, dem Nahen Osten, aus Südamerika, über Weißrussland, aus Serbien und sogar aus der Schweiz und – nur für einige Monate wegen des Streits um den Abschuss eines russischen Kampfflugzeugs durch die türkische Luftwaffe über syrischem Territorium am 24. November 2015 unterbrochen – aus dem NATO-Land Türkei. Die dazu erforderlichen Import-Lizenzen wurden im Handumdrehen von den russischen Behörden erteilt. Dass man von westlicher Seite im Sommer 2015 den Versuch startete, den russischen Importstopp für verbotene Lebensmittel durch falsche Deklarierungen der Waren zu unterlaufen, belegt ziemlich klar, mit welcher Intransigenz die westlichen Länder hier handelten. Moskau wehrte sich prompt gegen diese Art der Politik und ließ die beschlagnahmten Waren – durchaus getreu dem Lebensmittelkodex der Welternährungsorganisation – vernichten, obwohl diese am 6. August 2015 von Präsident Putin per Erlass verfügte Maßnahme auch in Russland kritisiert wurde. Es war jedoch wichtig zu zeigen, dass es dem Westen auch mit solchen Vorgehensweisen nicht gelingen konnte, die russische Politik zu konterkarieren.

Im Laufe des Winters 2014/2015 zeichnete sich zudem immer deutlicher ab, dass der dank der westlichen Sanktionen stark gefallene Kurs des Rubel viele zahlungskräftige Russen davon abhielt, ihre Ferien in den europäischen Ländern zu verbringen. Dies führte zu erheblichen Einbußen in den traditionellen Wintersportorten Österreichs und Deutschlands, die in den letzten Jahren sehr beliebt geworden waren. Die Russen blieben nunmehr im eigenen Lande und wandten sich den neuen Anlagen zum Beispiel in Sotschi zu.

Wenngleich es für die Regierung in Moskau nicht einfach war, die von der EU und den USA beabsichtigten Wirkungen der Sanktionsmaßnahmen abzufangen, verschlechterte sich die Wirtschaftslage in der Ukraine auf dramatische Weise. In großen Teilen des Landes brachen ganze Wirtschaftszweige zusammen, und das Bruttoinlandsprodukt der Ukraine schrumpfte im Laufe der Jahre 2014 und 2015 um jeweils 7,5 Prozent. Die Stützungskredite des Internationalen Währungsfonds (IWF) halfen nur wenig, um die Auswirkungen der Gegensanktionen und der Abzüge russischen Kapitals aus der Ukraine zu mildern. Und die im November 2013 von der russischen Regierung gegenüber der Ukraine gewährten Preisnachlässe für Erdgas und Erdöl wurden wie vorher angekündigt noch im März 2014 wieder zurückgenommen. So verlangte Russland zunächst, dass die Ukraine ab April 2014 für 1.000 Kubikmeter Erdgas 485 Dollar zahlen und die inzwischen aufgelaufenen Schulden in Höhe von mehr als fünf Milliarden Dollar begleichen sollte. Dies ließ sich in den von der EU-Kommission vermittelten Verhandlungen zwischen den Vertretern des Gazprom-Konzerns und den Repräsentanten der ukrainischen Regierung im Laufe der Monate Mai und Juni 2014 zwar nicht sofort durchsetzen. Doch demonstrierte die russische Seite angesichts der damaligen Weigerung der Ukrainer, einem durchaus sinnvollen Kompromiss zuzustimmen, dass sie letztlich am längeren Hebel sitzt: Mit der ebenso angemessenen wie konsequenten Maßnahme, die Erdgaslieferungen an die Ukraine einzustellen und nur noch gegen Vorkasse wieder aufzunehmen, machte Russland klar, dass man die ukrainische Verweigerungshaltung nicht akzeptiert. Die russische „Energiemacht“ spiegelte sich schließlich in der vom damaligen EU-Kommissar Günther Oettinger zwischen den beiden Konfliktparten vermittelten und am 31. Oktober 2014 in Brüssel unterzeichneten Interimslösung wider, die darauf zielte, die Erdgasversorgung der Ukraine wenigstens bis zum Frühjahr 2015 zu sichern und zu verhindern, dass die Europäer durch den Streit in Mitleidenschaft gezogen würden. Die Ukraine musste sich dabei verpflichten, bis zum Jahresende 2014 insgesamt 3,1 Milliarden Dollar an Russland zu überweisen. Im Gegenzug garantierte das Unternehmen Gazprom die Lieferung von 5 Milliarden Kubikmeter Erdgas zum Preis von 385 Dollar pro 1.000 Kubikmeter und versprach eine Option auf weitere Mengen für die nachfolgende Zeit, wobei die Erdgaslieferungen nur gegen Vorkasse erfolgen. Und bei den Versuchen der Ukraine, einen neuen Vertrag für die Lieferung von Erdgas mit dem russischen Unternehmen Gazprom zu günstigeren Bedingungen auszuhandeln, verwies die russische Seite stets auf das bis zum Jahre 2019 geltende und dann definitiv endende Abkommen.

Die starke russische Position im Ukraine-Konflikt zeigte sich nicht nur darin, dass die Regierung in Moskau durchsetzen konnte, Mitte August 2014 einen Konvoi von 280 Lastwagen mit Lebensmitteln und anderen Hilfsgütern gegen den heftigen Widerstand der Kiewer Regierung und ohne Begleitung der OSZE oder des Roten Kreuzes in die Ost-Ukraine zu schicken. Es half dabei nichts, dass man den Konvoi in Kiew, aber auch in den westlichen Medien tagelang mit allerlei falschen Behauptungen bedachte und Russland einen raffiniert getarnten Waffenschmuggel zugunsten der Separatisten vorwarf. Die Selbstverständlichkeit, mit der Russlands Außenminister Sergej Lawrow die Fahrt weiterer Konvois ankündigte, demonstrierte erneut, mit welcher überlegenen Diplomatie Moskau in diesem Konflikt agierte. Und es überraschte nicht, dass zahlreiche weiterer Hilfskonvois – unkontrolliert und ungefragt – seit September 2014 auch durchgeführt wurden. Die klaren Positionen, die Russlands Staatspräsident Wladimir Putin bei seinem zweistündigen Gespräch mit dem ukrainischen Präsidenten Petro Poroschenko am 26. August 2014 in Weißrusslands Hauptstadt Minsk zur Lösung des Konflikts vertrat, unterstrichen die starke russische Position einmal mehr. Zwar sagte der russische Präsident die Unterstützung für den „Friedensplan" des ukrainischen Staatschefs zu, machte aber zugleich deutlich, dass für Verhandlungen über eine Waffenruhe die Repräsentanten der Separatisten in der Ost-Ukraine die richtigen Ansprechpartner seien.

Die überlegene Diplomatie der russischen Regierung fand auch nach dem Treffen Petro Poroschenkos und Wladimir Putins am 26. August 2014 in Minsk ihren Niederschlag. Während Russlands Präsident mit seiner Forderung nach Verhandlungen den Druck auf die Ukraine erhöhte, zerstritt man sich im westlichen Lager über die insbesondere von den baltischen Staaten und der Kiewer Regierung angemahnten Sanktionen. Die tiefen Meinungsverschiedenheiten im westlichen Bündnis und zwischen den Staaten der Europäischen Union wurden immer größer und ließen die Schwäche des Westens von Tag zu Tag deutlicher werden. Im Konflikt um die politische Orientierung der Ukraine wirkungslose Maßnahmen, wie z.B. die Stationierung weiterer NATO-Truppen in den baltischen Ländern und Polen, lenkten nicht nur von dem eigentlichen Problem ab. Diese Vorgehensweise bestärkte die russische Regierung auch darin, mit ihrer Kombination von massiver Unterstützung der ukrainischen Separatisten und gut durchdachter Diplomatie fortzufahren. Sie bot der westlichen Seite keine Chance, das Gesetz des Handelns in diesem Konflikt wiederzuerlangen. Stets war man den Regierungen der USA und der Länder der Europäischen Union und den von ihnen unterstützten politischen Kräften in Kiew mindestens einen Schritt voraus.

Die Überlegenheit der russischen Diplomatie zeigte sich ebenso im Hinblick auf die zwischen den Repräsentanten der Kiewer Regierung und den Separatisten sowie Vertretern der OSZE am 5. September 2014 in Minsk vereinbarte Waffenruhe. Die Tatsache, dass die Positionen der Separatisten im Osten des Landes gehalten werden konnten und sie schließlich als Verhandlungspartner offiziell anerkannt wurden, war ein weiterer Sieg Moskaus in dem Ringen um die Ukraine. Die gefestigte Stellung der Separatisten gewährte Russland de facto ein indirektes Verhandlungsmandat.

Auch die am 12. September 2014 von der Europäischen Union und den USA in Kraft gesetzten weiteren Sanktionen, wie z.B. die Erschwerung des Zugangs wichtiger russischer Banken und Unternehmen zum westlichen Kapitalmarkt, das Verbot der Lieferung von Hochtechnologie für die Erschließung der Ölquellen in der Arktis, das Verbot der Lieferung von Dual-Use-Gütern, die in der Rüstungsindustrie genutzt werden können, sowie Einreiseverbote für 150 dem Regime in Russland besonders nahestehende russische Staatsbürger und diverse Kontensperrungen erwiesen sich als ungeeignet, um die russische Regierung zu einem veränderten Verhalten zu bewegen. Sie verstärkten vielmehr den längst erkennbaren Trend, sich von den westlichen Kapitalmärkten zu lösen und die benötigte Technologie über andere Staaten zu besorgen, die nicht den westlichen Verdikten unterliegen. Und mit Blick auf die von der Europäischen Union verhängten Einreiseverbote für russische Staatsbürger, die den politischen Kurs Präsident Putins unterstützen, konnte es nicht überraschen, dass die Moskauer Behörden gelegentlich auch Repräsentanten westlicher Länder, wie z.B. der besonders für das Kiewer Regime engagierten Europa-Abgeordneten Rebecca Harms (Grüne), am 26. September 2014 die Einreise nach Russland verweigerte. Eine ähnliche Behandlung widerfuhr dem CDU-Abgeordneten und Chef der deutsch-ukrainischen Parlamentariergruppe Karl-Georg Wellmann, der sich mit recht kritischen Bemerkungen zur Ukraine-Politik der russischen Regierung hervorgetan hatte und prompt am 24. Mai 2015 in Moskau zurückgewiesen wurde. Die wenige Tage später von den zuständigen Moskauer Behörden den europäischen Regierungen übergebene Liste mit 89 Personen, für die ein Einreiseverbot nach Russland verhängt wurde, vervollständigte das Bild und machte klar, dass man nicht länger gewillt war, das feindselige Verhalten europäischer Politiker und Beamter ssowie die westliche Sanktionskampagne passiv hinzunehmen.

Wenngleich mit der zeitgleichen Ratifizierung des Assoziierungsabkommens zwischen der EU und der Ukraine im Europäischen Parlament und in der Werchowna Rada in Kiew am 16. September 2014 ein weiterer Schritt der Kiewer Regierung in Richtung Europa eingeleitet wurde, der die Auseinandersetzung mit Russland verschärfte, änderte sich die Korrelation der Kräfte hiermit nicht. Das europäische Vorgehen in dieser Sache machte erneut deutlich, dass die politischen Entscheidungsträger in Westeuropa und in Kiew ein erhebliches Realitätsdefizit haben, wenn sie glauben, ihre Interessen gegen Russland durchsetzen zu können. Darüber half auch das „Zugeständnis“ an die russische Seite nicht hinweg, das mit diesem Vertragswerk verbundene Freihandelsabkommen erst Ende 2015 in Kraft treten zu lassen. Vielmehr verstärkte dieser Schritt der EU den Widerstand, den die russische Regierung von Anfang an gegen das weitere Ausgreifen der Europäischen Union nach Osten gezeigt hatte.

Wie solide die russische Position in dem Konflikt um die Ukraine ist, erwies sich auch in den Gesprächen am Rande des Asien-Europa-Gipfels am 16./17. Oktober 2014 in Mailand. In keinem der zentralen Streitpunkte sah sich Präsident Putin genötigt, dem westlichen Verlangen nachzugeben. Vor aller Welt wurde vielmehr deutlich, dass die These der deutschen Kanzlerin, „Russland müsse den entscheidenden Teil zur Lösung des Ukraine-Konflikts beisteuern“,[147] nicht haltbar war. Wladimir Putins demonstrativer vorheriger Besuch in Belgrad anlässlich der Feierlichkeiten (einschließlich einer großen Militärparade) zum 70. Jahrestag der Befreiung von Nazi-Deutschland machte klar, wie souverän der russische Präsident seinen westlichen Kontrahenten gegenüber auftreten konnte. Immerhin signalisierte Wladimir Putin mit seinem Auftritt, dass Serbien ein Schlüsselpartner Russlands bleibt, obwohl es mit der Europäischen Union um einen Beitritt verhandelt.

Auch im militärischen Bereich konnte die Kiewer Regierung keine Erfolge verbuchen. Präsident Poroschenko musste bereits in einer Pressekonferenz am 22. September 2014 zugeben, dass in den Kämpfen mit den Separatisten in der Ost-Ukraine mehr als 65 Prozent des Waffenarsenals zerstört wurden. Während an einen Ersatz nicht zu denken war und die NATO-Staaten trotz wiederholter Bitten eher zögerten, Waffen an die Kiewer Regierung zu liefern, erwies sich der entsprechende Nachschub der

Separatisten durch Waffen aus Russland als unerschöpflich. Ihre militärischen Fähigkeiten nahmen beständig zu. Und die stereotyp wiederholten Forderungen hochrangiger Repräsentanten der EU an die russische Seite, sie möge die Unterstützung der Separatisten einstellen, verhallten ungehört. Die Separatisten sahen sich zudem in der Lage, die Bildung eines eigenen, von Kiew unabhängigen Staates vorzubereiten und damit unverrückbare Tatsachen in der Ost-Ukraine zu schaffen. Die hierzu am 2. November 2014 in der Ost-Ukraine abgehaltenen Parlamentswahlen haben diese Bemühungen einmal mehr unterstrichen und die Position der Separatisten weiter gefestigt. Es war dabei nur konsequent, dass die russische Regierung das Ergebnis der Wahlen anerkannte und die Separatistenführer als legitime Regierung betrachtet. Die USA und die Europäische Union mussten diesen Vorgängen machtlos zuschauen.

Während der östliche Teil der Ukraine de facto nicht mehr von Kiew regiert werden konnte, halfen selbst die am 26. Oktober 2014 in der West-Ukraine abgehaltenen Wahlen zum Parlament (Werchowna Rada) den dabei siegreichen pro-westlichen Kräften unter Führung von Präsident Petro Poroschenko nicht weiter. Die de facto darniederliegende Wirtschaft, der Mangel an finanziellen Ressourcen, die ausbleibenden Investitionen, die ausgeprägte Korruption und die hohen, zunehmend als sinnlos empfundenen Verluste im Krieg mit den pro-russischen Kräften im Osten ließen die Unzufriedenheit im Lande wieder rasch wachsen. Die schwache Position der Kiewer Regierung zeigte sich auch darin, dass man im Zuge der Friedensgespräche am 26. Dezember 2014 in Minsk den pro-russischen Kräften lediglich einen Austausch von Gefangenen abhandeln konnte.

Angesichts der faktisch eingetretenen Teilung der Ukraine half es auch nichts, dass manche Politiker versuchten, mit absurden Legenden aufzuwarten. So behauptete der frühere polnische Außenminister Radoslaw Sikorski Ende Oktober 2014, Wladimir Putin habe bei einem Treffen im Jahre 2008 mit dem damaligen polnischen Regierungschef und späteren EU-Ratspräsidenten Donald Tusk die Aufteilung der Ukraine vorgeschlagen. Doch dauerte die internationale Aufregung über diese skurrile Behauptung nicht lange. Denn Donald Tusk machte prompt in einem Interview klar, dass es ein derartiges Angebot nie gegeben habe.

Wie stark die russische Position im Konflikt um die Ukraine ist und wie zielbewusst die politische Führung Russlands hier vorgeht, zeigte sich erneut in den langen Gesprächen, die Präsident Wladimir Putin mit der deutschen Kanzlerin Angela Merkel und dem Präsidenten der EU-Kommission Jean-Claude Juncker am Rande des G-20-Gipfels am 15./16. November 2014 in Brisbane (Australien) geführt hat. Für den russischen Staatspräsidenten gab es keinen Anlass, die Regierungen der westlichen Länder aus ihrer unangenehmen Lage zu befreien, in die sie sich selbst durch ihren versuchten Zugriff auf die Ukraine und die Unterstützung des Poroschenko-Regimes in Kiew gebracht hatten. Vielmehr deutete alles darauf hin, dass seine Strategie, die West-Ukraine militärisch und wirtschaftlich unter Druck zu halten und den westlichen Regierungen die Kosten ihres Handelns aufzuzeigen, erfolgreich zu sein scheint. Dabei wird es der derzeitigen Führung in Kiew auch nicht helfen, dass die Werchowna Rada durch ihren Beschluss am 23. Dezember 2014 den „Blockfreien-Status" aufgehoben hat. Das damit einmal mehr signalisierte Bestreben, der NATO beizutreten, dürfte kaum erfolgreich sein, da laut NATO-Vertrag kein Staat in das Bündnis aufgenommen werden kann, der Grenzstreitigkeiten mit einem Nachbarn hat. Zudem verlangt der Beitritt der Ukraine die Einstimmigkeit der NATO-Staaten, was sich wohl in absehbarer Zeit nicht erreichen lassen wird. Selbst die schleichende Integration der Ukraine in das westliche Bündnis ist für Russland nicht akzeptabel. Dementsprechend wandte sich die politische Führung in Moskau bislang gegen Versuche einiger westlicher Regierungen, mit ihren Vorschlägen und Handlungen so zu tun, als gehöre die Ukraine bereits zur NATO.

Ebenso wenig dürfte der Versuch der USA und der Europäischen Union, das Kiewer Regime mit Krediten vor dem wirtschaftlichen Zusammenbruch zu retten, erfolgreich sein. Bereits Ende des Jahres 2015 waren die Devisenreserven des Landes auf sechs Milliarden Dollar zusammengeschrumpft. Die Schuldenlast betrug zu diesem Zeitpunkt fast 72 Milliarden Dollar. Eine realistische Aussicht, mit den vom Internationalen Währungsfond (IWF) überwiesenen und noch avisierten Mitteln den Staatsbankrott abzuwenden, gab es nicht. Und mit seinem Verhalten gegenüber Russland sowie den finanziellen und politischen Forderungen an die Regierungen der westeuropäischen Staaten machte sich der damalige ukrainische Ministerpräsident Arseni Jazenjuk keine Freunde. Seine während eines Deutschland-Besuchs am 7./8. Januar 2015 und danach mehrfach vorgetragene „Erwartung", dass der Westen entschlossen helfen müsse, die Ukraine in ihren früheren Grenzen wiederherzustellen, offenbarte vielmehr ein Realitätsdefizit, das selbst bei wohlwollenden Westeuropäern eine gewisse Besorgnis erregen musste. Und die im Verlauf des Jahres 2015 von den Vertretern der Kiewer Regierung an die westlichen Länder gerichteten Hilferufe zur Investition in die Wirtschaft der Ukraine verhallten weitgehend ungehört. Russland kann vor dem Hintergrund der prekären ökonomischen Situation der Ukraine und der stetig wachsenden politischen Unsicherheit damit rechnen, dass bedeutende westliche Unternehmer kaum große Anstrengungen machen werden, um in diesem Land zu investieren. Darüber hinaus durfte sich die russische Regierung darauf verlassen, dass Kiew den der früheren ukrainischen Regierung unter Präsident Viktor Janukowitsch gewährten Hilfskredit von drei Milliarden Dollar zurückzahlen muss. Die Regierung in Kiew hat nach internationalem Recht keine Chance, der Zahlungsverpflichtung zu entgehen.

Mangelnden Realitätssinn spiegelt auch die Anordnung des ukrainischen Präsidenten Petro Poroschenko vom 18. Januar 2015 an die Streitkräfte wider, eine Großoffensive gegen die Separatisten zu führen. Das militärische Vorgehen Kiews im Januar 2015 wurde nicht nur mit geschickter Diplomatie der politischen Führung Russlands gekontert. Die Offensive der Ukrainer endete auch erfolglos und brachte hohe Verluste. Und der fordernde Auftritt des ukrainischen Staatspräsidenten am 21. Januar 2015 beim Weltwirtschaftsforum in Davos ließ erkennen, dass die Bereitschaft der europäischen Staaten, die Ukraine zu unterstützen, weiter nachließ. In den Staatskanzleien der meisten westeuropäischen Länder wuchs nicht nur die Einsicht, dass man mit der Ukraine-Politik in ein gefährliches Fahrwasser geraten war und die Kosten unabsehbar hoch zu werden drohten. Es wurde auch krampfhaft nach einem Ausweg gesucht. So überraschte es nicht, dass nur wenige Tage nach Präsident Poroschenkos Auftritt in Davos die deutsche Bundeskanzlerin Angela Merkel mit ihrem Vorschlag zur Errichtung eines gemeinsamen Wirtschaftsraums der EU mit Russland signalisierte, wie hilflos die Regierungen der westeuropäischen Staaten mit Blick auf die verfahrene Lage sind. Die Situation der russischen Regierung verbesserte sich weiter, nachdem in Athen nach den Parlamentswahlen am 25. Januar 2015 linksextreme und nationalistische Kräfte die Regierungsmacht übernommen haben, die den Sanktionen gegenüber Russland nichts Positives abgewinnen können. Die Reaktion der ukrainischen Regierung in Kiew, auf diese Entwicklung mit noch härteren Forderungen an die Westeuropäer und weiteren militärischen Maßnahmen zu antworten, wie z.B. die Soldaten der ukrainischen Armee mit Abschussprämien zu größerer Einsatzbereitschaft beim Kampf gegen die Separatisten zu animieren, zeitigte keine Erfolge. Es gelang damit ebenso wenig, die Tatsache zu verdecken, dass sich in der West-Ukraine mehr als 50 Prozent der jungen Männer dem von Präsident Petro Poroschenko verordneten Kriegsdienst durch die Flucht ins Ausland entzogen, während in der Ost-

Ukraine die Separatisten keine Schwierigkeiten hatten, personellen Nachwuchs zu bekommen. Zudem dokumentierte die Ankündigung der Kiewer Regierung, Abschussprämien zu bezahlen, wie schlecht es um die Moral der ukrainischen Streitkräfte bestellt war. Darüber hinaus bot dieses Verhalten Kiews der russischen Seite einmal mehr Gelegenheit, ihre Bemühungen um eine ruhige Diplomatie in den Vordergrund zu rücken.

Angesichts der klaren militärischen Überlegenheit der Separatisten auf der einen Seite und der von dem Obama-Regime in Washington wohlwollend aufgenommenen Forderungen des ukrainischen Präsidenten Poroschenko nach Waffenlieferungen aus dem Westen auf der anderen Seite sahen sich die deutsche Bundeskanzlerin Angela Merkel und der damalige französische Präsident Francois Hollande genötigt, am 6. Februar 2015 in einer diplomatischen Blitzaktion nach Moskau zu eilen, um eine offene Konfrontation zu verhindern und einen „modus vivendi“ mit Präsident Wladimir Putin auszuhandeln, der die Kämpfe beenden sollte und mit dem beide Konfliktparteien in der Ukraine würden leben können.

Das unterschiedliche Verhalten der USA und der beiden führenden Staaten der Europäischen Union zeigte dabei nicht nur die tiefe Spaltung des Westens auf. Die Divergenzen zwischen den USA und Deutschland wurden während der 51. Münchner Sicherheitskonferenz, bei der die deutsche Bundeskanzlerin am 7. Februar 2015 ihre diplomatische Initiative begründete,[148] vor aller Welt sichtbar. Darüber hinaus machte die rasche Vorgehensweise der deutschen Bundeskanzlerin und des französischen Präsidenten auch deutlich, in welcher guten Position sich Russland befand. Und angesichts der von den führenden Vertretern der USA offen in Erwägung gezogenen Waffenlieferungen an die Kiewer Regierung hatte es der russische Außenminister Sergej Lawrow bei der 51. Münchner Sicherheitskonferenz im Februar 2015 leicht, die amerikanische Handlungsweise zu kritisieren. Die politische Führung Russlands profitierte dabei zum einen von der faktischen Aussichtslosigkeit des Versuchs der USA, mit Hilfe von Waffenlieferungen an Kiew das Blatt noch einmal wenden und die militärische Überlegenheit der Separatisten in Frage stellen zu können. Zum anderen wurde vor aller Welt sichtbar, mit welcher Intransigenz das Obama-Regime darauf zielte, die Russen mit einer „Erhöhung des Blutzolls“ zur Aufgabe ihres Vorhabens zu zwingen, obwohl jedem Betrachter klar sein musste, dass die ukrainische Armee keine Chance haben würde, in diesem Konflikt Vorteile zu gewinnen. Russland behielt das Gesetz des Handelns in seiner Hand. Daran änderte auch das Ergebnis des von Deutschlands Kanzlerin Angela Merkel und Frankreichs damaligem

Staatspräsidenten Francois Hollande mit dem ukrainischen Präsidenten Petro Poroschenko und Russlands Staatspräsident Wladimir Putin abgehaltene Gipfeltreffen am 11. Februar 2015 in Minsk nichts. Die dort vereinbarte Waffenruhe bestätigte de facto die Gewinne der Separatisten und zwang die damalige U.S.-Regierung dazu, ihre Überlegungen zur Lieferung von Waffen an die Kiewer Regierung ad acta zu legen.

Die Minsker Vereinbarungen haben die Handlungsmöglichkeiten Russlands in keiner Weise beschnitten. Die Eskalationsdominanz blieb weiterhin in russischer Hand. Für einen eventuellen Neustart in den Beziehungen zwischen Russland, der Ukraine und dem Westen verharrten die Europäer in einer klassischen Demandeur-Position. Da half es auch nichts, dass in der Obama-Administration weiter über Waffenlieferungen an das Kiewer Regime nachgedacht wurde und der ehemalige schwedische Premierminister Carl Bildt für eine konsequente militärische Ausrüstung der ukrainischen Streitkräfte durch den Westen plädierte.[149] Und die vom damaligen U.S.-Präsidenten Barack Obama im Mai 2015 verfügte Entsendung von amerikanischen Militärs in die Ukraine, die den Auftrag erhielten, die ukrainische Nationalgarde zu trainieren, boten der politischen Führung in Moskau eine weitere Gelegenheit, das Verhalten der USA an den Pranger zu stellen.

In diesem Zusammenhang half es auch nicht, dass nach mehr als zwei Jahren der Pause am 20. April 2016 erstmals wieder der NATO-Russland-Rat tagte. Die Agenda bot reichlich Gelegenheit zu heftigen Debatten. So hatte Washington kurz zuvor die Verlegung einer Panzerbrigade mit 4.200 Soldaten an die Ostgrenze der NATO angekündigt. Moskau sah darin zu Recht einen Verstoß gegen die NATO-Russland-Grundakte von 1997. Sie untersagt eine Stationierung von NATO-Truppen in Osteuropa.[150] Und ob die von der deutschen Bundesregierung verfügte Verlegung von Kontingenten der Bundeswehr nach Litauen den Bestimmungen des „Vertrages über Konventionelle Streitkräfte in Europa“ (KSE-Vertrag) und der NATO-Russland-Grundakte entspricht, ist eher fraglich. Mit der Methode der ständigen Rotation von NATO-Truppen in den osteuropäischen und baltischen Staaten lässt sich dieses Problem nicht einwandfrei lösen. Es erscheint daher verständlich, dass Russland Anfang März 2015 de facto aus dem KSE-Vertrag ausschied. Demgegenüber stand die Verlegung von drei Panzerbrigaden mit insgesamt 15.000 Soldaten nach Westen, die Russland Anfang Mai 2016 als Gegenmaßnahme zu den NATO-Aktivitäten ergriffen hatte, durchaus im Einklang mit den geltenden Verträgen.

Auch die regelmäßig vor wichtigen und weltweit beachteten Gipfeltreffen westlicher Regierungschefs unternommenen Versuche des ukrainischen Präsidenten Poroschenko, mit dem verstärkten Einsatz seiner Truppen gegen die Separatisten deren militärische Reaktion herauszufordern und auf diese Weise schärferen Sanktionen der USA und der Europäischen Union den Boden zu bereiten, waren nicht erfolgreich. Sie konnten von russischer Seite leicht gekontert werden. Zudem bildete sich unter den europäischen Ländern bereits eine zunehmende Zurückhaltung heraus, wenn aus Kiew neue Forderungen übermittelt wurden. Die Verlängerung der ohnehin kaum wirksamen Wirtschaftssanktionen gegen Russland durch die Außenminister der EU-Staaten am 22. Juni 2015, am 18. Dezember 2015, am 21. Juni 2016, am 16. Dezember 2016 und erneut durch die Staats- und Regierungschefs der EU-Staaten im Rahmen ihrer Gipfeltreffen in Brüssel am 22. Juni 2017, am 14. Dezember 2017 und am 29. Juni 2018 half weder dem Kiewer Regime weiter, noch war diese Maßnahme geeignet, den Konflikt einer Lösung näherzubringen. Vielmehr verstärkten die Beschlüsse der EU den bereits in wichtigen wirtschaftlichen und politischen Institutionen einiger europäischer Länder, wie z.B. in Italien, Ungarn, Griechenland, Zypern, Spanien, Frankreich, Österreich und Teilen Deutschlands vorhandenen Trend, ein Ende der Sanktionspolitik zu fordern. Insofern waren die Besuche des damaligen österreichischen Wirtschaftsministers und Vizekanzlers Reinhold Mitterlehner und des damaligen bayerischen Ministerpräsidenten Horst Seehofer Anfang Februar 2016 in Moskau nur konsequent. Sie setzten auf politischen Pragmatismus und loteten auch im Interesse der heimischen Wirtschaft die Möglichkeiten aus, den Dialog intensivieren und von den vor allem für die westlichen Länder extrem schädlichen Sanktionen Abstand nehmen zu können. So klang die Zusicherung der deutschen Bundeskanzlerin Angela Merkel gegenüber dem ukrainischen Präsidenten Poroschenko bei dessen Besuch in Berlin am 1. Februar 2016, die Sanktionen würden bleiben, bis Russland seine Politik ändere, ziemlich hohl. Dies wurde noch dadurch unterstrichen, dass hochrangige Vertreter der SPD und Mitglieder der damaligen Koalitions-Regierung unter der Führung von Angela Merkel völlig anders dachten und auf eine Lockerung der Sanktionen drängten. Sie betonten das dringende Interesse an guten politischen Beziehungen mit Russland und brachten klar zum Ausdruck, dass „Isolation und Konfrontation keine Perspektiven für eine sinnvolle Politik bieten“.[151] Die SPD-Politiker wurden dabei von den Repräsentanten der Wirtschaft nahezu einhellig unterstützt. Im Übrigen konnte jeder sehen, dass die westlichen Sanktionen gegen

Russland nichts politisch Greifbares bewirkten, aber insbesondere den betroffenen EU-Ländern immer größeren Schaden brachten. So nahm der politische Druck in Europa auf eine Normalisierung der Wirtschaftsbeziehungen mit Russland stetig zu. Auch der Beschluss der europäischen Staats- und Regierungschefs am 22. Juni 2017, am 14. Dezember 2017 und am 29. Juni 2018, die Sanktionen gegen Russland aufrechtzuerhalten, änderte nichts daran, dass immer mehr EU-Staaten ein Ende dieser verfehlten Politik wünschen. Ein ähnliches Bild ergibt sich, wenn man die Forderungen aus der Wirtschaft wichtiger europäischer Länder betrachtet. Mehr als drei Viertel der Unternehmer befürworten ein baldiges Ende der Sanktionspolitik. Vor diesem Hintergrund überrascht es nicht, dass Russlands Präsident Wladimir Putin bei den regelmäßigen Treffen mit deutschen Topmanagern für den Ausbau der wirtschaftlichen Beziehungen viel Beifall findet.

Im Laufe der militärischen Auseinandersetzungen um die Ost-Ukraine veränderte sich die Lage beständig zugunsten Russlands und der Separatisten. Es gelang Moskau immer wieder, die Kiewer Regierung in Begründungsnot für ihr Vorgehen zu bringen und mit diplomatisch geschickten Schachzügen unter Druck zu setzen. Das Zögern Kiews, den Minsker Friedensplan zu erfüllen, das mangelhafte Eingehen der ukrainischen Führung auf die geforderten Verfassungsänderungen zugunsten der Separatisten, aber auch die deutlich zunehmende Macht der hochgerüsteten Kräfte der seit der „Maidan-Revolution" in der Ukraine agierenden nationalistischen Gruppierung Prawyj Sektor halfen der russischen Regierung, diplomatisch zu punkten. Selbst der Versuch radikaler ukrainischer Kräfte am 21. November 2015, mit der Sprengung mehrerer Masten der Stromleitung zur Halbinsel Krim die Stromversorgung der Region lahmzulegen und eine harte militärische Reaktion Russlands zu provozieren, misslang. Die Stromversorgung war nach wenigen Tagen wiederhergestellt. Darüber hinaus wird die Krim-Region mit der Errichtung mehrerer Kraftwerke eine eigene Stromversorgung erhalten. Im Übrigen verbindet die in den vergangenen drei Jahren neu errichtete und am 15. Mai 2018 durch Staatspräsident Wladimir Putin eröffnete Brücke über die Meerenge von Kertsch die Halbinsel Krim dauerhaft mit dem russischen Festland und wird den wirtschaftlichen Aufschwung in der Krim-Region beflügeln. Den Bau dieser 19 km langen Brücke und den Auftritt des russischen Staatspräsidenten muss man wohl als Machtdemonstration ansehen, die eindrucksvoll zeigt, wohin die politische Entwicklung führt.

Ungeachtet der starken Unterstützung seitens der Obama-Administration, der zunehmenden Macht nationalistischer Kräfte in der Ukraine und der Finanzhilfe durch die westlichen Länder für das Kiewer Regime konnte Russland politische Vorteile verbuchen. Daran änderte auch der am 27. August 2015 vom Präsidenten der EU-Kommission Jean-Claude Juncker anlässlich seines Treffens mit Staatspräsident Poroschenko in Brüssel bekanntgegebene Verzicht von 20 Prozent der Schulden der Ukraine nichts. Diese Maßnahme spiegelt nur die Einsicht der westlichen Regierungen wider, dass die der Ukraine gewährten Kredite verloren sind. Auch das zwischen der EU und der Ukraine geschlossene Assoziierungsabkommen wird die Erosion des Landes und den Staatsbankrott nicht verhindern können. Wie umstritten die Politik der EU in dieser Frage ist, hat das klare „Nein" der Niederländer bei dem entsprechenden Referendum am 6. April 2016 gezeigt. Es demonstriert recht deutlich, dass die Niederländer die feindselige Politik der EU gegenüber Russland nicht mittragen und die Annäherung zwischen der Ukraine und der Europäischen Union für verfehlt halten. Zwar setzte sich das Parlament der Niederlande über das ablehnende Referendum hinweg und ratifizierte das Assoziierungsabkommen am 23. Februar 2017. Dies war jedoch nur möglich, nachdem der Europäische Rat eine ergänzende Erklärung beschlossen hatte, in der es unter anderem ausdrücklich heißt, dass „die Ukraine durch die Assoziierung kein Beitrittskandidat der EU wird".[152]

Die sehr stark von Korruption geprägte, von Staatspräsident Petro Poroschenko und der ukrainischen Regierung geduldete Herrschaft der Oligarchen, die spektakuläre Rücktrittsankündigung des ukrainischen Wirtschaftsministers Aivaras Abromavicius Anfang Februar 2016 und die danach folgende schwere Regierungskrise in Kiew haben die problematische Entwicklung des Landes einmal mehr offengelegt. Dass in diesem Zusammenhang der von Petro Poroschenko herbeigerufene und zum Gouverneur der Schwarzmeer-Region Odessa ernannte frühere Staatspräsident Georgiens, Michail Saakaschwili, die Korruption im Lande bekämpfen sollte, zeigte die Hilflosigkeit der ukrainischen Politik sehr deutlich auf. Gegen den in den USA ausgebildeten, bei den pro-westlichen „Maidan-Protesten" in Kiew aktiven und höchst umstrittenen Politiker liegt in Georgien ein Haftbefehl wegen des Verdachts auf Amtsmißbrauch vor. Die Rechnung des ukrainischen Staatspräsidenten ging auch nicht auf. Nach einer recht turbulenten Amtszeit von wenigen Monaten gab Saakaschwili Anfang November 2016 seinen Posten entnervt wieder ab. Die Politiker und Oligarchen in der Ukraine hatten ihm keine Chance gelassen, erfolgreich zu sein. Von ukrainischen Journalisten durchgeführte unabhängige Untersuchungen ließen erkennen, dass es in der Ukraine ein ausgeprägtes, auch den Präsidenten einschließendes Schwarzgeldsystem gibt und die Korruption tief verwurzelt bleibt.[153] Dieser Tatbestand hat schließlich auch den IWF und andere Geldgeber dazu veranlasst, das Engagement in der Ukraine sehr viel vorsichtiger zu betreiben und nur noch das zu tun, was man vertraglich zugesichert hatte. Darüber hinaus verließen angesichts der Beherrschung der ukrainischen Wirtschaft durch die Oligarchen aus dem Umkreis Poroschenkos und der fehlenden Reformbereitschaft zahlreiche Investoren das Land. Auch die auf ihre gemeinsame Studienzeit an der Universität Kiew zurückgehende Freundschaft zwischen Petro Poroschenko und Michail Saakaschwili ist zerbrochen. Präsident Petro Poroschenko entzog seinem einstigen Mitstreiter und nunmehrigen Gegner Ende Juli 2017 sogar die ukrainische Staatsbürgerschaft. Schließlich wurde der illegal in der Ukraine weilende und gegen Petro Poroschenko kämpfende ehemalige georgische Staatspräsident am 12. Februar 2018 nach Polen abgeschoben.

Der Rücktritt des ukrainischen Regierungschefs Arseni Jazenjuk und die Wahl des Managers Wladimir Groisman zum Ministerpräsidenten in Kiew am 14. April 2016 konnte an der prekären Entwicklung der Ukraine ebenfalls nichts ändern. Dank der durchweg oligarchischen Wirtschaftsstruktur und der Korruption befindet sich auch der Bankensektor der Ukraine in einer schweren Schieflage. Die Rezession der Wirtschaft setzte sich unvermindert fort, und mit Blick auf ihre politischen Ambitionen konnte das Kiewer Regime keine Erfolge erzielen. Es ist in diesem Zusammenhang besonders delikat, dass die Korruption selbst die führenden Leute des Kiewer Regimes erfasst, die beharrlich vorgeben, die Separatisten im Donbass zu bekämpfen, aber gleichzeitig im Zuge der umfangreichen Energie- und Kohlelieferungen aus diesem Gebiet mit den Separatisten lukrative Geschäfte machen.[154] Die tiefgreifenden Auseinandersetzungen zwischen der Kiewer Regierung und den „patriotischen“ Kräften im Lande über diese schwierige Frage wurden zwar am 15. März 2017 mit der Transportblockade für die Kohle aus dem Donbass entschärft. Doch führte diese Entscheidung zu Problemen in der Stromversorgung großer Teile der Ukraine und fügte den Separatisten keineswegs Schaden zu. Erst die von der Kiewer Regierung am 25. April 2017 verhängte Abschaltung des Stroms für den Bereich Lugansk bereitete den Separatisten einige

Schwierigkeiten. Die Versorgungsprobleme konnten durch eine Nebenleitung nach Russland jedoch weitgehend behoben werden.

Wie einflussreich die Oligarchen in der Ukraine tatsächlich sind, kam mit dem Ende März 2017 von Petro Poroschenko unterzeichneten Gesetz zur Offenlegung der Vermögen und Einkommen der „zivilgesellschaftlichen“ Organisationen zum Ausdruck. Der Kampf gegen die enorme Korruption im Lande, der weitgehend von den zahlreichen Repräsentanten der „Zivilgesellschaft“ getragen wurde, hat damit einen schweren Rückschlag erlitten und den Oligarchen weiteren Spielraum verschafft. Der Rücktritt der ukrainischen Notenbankchefin Walerija Gontarewa am 10. April 2017 unterstreicht dies einmal mehr. Sie galt als Reformerin, wurde schließlich immer stärker angefeindet und sogar mit Morddrohungen bedacht. Wie schlimm sich die Korruption in der Ukraine entwickelt hat, wird auch in einer Studie der Wirtschaftsentwicklungs-Gesellschaft Ernst & Young bestätigt, die Anfang April 2017 veröffentlicht wurde. Danach erscheint die Ukraine als das Korrupteste unter 41 untersuchten Ländern.[155] Es überrascht angesichts der fatalen wirtschaftlichen und politischen Entwicklung in der Ukraine nicht, dass nach einer Umfrage Anfang April 2017 die Mehrheit der ukrainischen Bevölkerung „den europäischen Traum“ aufgegeben hat und sieht, dass man während der vergangenen drei Jahre in eine wirtschaftliche Katastrophe abgeglitten ist.[156]

Auch der Versuch des ukrainischen Staatspräsidenten Poroschenko, angesichts der monatelangen Konzentration der internationalen Politik auf andere Schwerpunkte (z.B. Syrien-Konflikt) die Aufmerksamkeit der führenden Mächte mit spektakulären Vorgehensweisen, wie zum Beispiel dem versuchten Sabotageunternehmen am 11. August 2016 auf der Halbinsel Krim,[157] wieder auf den Konflikt mit Russland zu lenken, verfehlte sein Ziel. Die politische Führung Russlands ließ sich nicht zu aggressiven Reaktionen provozieren. Sie konterte das ukrainische Vorgehen mit den Mitteln der Diplomatie und traf im Übrigen weitere Maßnahmen zur Verbesserung der Sicherheit auf der Krim. Da half es der Regierung in Kiew auch nicht, dass die westlichen Medien das Geschehen falsch darstellten und Moskaus Vorwürfe gegenüber der Ukraine anzweifelten. Abgesehen von Appellen westlicher Regierungen zur Deeskalation an Kiew wie Moskau war aus europäischen Hauptstädten nichts zu hören. Von daher erschien die von Präsident Petro Poroschenko am 6. September 2016 in einer Parlaments-Rede in Kiew ausgedrückte Erwartung westlicher Waffenlieferungen im Wert von 1,3 Milliarden Euro ziemlich kühn. Und die in einem Interview mit der deutschen Zeitung „Die Welt“ am 12. September

2016 vom ukrainischen Außenminister Pawlo Klimkin ausgedrückte Auffassung, dass „die Ukraine eine Art östliche Flanke der NATO ist“,[158] macht deutlich, welche Realitätsdefizite hochrangige Politiker der Ukraine haben. Die Wirklichkeit sieht völlig anders aus. Da die Ukraine de facto nicht Mitglied der NATO ist, steht sie nicht unter dem Schutz des Vertrages. Im Übrigen kann es sich kein Land der Europäischen Union leisten, noch längere Zeit eine konfrontative Politik gegenüber Russland zu betreiben. Realpolitik steht vielmehr auf dem Programm. Und es erscheint in diesem Kontext durchaus folgerichtig, dass die Bevölkerung der Krim an den Wahlen zur russischen Staatsduma am 18. September 2016 und an den Präsidentenwahlen am 18. März 2018 teilgenommen hat.

Vor diesem Hintergrund war es realitätsfern, dass der ukrainische Staatspräsident immer wieder verlangte, die europäischen Sanktionen müssten so lange gelten, „bis die Souveränität und territoriale Integrität der Ukraine wiederhergestellt“[159] sind. Auch die von der Obama-Administration inspirierten vor allem im Spätsommer 2016 seitens der ukrainischen Truppen in der Donbass-Region erheblich gesteigerten militärischen Aktivitäten, wie sie von den Beobachtern der OSZE festgestellt wurden, verliefen erfolglos.[160] Der Versuch Kiews, mit diesen Maßnahmen und den erwarteten harten Reaktionen der Separatisten die Vereinbarungen im Rahmen des Minsker Prozesses zu verzögern, konnte nicht gelingen, zumal er den Interessen der europäischen Staaten widerspricht.

Auch die beim Gipfeltreffen der Staats- und Regierungschefs Russlands, Deutschlands, Frankreichs und der Ukraine am 19. Oktober 2016 in Berlin geführten Gespräche über die Fortsetzung des Minsker Prozesses brachten keine meßbaren Fortschritte. Man einigte sich lediglich auf den Plan einer „Roadmap“, der dazu dienen sollte, den Verhandlungen über eine weitere Entflechtung der Truppen und über den Sonderstatus der Donbass-Region eine zeitliche Ordnung zu geben.[161] Die Übereinkunft nützte Russland mehr als seinen Gegenspielern, blieb sie doch vage und angesichts der grundsätzlichen Widersprüche in dem Verständnis der Ziele und Verpflichtungen beider Seiten darauf zugeschnitten, viel Zeit zu kosten. Russlands Position war im Herbst 2016 dank seiner überlegenen Diplomatie und des günstigen militärischen Kräfteverhältnisses in der Donbass-Region so stark, dass es den Vereinbarungen von Berlin zustimmen konnte. Während die hochmotivierten Kämpfer der Separatisten meist aus der örtlichen Bevölkerung stammen, agierten zudem noch etwa 8.000 „Freiwillige“ russische Soldaten in dieser Region, vor allem Offiziere und

Spezialisten. Und der Druck der europäischen Regierungen auf das Kiewer Regime, die in dem Minsker Abkommen enthaltenen Verpflichtungen im Hinblick auf einen Sonderstatus für die Donbass-Region zu erfüllen und in der neuen Verfassung zu verankern, bringt für Russland großen Nutzen.[162] Dies gilt erst recht, nachdem das Ergebnis der Präsidentenwahl in den USA die Hoffnung des ukrainischen Präsidenten Poroschenko zunichte machte, dass ein Wahlsieg von Hillary Clinton zu einem entschlosseneren amerikanischen Vorgehen gegenüber Russland führen könnte. U.S.-Präsident Donald Trump scheint trotz der Beibehaltung der Sanktionen kein Interesse an der Verschärfung des Konflikts um die Ukraine zu haben. Anders als sein Vorgänger Barack Obama drängt er darauf, zunächst eine starke eigene Position aufzubauen und bei der Wahrung der nationalen Interessen Amerikas pragmatisch vorzugehen. Dies wurde bereits bei dem ersten Telefongespräch zwischen Donald Trump und Wladimir Putin am 28. Januar 2017 deutlich.[163] Ungeachtet der Tatsache, dass die Gegner des amerikanischen Präsidenten innerhalb und außerhalb der USA mit allen Mitteln gegen einen Interessenausgleich mit Russland kämpfen und der amerikanische Senat zu diesem Zweck Mitte Juni 2017 sogar die Sanktionen verschärft hat,[164] wissen die führenden Repräsentanten der U.S.-Administration, wie schwierig es ist, aus der verfahrenen Situation herauszufinden. Man lässt in der Tat vor allem in Amerika nichts unversucht, die Glaubwürdigkeit von Präsident Donald Trump insbesondere mit Blick auf seine Haltung zu Russland zu erschüttern.[165] Es wird für die russische Regierung darauf ankommen, Washington mit Geduld und kluger Diplomatie zu begegnen. In diesem Sinne argumentierte auch der frühere amerikanische Außenminister Henry Kissinger während der Primakow-Konferenz am 30. Juni 2017 in Moskau und empfahl beiden Seiten, „die gemeinsamen Interessen zu betonen".[166] Zwar konnte man im Zuge des ersten Treffens zwischen U.S.-Präsident Donald Trump und Russlands Präsident Wladimir Putin am Rande des G-20-Gipfels in Hamburg am 7. Juli 2017 keinen Ansatz für einen substantiellen Dialog über die Ukraine erwarten. Doch gab es einen recht offenen Meinungsaustausch.[167] Er bot der russischen Seite, auch vor dem Hintergrund der Vorwürfe, die U.S.-Präsident Trump am Vortag bei einer Rede in Warschau gegenüber Russland erhoben hatte, ein klareres Bild über dessen Haltung zum Konflikt um die Ukraine. Die Ankündigung von Präsident Donald Trump am 6. Juli 2017 in Warschau, Flüssiggas zur Stärkung der energiepolitischen Unabhängigkeit und Patriot-Raketen zur Verteidigung an Polen zu liefern, vervollständigte das Bild der amerikanischen Russland-Politik, auf die man sich in Moskau einzustellen hat.

Die überwältigende überparteiliche anti-russische Einstellung im U.S.-Kongress und der hartnäckige Widerstand gegen eine flexible Russland-Politik in den U.S.-Medien dürfte noch eine Weile die Lage kennzeichnen. Ein möglicher Ansatzpunkt zur Veränderung der Situation könnten gemeinsame Interessen im Bereich der Rüstungskontrolle sein. Mit Blick auf den tiefgreifenden Konflikt um die politische Orientierung der Ukraine dürften Maßnahmen der Rüstungskontrolle und der Vertrauensbildung künftig eine herausragende Rolle spielen. Dabei werden die Europäer – insbesondere die deutsche Bundeskanzlerin Angela Merkel – hinnehmen müssen, dass sich die internationale Politik nicht in ihre Richtung entwickelt und die Fehler der jüngsten Vergangenheit in dem Vorgehen gegenüber Russland ihren Preis haben.[168]

Mit Lockangeboten, wie z.B. die westlichen Sanktionen im Gegenzug zu russischem Wohlverhalten im Ukraine-Konflikt zurückzunehmen, konnte man Moskau nicht beeindrucken. Dies musste die deutsche Kanzlerin bereits bei ihrem Treffen mit Präsident Wladimir Putin am 2. Mai 2017 in Sotschi erfahren. Man hat sich in Russland längst in gewisser Weise an diese Sanktionen „gewöhnt“ und gute Auswege gefunden, um die westlichen Maßnahmen ins Leere laufen zu lassen. Wenngleich U.S.-Präsident Donald Trump im Zuge des G-7-Gipfels am 27. Mai 2017 in Taormina (Sizilien) der Beibehaltung der Sanktionen zustimmte, waren die Anzeichen für ein pragmatisches Vorgehen der übrigen westlichen Länder nicht zu übersehen. Die große Resonanz des vom 1. bis 4. Juni 2017 veranstalteten Internationalen Wirtschafts-Forums in St. Petersburg wies deutlich auf einen für Russland günstigen Trend hin. Die Gespräche des damaligen österreichischen Bundeskanzlers Christian Kern und des damaligen bayerischen Ministerpräsidenten Horst Seehofer mit Staatspräsident Wladimir Putin und der Abschluss umfangreicher Verträge demonstrierten klare Zeichen der Entspannung.[169] Insofern war die Kritik führender deutscher und österreichischer Politiker an dem Sanktionsvotum des amerikanischen Senats Mitte Juni 2017 folgerichtig.[170] Man war in Europa immer weniger bereit, die wirtschaftlichen Beziehungen unter den politischen Differenzen leiden zu lassen. Und im Hinblick auf die Umsetzung des Minsker Abkommens und den Verlauf des Konflikts mit der Ukraine spielte Präsident Putin den Ball geschickt in das Feld der Regierung in Kiew.[171] Von dort verlangte er mit einigem Recht konkrete Schritte.

Dies musste auch Frankreichs Staatspräsident Emmanuel Macron erfahren, der Russlands Präsident Wladimir Putin am 29. Mai 2017 in Versailles – genau 300 Jahre nach dem Treffen von Zar Peter dem Großen mit Frankreichs König Ludwig XV – zu einem ersten Meinungsaustausch empfangen hatte.

Vor diesem Hintergrund war es schon keine Überraschung mehr, dass Wladimir Putin den Repräsentanten der Separatisten im Donbass gestattete, für das von ihnen kontrollierte Territorium am 18. Juli 2017 den Staat „Kleinrussland“ (Malorossija) auszurufen und damit eine neue Runde im Ringen um die Ukraine einzuläuten.[172] Mit dem aus der Zarenzeit des 19. Jahrhunderts stammenden Begriff signalisierte man zugleich, dass es hier nicht um die Einhaltung der Minsker Vereinbarungen, sondern um die Belange der gesamten Ukraine ging. Die führenden westlichen Länder mussten nun entscheiden, ob sie den Konflikt durch weitere, unter Umständen auch militärische Unterstützung Kiews verschärfen oder die nach einer Umfrage vom Juni 2017 nur noch von knapp 10 Prozent getragene Regierung Poroschenko[173] zu den in Minsk vereinbarten Zugeständnissen gegenüber den Separatisten zwingen sollten. Aus Moskau konnte man in Ruhe beobachten, wie sich Washington, Paris, London und Berlin angesichts der unangenehmen Alternativen wohl verhalten würden. Auf die am 24. August 2017, dem 26. Jahrestag der Unabhängigkeit der Ukraine in Kiew von U.S.-Verteidigungsminister James Mattis verkündete Versicherung, dass „die Vereinigten Staaten zur Ukraine halten“,[174] musste Moskau nicht unbedingt antworten. Vielmehr zeigte Präsident Wladimir Putin am 5. September 2017 mit seiner Anregung, eine Friedenstruppe der Vereinten Nationen an der Demarkationslinie zwischen der West-Ukraine und dem von den Separatisten kontrollierten Ost-Ukraine zu stationieren, dass man in Moskau schon wieder einen Schritt weiter war: Der Einfluss Kiews auf die Donbass-Region steht gar nicht mehr zur Debatte. Daran wird auch der Versuch der Kiewer Regierung, die Modalitäten des Einsatzes der UN-Friedenstruppe gemäß ihren Interessen festzulegen, nichts ändern. Die Vorstellungen der Kiewer Regierung haben keine Chance, aufgenommen zu werden. In jedem Fall aber demonstrierte Moskau einmal mehr, dass man auch bei diesem Streitpunkt als Weltmacht im Rahmen der Vereinten Nationen agiert. Und mit Blick auf die „Energiemacht“ Moskaus zeigte das Treffen der deutschen Bundeskanzlerin Angela Merkel mit Russlands Präsident Wladimir Putin am 18. Mai 2018 in Sotschi, wer das Gesetz des Handelns bestimmt: Die Bemerkung des russischen Staatspräsidenten, auch nach der Inbetriebnahme der „North-

Stream“-2-Pipeline Erdgas über die alte Transit-Leitung in der Ukraine zu liefern, „wenn dies wirtschaftlich sinnvoll“ ist, macht die westliche Schwäche vor aller Welt deutlich.

In ähnlicher Weise wie gegenüber der Ukraine, aber mit größerer Durchschlagskraft ist Wladimir Putin während der letzten zehn Jahre gegenüber Weißrussland vorgegangen. So konnte er den Präsidenten Weißrusslands, Alexander Lukaschenka, in wesentlichen Punkten für seine Sache gewinnen. Wenngleich Lukaschenka nach außen hin seine Eigenständigkeit betont und gute Beziehungen zum Poroschenko-Regime in Kiew aufzubauen versuchte, nahm seine Abhängigkeit von Russland immer weiter zu. Daran änderten auch die gelegentlichen Avancen gegenüber der Europäischen Union nichts. Erst recht sollte man das „Zugeständnis“ der politischen Führung Weißrusslands, anlässlich der jüngsten Parlamentswahlen am 11. September 2016 zwei unabhängige Abgeordnete in dem 110 Sitze umfassenden Parlament zuzulassen, nicht als „Hinwendung nach Europa“ werten. Dieses Zugeständnis des Präsidenten hat lediglich Symbolwert und war darauf gerichtet, der EU die Aufhebung der Sanktionen zu erleichtern.

Weißrussland bleibt ohne Einschränkung im Einflussbereich Moskaus. Einen Großteil der staatlichen Einkünfte erwirtschaftet Weißrussland durch den Weiterverkauf und die Durchleitung von russischem Erdgas und Erdöl in andere Länder, sowie mit dem Export von Maschinen nach Russland. Mit der Übernahme der Energieunternehmen, vor allem des Konzerns Beltransgaz, und massiven finanziellen Hilfen, die an politische Bedingungen geknüpft sind, hat Moskau Weißrussland mit seinen 9,5 Millionen Einwohnern sehr stark an sich gebunden. Und nachdem Russland seine militärische Infrastruktur in Weißrussland über mehrere Jahre hinweg abgebaut hatte, wurden seit Mitte des Jahres 2013 Maßnahmen ergriffen, die den russischen Luftstreitkräften neue Stationierungs- und Einsatzmöglichkeiten bieten. Abgesehen von der Stationierung moderner Flugabwehrraketen-Systeme vom Typ S-300 werden die gemeinsamen Manöver russischer und weißrussischer Streitkräfte in den kommenden Jahren erweitert werden. Dies zeigte sich bereits bei dem Großmanöver „Zapad 2017“, das im September 2017 auf dem Territorium Weißrusslands und in westlichen Gebieten Russlands abgehalten wurde. Der Staatschef Weißrusslands versucht zwar, das Beste aus der geographischen Lage seines Landes zu machen und seinerseits Forderungen an die politische Führung Russlands zu stellen. Für ihn kommt es darauf an, möglichst viel aus dieser besonderen Beziehung herauszuholen. Dies zeigte sich einmal mehr beim Treffen mit Russlands Präsident Wladimir Putin am 3. April 2017 in St. Petersburg.[175] Es dürfte jedoch für den einst zur Sowjetunion gehörenden Staat Weißrussland kaum noch möglich sein, sich dem Zugriff Moskaus zu entziehen. Ohne die strikte Einbindung dieses Landes wäre Russland ein normaler Nationalstaat. Mit der Integration Weißrusslands und weiterer Staaten unmittelbar jenseits der russischen Grenzen in den eigenen Einflussbereich schafft Russland jedoch die Grundlage dafür, einen Machtkomplex zu bilden, der durch seine geographische Lage, seine Rohstoffe und seine wirtschaftspolitische Kooperation an neuer Anziehunskraft gewinnt. Und wo dies notwendig erscheint, steht das militärische Instrumentarium zur Verfügung, um die eigenen Machtinteressen zu wahren.

Entsprechend dieser Maßgabe stationierte Moskau Streitkräfte in Transnistrien. Dieser vorwiegend russischsprachige Teil Moldawiens hatte sich zu Beginn der 90er Jahre des vorigen Jahrhunderts vom Mutterland abgetrennt und unter den Schutz Moskaus gestellt. Es gelang der russischen Regierung, einen militärischen Konflikt zu verhindern, aber auch sicherzustellen, eine Integration Moldawiens in die Europäische Union abzuwenden. Die Unterzeichnung des Assoziierungs- und Freihandelsvertrages mit der Europäischen Union im Juni 2014 durch Moldawien wird an dieser Situation nichts ändern. Auch der Ausgang der Parlamentswahlen in Moldawien am 1. Dezember 2014, wo zwar die pro-europäische Koalition eine knappe Mehrheit erreichte, aber die für einen engen Anschluss an Russland plädierende Sozialistische Partei unter der Führung von Igor Dodon den ersten Platz eroberte, führte nicht zu einer stärkeren Hinwendung nach Europa. Es gelang vielmehr den Oppositionsparteien im Parlament der Republik Moldau seit dem Herbst 2015 mehrfach, die jeweiligen EU-freundlichen Regierungen zu stürzen. Angesichts der enormen Wirtschaftsprobleme und der Korruption unter den nach Westen neigenden politischen Kräften in Moldawien gibt es für Russland vielfältige Ansatzpunkte, um mit einer klugen, die pro-russischen Kräfte unterstützenden Politik seine geopolitischen Interessen durchzusetzen. Die Wahl von Igor Dodon zum Staatspräsidenten am 13. November 2016 bestätigte diese für Russland positive Entwicklung. Der direkt vom Volk gewählte Präsident bemüht sich auf vielfältige Weise darum, Moldawien wieder stärker an Russland zu binden. Dabei hilft ihm auch die Tatsache, dass die Europäische Union dem Land keine Beitrittsperspektive gegeben hat.

Mit ausgeprägtem Gespür für die geostrategische Bedeutung und den außerordentlichen Reichtum an wichtigen Rohstoffen (z.B. Erdöl und Erdgas) hat sich Russland bislang auch darum bemüht, die im Zuge des Zusammenbruchs der Sowjetunion unabhängig gewordenen Kaukasus-Republiken und die zentralasiatischen Länder wieder in den eigenen Einflussbereich zu integrieren. So war es der russischen Regierung im Herbst 2013 gelungen, die Republik Armenien zu einem ähnlichen Kurswechsel weg von der Europäischen Union zu veranlassen. Nach den jüngsten innenpolitischen Auseinandersetzungen in Armenien während des Frühjahrs 2018 um die Führung des Landes wird es neuer Antrengungen Moskaus bedürfen, um ein Abgleiten Armeniens in Richtung Europäische Union zu verhindern.

Wie entschlossen die Führungselite in Moskau ihre machtpolitischen Interessen verfolgte, hatte sie mit dem Einsatz ihrer Streitkräfte am 8. August 2008 in Georgien, sowie mit der nachfolgenden Abtrennung der bis dahin zu Georgien gehörenden Regionen Abchasien und Südossetien eindrucksvoll demonstriert. Hier konnte Russland die Gelegenheit nutzen, die der damalige georgische Präsident Michail Saakaschwili durch seine unüberlegte Militäraktion gegen die abtrünnigen Landesteile geboten hatte. Russland hält seitdem ca. 20 Prozent des Landes unter seiner Kontrolle. Die seit 2014 bzw. 2015 vertraglich abgesicherte wirtschaftliche und militärische Bindung Südossetiens und Abchasiens an Russland dürfte auch künftig halten. Zwar hat das russische Vorgehen im Konflikt um die Ukraine die Orientierung Georgiens nach Europa verstärkt. Die Außenminister Deutschlands und Frankreichs drückten bei ihrem Besuch in Tiflis am 24. April 2014 auch ihre Verbundenheit mit Georgien aus. Eine direkte Angliederung an die Europäische Union stellten sie jedoch nicht in Aussicht.

Man hielt lediglich daran fest, ein Assoziierungsabkommen mit Georgien zu schließen und signalisierte damit indirekt auch gegenüber der Ukraine, dass eine volle Integration in westliche Bündnisstrukturen nicht auf der Tagesordnung steht.

Mit seiner klaren gegen die Interessen der Europäischen Union gerichteten Politik zeigte die politische Führung Russlands nicht nur, dass sie die Europäer für zu schwach hält, um die russischen Absichten durchkreuzen zu können. Russland hat sich auch gleichzeitig in Asien und hier vor allem mit China in einer Weise institutionell verbunden, die offenlegt, wie unabhängig und flexibel man agieren kann. Die Zerfallserscheinungen der Europäischen Union nach dem Brexit-Votum der Briten am 23. Juni

2016 und die unprofessionelle Art des politischen Handelns der Obama-Administration in den USA kamen Russland dabei sehr entgegen.

Die seit Jahren anhaltende politische Schwäche der USA und das Zögern der Obama-Administration, eine zielbewusste und kraftvolle Außenpolitik zu betreiben, dürfte die politische Führung Russlands dazu ermuntert haben, dem jungen, politisch unerfahrenen amerikanischen IT-Spezialisten Edward Snowden, der mit einem umfangreichen Material zur Abhörpraxis der amerikanischen Geheimdienste über Hongkong nach Moskau geflüchtet war, am 1. August 2013 zunächst für ein Jahr Asyl zu gewähren. Die amerikanische Regierung wurde hierbei von ihren russischen Kollegen regelrecht vorgeführt. Das Auslieferungsverlangen der U.S.-Regierung lehnte die politische Führung Russlands kategorisch ab. Es wird dem russischen Geheimdienst darüber hinaus sicherlich gelungen sein, von Edward Snowden die jüngsten technischen Errungenschaften und Fertigkeiten der Amerikaner auf dem Felde des Cyberwar zu erfahren. Und mit dem heftigen innerwestlichen Streit, der nach den Enthüllungen Snowdens über die Vorgehensweisen der National Security Agency (NSA) mit Hilfe einiger westlicher Journalisten und Politiker folgte, konnte die politische Führung Russlands eine tiefe Vertrauenskrise zwischen den westlichen Demokratien auslösen. Wie schon zur Zeit Leonid Breschnews profitierte Russland auch diesmal von der stark ausgeprägten Neigung westlicher Politiker und Journalisten, den ohnehin latent vorhandenen Antiamerikanismus in den Mitgliedstaaten der Europäischen Union zu fördern. Die am 7. August 2014 vorgenommene Verlängerung des Asyls für Snowden um mehrere Jahre macht deutlich, dass die politische Führung Russlands in längeren Zeiträumen denkt und glaubt, die mit dieser Maßnahme gegebenen Möglichkeiten zum Handeln gegen die USA weiter nutzen zu können.

Trotz der bisherigen außenpolitischen Erfolge liegt noch ein weiter Weg vor Russland, wenn es seine Position im Weltstaatensystem deutlich verbessern will. Aktuell kommt der russischen Regierung dabei zugute, dass selbst die Weltmacht USA derzeit als zu schwach erscheint, um das Streben Russlands erfolgreich zu konterkarieren. Die politische Führung in Moskau sieht vielmehr, dass die Amerikaner weder eine schlüssige Strategie für ihr weltpolitisches Engagement haben, noch mit dem bisherigen Einsatz ihres militärischen Instrumentariums in der Lage waren, ihre politischen Ziele zu erreichen. Sowohl der außerordentlich kostspielige Versuch, in Afghanistan ein dem Westen verbundenes Regime langfristig durchzusetzen, als auch den Irak im Sinne der westlichen Interessen zu verändern oder in der übrigen arabischen Welt für eine pro-westliche Haltung zu sorgen, scheint nicht zu gelingen. Welche Strategie die U.S.-Präsidenten – von Bill Clinton über George W. Bush und Barack Obama bis Donald Trump – auch immer wählten, führte doch keine der Vorgehensweisen zum Erfolg. Sie waren nicht einmal imstande, aufstrebende Mächte in geostrategisch wichtigen Regionen der Welt in Schach zu halten.

Vor diesem Hintergrund, aber auch durch die Geschicklichkeit und Zielstrebigkeit Wladimir Putins ist Russland wieder als bedeutsamer Akteur auf die internationale Bühne zurückgekehrt. Konsequente Entfaltung wichtiger Machtressourcen und kluge Anwendung der Macht haben dazu geführt, dass Russland heute sehr wirksam in der internationalen Arena handeln und seine vitalen Interessen wahrnehmen kann.

Russlands aktuelle Rolle in der Welt

Wenngleich die einst für Moskaus Einfluss und Status in der Welt so bedeutende Machtquelle, der über die machtvolle Kommunistische Partei ideologisch abgesicherte Zugriff auf andere Staaten, nicht mehr zur Verfügung steht, hat Russland zahlreiche Möglichkeiten, in der internationalen Politik eine gewichtige Rolle zu spielen. In diesem Kontext nehmen die Streitkräfte eine herausragende Position ein. Es zeigt sich inzwischen, dass die seit 2008 ergriffenen Maßnahmen zur Reform der Streitkräfte und die massive Erhöhung der Militärausgaben Früchte tragen. Hinzu kommt die Bereitschaft, die neu formierten militärischen Streitkräfte zur Wahrung der vitalen russischen Interessen und Ziele auch einzusetzen. Insbesondere die erstmals in der Geschichte unternommene Intervention mit eigenen Truppen im Nahen Osten demonstriert, dass Russland wieder in der Lage ist, selbst den USA und anderen bedeutenden Staaten Paroli zu bieten und militärische Macht in weit entfernte Regionen zu projizieren. Nach mehr als zwei Jahrzehnten der militärischen Schwäche ist Russland mit einer beachtlichen Militärmacht zurück auf der Weltbühne.

Bereits aus dem geschickten, zumeist indirekten und in neuer Form durchgeführten Einsatz der Streitkräfte im Ukraine-Konflikt zog Russland großen Nutzen. Nicht allein die Einvernahme der Halbinsel Krim, sondern auch die zunehmende Fähigkeit Russlands, die West-Ukraine mit einer Invasion bedrohen zu können, schlägt in diesem Konflikt machtpolitisch zu Buche. Angesichts der wiedererlangten Stärke der russischen Militärmacht liegt eine Rückeroberung der von den Separatisten beherrschten Ost-Ukraine außerhalb der Reichweite Kiews. Zudem haben die russischen Streitkräfte eine Stärke und Einsatzfähigkeit erlangt, die von den USA als eine Bedrohung für die Sicherheit ihrer osteuropäischen Bündnispartner betrachtet wird. Besonders in den baltischen Staaten mit ihren großen russischen Minderheiten fürchtet man ähnliche Aktionen wie in der Ost-Ukraine.

Mit der Dislozierung beachtlicher Kontingente und dem professionellen Einsatz seiner Streitkräfte sichert Russland nicht nur die Existenz verbündeter Regime. Russland zeigt sich mit seinem entschlossenen Vorgehen auch in der Lage, den Vereinigten Staaten von Amerika das Monopol zum globalen Einsatz seiner Streitkräfte zu entwinden, das diese nach dem Zerfall der Sowjetunion de facto innehatten. Dank der Stärke der russischen Militärmacht und der ihre Operationen begleitenden überlegenen Diplomatie dürfte im Nahen Osten wohl keine politische Regelung der

Konflikte möglich sein, die den Interessen Russlands widerspricht. Russland ist mit seiner Militärpräsenz in dieser Region ein nicht zu umgehender Faktor und nimmt seine neue Rolle auch sehr selbstbewusst wahr. Noch bedeutsamer erscheint die Tatsache, dass Russlands Status als Großmacht nunmehr gesichert ist und seine führenden Politiker die diplomatischen Prozesse auch weit über den Nahen Osten hinaus mitbestimmen. Sie haben eindrucksvoll vor aller Welt deutlich gemacht, wie wichtig starke und einsetzbare militärische Streitkräfte sind, um die ehrgeizigen politischen Ziele zu erreichen.

In diesem Kontext stellt sich die Frage, wo Russland seine Militärmacht in der nächsten Zukunft einsetzen wird. Hier zeichnen sich neben den Aktivitäten im Nahen Osten der zügige Aufbau von Stützpunkten und die massive Dislozierung von Teilen der Streitkräfte in der Arktis ab. Diese Region erhält durch die – dank der Veränderungen des Weltklimas – offeneren Seegebiete und die enormen Bodenschätze zunehmende sicherheitspolitische und strategische Bedeutung. Mit dem Aufbau der Militärmacht in der Arktis wird Russland seine Ansprüche gegenüber anderen Anliegerstaaten zu sichern suchen. Die nach dem Zerfall der Sowjetunion aufgegebenen Stützpunkte in der Arktis wurden bereits aktiviert, neue Stützpunkte geschaffen und entsprechende, modern ausgerüstete Streitkräfte disloziert. Eine dazu passende Arktis-Strategie und die neue Marinedoktrin spiegeln die Tatsache wider, dass die politische Führung Russlands ihre Interessen in dieser wichtigen Region konsequent durchsetzen will.

Im Übrigen bereitet man sich in Moskau darauf vor, dass die eigene Militärmacht auch an den südlichen Grenzen – etwa in Zentralasien – gefordert sein wird, wenn sich die Lage in Afghanistan weiter verschlechtert und die Taliban dort wieder die Herrschaft übernehmen. Es gilt sodann, die äußerst fragilen Staaten am Südrand Russlands, die früher zur Sowjetunion gehörten, strategisch abzusichern. Dies dürfte eine neue Geschicklichkeit verlangen und gewiss andere Vorgehensweisen erfordern, als sie einst bei dem unüberlegten und verlustreichen Engagement der Sowjetunion in Afghanistan angewandt wurden. Die noch immer recht frische Erinnerung an den verlustreichen Feldzug der Sowjetarmee gegen dieses Land dürfte die politische Führung Russlands zur Vorsicht mahnen und einen eher indirekten Einsatz der Militärmacht in dieser Region nahelegen.

Der politischen Führung in Moskau ist durchaus klar, dass die wirtschaftlichen und demographischen Ressourcen Russlands sehr viel kleiner sind als die Kapazitäten etwa der USA oder Chinas. Gleichwohl führt

Russland insbesondere den westlichen Ländern vor, dass es weniger die Zahl der Soldaten oder die Höhe der Militäretats sind, die zu Buche schlagen, sondern die Kampffähigkeit der Streitkräfte und die Bereitschaft zu deren Einsatz, die in der internationalen Korrelation der Kräfte zählen. Diese Politik dürfte so lange in Russland populär bleiben, wie sich Erfolge in überschaubarer Zeit einstellen und die sozialen Belastungen erträglich sind.

Mit Blick auf den Einsatz der Militärmacht ist dem russischen Staatspräsidenten Wladimir Putin durchaus bewusst, dass die immer weiter angelegten Operationen auch Risiken bergen. Diese Risiken erscheinen jedoch kalkulierbar, zumal sich die westlichen Länder derzeit in einer Schwächeperiode befinden und Russland noch andere Machtquellen zur Verfügung stehen, um seine Interessen durchzusetzen.

Russlands Fähigkeit, die internationale Politik in hohem Maße mitzugestalten und seine vitalen Interessen zu wahren, liegt keineswegs nur darin begründet, die Bereitschaft zum Einsatz seiner Streitkräfte zu demonstrieren oder sein Veto-Recht im Sicherheitsrat der Vereinten Nationen als eine Quelle der Macht zu nutzen. Die russische Regierung verfügt vielmehr über weitere „Währungen der Macht“, die sich gut einsetzen lassen, vom Rohstoffreichtum bis zur Unabhängigkeit in der Versorgung mit Energie. Während die Regierungsvertreter der westlichen Länder weiterhin von der Wirksamkeit ihrer „Soft Power“ träumen, geht die politische Elite Russlands mit einer gewissen Unbefangenheit an die wichtigen geopolitischen Fragen heran. Dies zeigt sich einmal mehr in der „Verordnung“ (ukaz) des russischen Staatspräsidenten über die „Konzeption der Außenpolitik der Russländischen Föderation“ vom 30. November 2016. Sie unterstreicht erneut die vitalen Interessen und die außenpolitischen Ziele Russlands mit einer Klarheit, die nichts zu wünschen übrig lässt.[176] Die neue Konzeption betont den Wert der „eurasischen Integration“ und der damit verknüpften wirtschaftlichen und militärischen Organisationen. Zudem wird die gestiegene Bedeutung der Beziehungen Russlands zu China, zu Indien und anderen asiatischen Ländern hervorgehoben. Die kategorische Ablehnung jeder Erweiterung der NATO und der militärischen Einsätze abseits der ursprünglichen Funktion dieses Bündnisses fehlen dabei ebenso wenig wie die Absicht, mögliche europäische Kooperationspartner differenziert zu behandeln. In diesem Kontext bietet die derzeitige Schwäche der USA und der Europäischen Union der russischen Diplomatie willkommene Möglichkeiten, den Einfluss und den Status ihres Landes fühlbar zu verbessern. So wird Russland zum einen von den starken innenpolitischen Konflikten in den USA und den pazifistischen Grundströmungen in Westeuropa profitieren können, die von einigen gesellschaftlichen Gruppen und von den Medien erzeugt werden. Russlands politische Führung muss nicht fürchten, dass westeuropäische Staats- und Regierungschefs ihre Handlungsweise anders ausrichten werden, als dies der politische „Mainstream"erlaubt. Die markigen Reden hochrangiger europäischer Politiker im Rahmen der 54. Münchner Sicherheitskonferenz am 16.-18. Februar 2018 über die Entwicklung „Europas zur Militärmacht" müssen von der politischen Führung in Moskau nicht ernst genommen werden. Angesichts der mangelnden Einsatzbereitschaft der Streitkräfte in wichtigen europäischen Ländern und der fehlenden finanziellen Ressourcen erweisen sich solche Reden als leere Worthülsen. In Deutschland gilt selbst das Plädoyer für eine Annäherung an das Zwei-Prozent-Ziel der NATO als ein „verwerflicher Akt der Militarisierung". Zum anderen wird Russland weiterhin aus dem in Westeuropa grassierenden und nach der Wahl von Donald Trump zum U.S.-Präsidenten noch wachsenden Antiamerikanismus Nutzen ziehen können. Man kann in Moskau durchaus damit rechnen, dass die derzeit so virulente antiamerikanische Strömung in Westeuropa – vor allem in Deutschland – noch eine Weile anhalten wird. Dies wurde im Rahmen des Gipfeltreffens der NATO am 11./12. Juli 2018 in Brüssel erneut deutlich. Der tiefgreifende Streit über die nachhaltigen Forderungen von U.S.-Präsident Donald Trump im Hinblick auf ein faires „Burden-Sharing" und die substantielle Erhöhung der Verteidigungsetats überschattete alle Gespräche und brachte kein Ergebnis, das von Russland zu fürchten wäre. Während sich das politische Handeln des russischen Staatspräsidenten auf sorgfältige Analysen exzellent ausgebildeter Berater stützen kann, die über ausgezeichnete Geschichtskenntnisse verfügen und denen geopolitisches wie strategisches Denken nicht fremd ist, orientiert sich das Handeln westlicher Politiker vorwiegend an einem diffusen Zeitgeist und jener weltfremden Ideologie, für die man den Begriff „politische Korrektheit" gefunden hat. Die mangelnde Professionalität vor allem deutscher führender Politiker zeigte sich einmal mehr in der Überraschung über den Wahlsieg Donald Trumps in den Präsidentenwahlen Anfang November 2016. Anders als Russlands politische Führung pflegten die deutschen Entscheidungsträger keinen Kontakt zu dem Herausforderer von Hillary Clinton und demonstrierten in ihren ersten Reaktionen auf Trumps Sieg eine Arroganz und eine Fahrlässigkeit, die jeden politischen Analysten verwundern muss. Dagegen war der russische Staatspräsident einer der ersten Staatschefs, der Donald Trump – ohne Wenn und Aber – zu seinem Wahlsieg gratulierte und seine Bereitschaft zur Zusammenarbeit signalisierte.[177] Dabei war es klug, dass Wladimir Putin seine Kooperationsbereitschaft mit der neuen U.S.-Regierung in einer Rede am 1. Dezember 2016 vor aller Welt wiederholte.[178] Die Verwirrung der politisch-moralischen Maßstäbe gerade in den größeren europäischen Ländern sowie der Mangel an strategischem Denken in einigen Staatskanzleien der westlichen Demokratien wird sich zum Vorteil Russlands sicherlich noch viele Jahre nutzen lassen. Auch wird die Wahrscheinlichkeit, dass Wladimir Putin nach seiner erneuten Wahl zum Staatspräsidenten am 18. März 2018 noch lange – mindestens bis 2024 – im Amt bleiben und für eine bemerkenswerte Kontinuität sorgen dürfte, dem russischen Regime eine Stärke vermitteln, von der die westlichen Länder mit ihren gelegentlich überraschenden Regierungs-Wechseln und ihren Unsicherheiten nur träumen können. Es ist in diesem Kontext auch vorteilhaft, dass sich der russische Staatspräsident auf einen engen „inneren Zirkel" von Beratern stützen kann, die über bemerkenswerte Sachkenntnis im Bereich der Außen- und Sicherheitspolitik verfügen und seine grundlegenden Zielsetzungen teilen. Zu diesem Personenkreis gehören neben Verteidigungsminister Sergej Schojgu und Außenminister Sergej Lawrow der Direktor des Inlandsgeheimdienstes (FSB) Alexander Bortnikow und der Leiter des Sicherheitsrates Nikolaj Patruschew.

Ungeachtet der charakteristischen gegenwärtigen Schwächeperiode Amerikas dürften die USA auch in den kommenden Jahren der wichtigste Orientierungspunkt für die russische Außenpolitik bleiben. Zwar wird das mit großem Elan zur Weltmacht aufstrebende China ebenfalls die Aufmerksamkeit der politischen Entscheidungsträger in Moskau fesseln. Doch kommt den Beziehungen Russlands zur Weltmacht USA weiterhin eine herausragende Bedeutung zu. Insofern beklagte der damalige russische Regierungschef Dmitrij Medwedjew schon während der 52. Münchner Sicherheitskonferenz am 13. Februar 2016 zu Recht, dass eine hinreichende Kommunikation zwischen Washington und Moskau fehle und die amerikanische Strategie unberechenbar sei. Es gelte daher, künftig darauf zu achten, das früher vorhandene und für beide Seiten nützliche gegenseitige politische Verständnis wiederherzustellen.[179] Dazu gibt es ungeachtet großer Widerstände aus dem amerikanischen Kongress immer noch Chancen. So deutete sich bereits während der 53. Münchner Sicherheitskonferenz am 17. Februar 2017 an, dass es trotz der schwierigen innenpolitischen Verhältnisse in den USA am Ende doch zu ernsthaften amerikanisch-russischen Gesprächen über die Eindämmung militärischer Risiken und über Rüstungskontrolle kommen könnte.[180] Letztlich dürften Russland und die USA auf einigen wichtigen Feldern der internationalen Politik zusammenarbeiten. Dies liegt im Interesse Russlands. Dabei sollten die russischen Entscheidungsträger damit rechnen, dass die derzeitige Führung der USA eine aktivere und machtbewusstere Politik betreiben wird. Der seit Ende Januar 2017 amtierende Präsident der Vereinigten Staaten von Amerika, Donald Trump, dringt offensichtlich darauf, sich von Barack Obama deutlich abzusetzen und wird dessen Schwächen zu vermeiden suchen. Nicht zuletzt wird diese Tendenz mit Blick auf die Entwicklung der Militärmacht zu sehen sein.

Zwar hatte Donald Trump frühzeitig angekündigt, das Nuklearwaffenarsenal der USA künftig auszubauen.[181] Doch muss dies keineswegs zu einem neuen Rüstungswettlauf führen. Für Russland wie für die USA hätte es Vorteile, sich auf ein ausgehandeltes Niveau zu einigen. Im Übrigen könnte bei solchen Gesprächen eine der größten Nachlässigkeiten der Obama-Administration beseitigt werden, der Umstand nämlich, dass kein politischer Dialog den bereits laufenden und außerordentlich gefährlichen Umrüstungsprozess im nuklearen Bereich begleitet. Die von Russlands Präsident Wladimir Putin in seiner Pressekonferenz am 23. Dezember 2016 bekundete Bereitschaft zum Entgegenkommen und sein Angebot, einen Rüstungswettlauf zu vermeiden,[182] sind bereits konkrete Ansatzpunkte für einen Dialog.

In der Tat werden schon bald – aufbauend auf den alten Kommunikationslinien, die bereits während des vergangenen Jahrzehnts das Verhältnis zwischen Russland und den USA trugen – vor allem die strategisch bedeutsamen Fragen mit Washington abzuklären sein. Immerhin war es Moskau und Washington gelungen, von 2009 bis 2011 einen neuen Vertrag über die strategischen Kernwaffen und Trägermittel beider Seiten (START-Vertrag=Strategic Arms Reduction Talks) auszuhandeln, zu ratifizieren und danach umzusetzen. Es konnte ein Logistiknetz ausgebaut werden, das die amerikanischen Streitkräfte und die Truppen der internationalen Koalition in Afghanistan versorgte. Es wurde ein Abkommen über die Zusammenarbeit bei der zivilen Nutzung der Kernenergie geschlossen und eine bilaterale Kommission gebildet, durch die russische und amerikanische Regierungsvertreter und die Bürger beider Länder an einer breiten Agenda zusammenarbeiten.

Dennoch waren aus russischer Perspektive manche Interessen von amerikanischer Seite nicht ausreichend berücksichtigt worden. So blieb es bisher bei den ernsten Differenzen in der Frage der Errichtung eines von den USA inspirierten Raketenabwehrsystems der NATO und der ausgeprägten Neigung der Amerikaner, weitere europäische Staaten in das westliche Bündnis aufzunehmen. Es erscheint daher nur folgerichtig, dass Russland alles daransetzt, den offensichtlich von den USA weitergeführten Aufbau eines umfassenden Raketenabwehrsystems der NATO zu konterkarieren und gegen jeden Versuch der USA vorzugehen, weitere Staaten in die NATO zu integrieren. Auch das Angebot der U.S.-Regierung, im Westen des eigenen Landes die Abwehr zu verstärken und dafür die letzte Phase des Raketenabwehrsystems in Europa zu streichen, dürfte seitens der russischen Regierung keine Billigung finden. Es erscheint aber durchaus denkbar und aus russischer Perspektive konsequent, die Frage der weiteren Reduzierung der strategischen Waffen und der Raketenabwehr miteinander zu verknüpfen.

Russlands politische Führung dürfte sich mit Blick auf das strategische Kräfteverhältnis nicht davon irritieren lassen, dass sich die Vereinigten Staaten von Amerika in einer Phase der geopolitischen und finanziellen Überdehnung befinden. Moskau wird damit rechnen müssen, dass die USA nach der Schwächeperiode unter Barack Obama trotz der großen innenpolitischen Widerstände wieder Tritt fassen und neue Kräfte entfalten, um in der internationalen Politik erfolgreicher agieren zu können. Der nicht zu bestreitende Zwang, die exorbitant hohe Verschuldung des Landes allmählich zurückzuführen und hierzu in manchen Bereichen zu sparen, dürfte die U.S.-Administration noch eine Weile beschäftigen. Im militärischen Bereich ist eine Verminderung der Anstrengungen jedoch nicht zu erwarten. Immerhin hatte Präsident Trump Ende Februar 2017 angekündigt, den Militäretat um 54 Milliarden Dollar, d.h. um etwa 10 Prozent aufzustocken.[183] Doch dürfte die Abneigung der amerikanischen Bevölkerung gegen neue militärische Aktionen eine gewisse Zurückhaltung der U.S.-Regierung in internationalen Krisensituationen bewirken. Die politische Führung Russlands sollte aber damit rechnen, dass die von Präsident Trump beabsichtigte strikte Verfolgung der nationalen Interessen („America first“) im Allgemeinen und die mit dem massiven Einsatz der revolutionären „Fracking“-Methode in der Erdgasförderung zu erwartende Versorgungsunabhängigkeit und erheblich verbesserte Lieferkapazität im Besonderen die politische Dynamik in den USA verstärken könnte.

Es dürfte daher durchaus im Interesse Russlands liegen, ein neues Abkommen mit den USA über die Reduzierung der strategischen Nuklearwaffen anzustreben. Die bereits in der „Botschaft zur Lage der Nation" am 12. Februar 2013 enthaltene Idee des damaligen U.S.-Präsidenten Barack Obama, das auf beiden Seiten vorhandene Potential strategischer Nuklearwaffen auf jeweils etwa 1.000 Systeme festzulegen, bietet für Russland interessante Ansatzpunkte. Wenngleich Präsident Donald Trump den alten „Deal" seines Vorgängers für schlecht hält und für eine von Auflagen freie Modernisierung des amerikanischen Nuklearpotentials plädiert, stehen die Chancen für ein neues Abkommen zwischen den USA und Russland mittelfristig recht gut. Bislang verfügten sowohl die USA, als auch Russland über etwa 1.700 Waffensysteme dieser Kategorie. Gemäß dem jüngsten, im Jahre 2011 in Kraft getretenen START-Abkommen soll dieses Arsenal bis 2018 auf 1.550 Waffensysteme reduziert werden. Ein weiterer Vertrag zur Abrüstung der strategischen Nuklearwaffen zwischen den USA und Russland würde nicht nur die symbolisch bedeutsame Position Russlands „auf gleicher Augenhöhe mit der Weltmacht Amerika" bestätigen. In den künftigen Verhandlungen mit der U.S.-Administration in Washington böte sich dank der eigenen erfolgreichen Rüstungspolitik auch die Gelegenheit, aus einer Position der Stärke zu verhandeln und wichtige Details entsprechend den russischen Interessen festzuschreiben. Zudem würde eine deutlich niedrigere Zahl der beiderseits erlaubten strategischen Nuklearwaffen und Trägermittel den Militäretat Russlands entlasten. Die für die Modernisierung, d.h. den Erwerb neuer strategischer Waffen avisierten finanziellen Ressourcen könnten anderen Bereichen zufließen, die mit Blick auf die Verteidigung und die Militärmacht Russlands an Bedeutung gewinnen. Schließlich haben die USA und Russland in jüngster Zeit die Erfahrung machen müssen, dass in asymmetrischen Konflikten selbst die verkündete Bereitschaft zum Einsatz von Nuklearwaffen niemanden abschreckt. Vielmehr werden in solchen militärischen Konflikten andere Waffen und Einsatzmethoden gebraucht. Darüber hinaus hat die moderne Waffenentwicklung und Informationstechnologie einen derart hohen Grad an Präzision erreicht, dass viele Aufgaben, die früher den Nuklearwaffen zugedacht waren, deutlich billiger und dennoch wirksam von modernen konventionellen Waffensystemen erfüllt werden können.

Im Verhältnis zu den USA kommt es aus russischer Perspektive aber nicht nur darauf an, das Kräftegleichgewicht im Bereich der strategischen Nuklearwaffen und Trägermittel im Auge zu behalten. Russland wird auch nicht hinnehmen können, dass die USA – auf dem Weg über die NATO –

ihren Einfluss durch die Aufnahme weiterer Staaten in das westliche Bündnis ausdehnen, die früher zum Bereich der Sowjetunion gehörten. Die Wiederbelebung des NATO-Russland-Rates kann in diesem Kontext nicht als hinreichende Kompensation gelten. Mit der dort herrschenden 29 plus 1- Mentalität wird sich die russische Seite nicht zufriedengeben können. Die in diesem lockeren Rahmen wiederholt geführten Gespräche über den Aufbau des umfassenden Raketenabwehrsystems der NATO haben bereits gezeigt, wie gering der Einfluss ist, den Russland durch dieses Gremium erhält. Der bis zum Jahre 2020 ein großes Netzwerk bildende umfassende Abwehrschild, der die europäischen NATO-Staaten vor Angriffen mit ballistischen Raketen schützen soll, könnte nach Auffassung russischer Militärstrategen die Verteidigungs- und Abschreckungsfähigkeit Russlands unterminieren. Daher dringt Moskau konsequent auf eine völkerrechtlich verbindliche Erklärung der NATO-Staaten, dass sich das Raketenabwehrsystem mit allen seinen einzelnen spezifischen militärischen und technischen Parametern nicht gegen Russland richtet. Eine politische Erklärung der NATO-Staaten reicht hier nicht, um die russischen Bedenken zu zerstreuen. Auch das Angebot der NATO zu einer intensiven Kooperation beim Austausch von Aufklärungsdaten ihrer Frühwarnsysteme und bei der Koordinierung von Abfangoperationen genügt nicht, um Russland zur Zustimmung zu bewegen. Moskau fordert unbeirrt einen gemeinsamen Betrieb des Abwehrsystems, damit die eigenen Sicherheitsinteressen uneingeschränkt gewahrt werden können. Die Anfang Oktober 2016 gegebene russische Antwort auf das amerikanische Vorgehen in der Frage der Raketenabwehr und des weiteren militärischen Heranrückens der NATO an die Grenzen Russlands, nämlich moderne nuklearfähige Angriffssysteme vom Typ Iskander in dem Gebiet von Kaliningrad zu stationieren,[184] könnte durchaus geeignet sein, den westlichen Ländern schließlich doch klarzumachen, dass es keinen Sinn macht, die Interessen Russlands permanent zu ignorieren.

Der Regierungswechsel in Washington zu Beginn des Jahres 2017 bietet gleichwohl eine Gelegenheit für die politische Führung in Moskau, den Gesprächsfaden wieder aufzunehmen und eine Verständigung auf einige strategische Grundlinien zu suchen. Konstruktive Beziehungen zwischen Russland und den USA sind schon mit Blick auf die Verhinderung eines Krieges, vor allem eines Nuklearkrieges, unabdingbar. In diesem Zusammenhang könnte es für Russland auch sinnvoll sein, die vom früheren deutschen Außenminister Frank-Walter Steinmeier am 29. August 2016 ins Spiel gebrachte Idee eines umfassenden Rüstungskontroll-Abkommens zwischen der NATO und Russland aufzugreifen und auf die russischen Interessen zuzuschneiden. Dabei gilt es, alle Möglichkeiten zu verschließen, die strategische Parität zwischen Russland und den USA aufzubrechen.

Insbesondere angesichts der aus der Obama-Ära überkommenen angespannten amerikanisch-russischen Beziehungen wäre es an der Zeit, wieder ein Mindestmaß an Vertrauen wiederherzustellen und Klarheit zu schaffen, wo Übereinstimmung besteht und wo unterschiedliche Interessen aufeinandertreffen und eingehegt werden können. Die Vereinbarung neuer vertrauensbildender Maßnahmen und die Verdichtung der Kommunikationsnetze zwischen russischen und amerikanischen Regierungsstellen und den Streitkräften könnten hierbei hilfreich sein. Dieser Gedanke kam auch im Rahmen des Gipfeltreffens von U.S.-Präsident Donald Trump und Russlands Staatspräsident Wladimir Putin am 16. Juli 2018 in Helsinki zum Ausdruck. Die insbesondere für Staatspräsident Wladimir Putin erfolgreichen Gespräche über die künftige Agenda der amerikanisch-russischen Beziehungen lassen einen baldigen Beginn gemeinsamer Beratungen nicht nur über das Schlüsselthema der nuklearen Rüstungskontrolle, sondern auch über die Regelung des Syrien-Konflikts und die Zurückdrängung der Iraner vom syrischen Territorium erwarten.

Zwar wäre mit Blick auf Europa und den Konflikt um die politische Orientierung der Ukraine auch die OSZE für die schon vor einiger Zeit von Russland vorgeschlagene gesamteuropäische Sicherheitsordnung von Vancouver bis Wladiwostok – aus neutraler Perspektive betrachtet – ein sinnvoller Rahmen, um die russischen Interessen zur Einbindung der USA weiterzuverfolgen. Sie umfasst bereits alle Staaten, die Teil des internationalen Prozesses sein müssten. Russland hält die OSZE jedoch für obsolet. Die OSZE als Nachfolgeorganisation der KSZE hat sich zunehmend den Interessen des Westens angepasst und wird von Russland als Instrument der Einmischung in die inneren Angelegenheiten der Mitgliedstaaten verstanden. Dies ist nicht zuletzt im Rahmen des Konflikts um die politische Orientierung der Ukraine seit dem Frühjahr 2014 deutlich geworden. Die damit verbundene Problematik wurde zwar von einigen westlichen politischen Entscheidungsträgern erkannt. Doch sollte man nicht erwarten, dass sich dieses Problembewusstsein in der konkreten Politik niederschlagen wird. Die OSZE dürfte kaum als Hebel wirksam werden können, um den Ukraine-Konflikt zu entschärfen. In der täglichen Praxis wirkt diese Organisation nahezu durchgängig als Instrument der westlichen Länder. So konnte es auch nicht überraschen, dass es bei der Zusammenkunft der Außenminister der 57 OSZE-Staaten vom 8. bis 10. Dezember 2016 in Hamburg nicht einmal gelang, eine gemeinsame Abschluss-Erklärung zu beschließen.

Und mit Blick auf das westliche Bündnis hat der seit dem 1. Oktober 2014 im Amt befindliche Generalsekretär der NATO, der ehemalige norwegische Ministerpräsident Jens Stoltenberg, bisher nicht erkennen lassen, dass er die Politik der westlichen Demokratien gegenüber Russland künftig konzilianter ausrichten will. Die ziemlich enge Anlehnung Stoltenbergs an das Bestreben der U.S.-Administration für eine Aufnahme der Ukraine in die NATO wird in Moskau als großes Hindernis angesehen, um einen substantiellen Dialog zu führen. Bedeutende Staaten der NATO, wie z.B. Deutschland und Frankreich, lehnen jedoch eine Aufnahme der Ukraine in das westliche Bündnis mit guten Gründen ab. Auch Griechenland und die Türkei stimmen der Aufnahme der Ukraine in die NATO nicht zu. Und die überlegte Diplomatie Russlands dürfte die Abneigung dieser wichtigen NATO-Länder gegenüber einem Beitritt der Ukraine weiter verstärken können. Zudem zeigt die klare Abneigung in Deutschland gegen eine aggressiv erscheinende Militärpolitik der NATO – u.a. die Kritik etwa des früheren deutschen Außenministers Frank-Walter Steinmeier an den Manövern nahe der Grenzen zu Russland,[185] welche guten Ansatzpunkte die russische Diplomatie hat. Die von der Obama-Administration betriebene Instrumentalisierung der Ukraine zur Schwächung bzw. Eingrenzung der Macht Russlands dürfte von U.S.-Präsident Donald Trump wohl kaum längere Zeit fortgesetzt werden können, wenn er einen neuen Dialog mit Moskau führen will. Ungeachtet der militärischen Aufrüstung der NATO am Ostrand ihres Territoriums werden die Handlungsmöglichkeiten der westlichen Länder gegenüber den Kapazitäten Russlands weiter schrumpfen.[186] Anders als die Amerikaner hoffen, wird die Kriegsmüdigkeit der regulären ukrainischen Soldaten zunehmen, während die Separatisten in der Ost-Ukraine auch künftig große Einsatzbereitschaft zeigen werden. Russland hat daher recht gute Chancen, mit seinen Geländegewinnen die Ukraine allmählich auszuzehren und für wirtschaftliche Investitionen unattraktiv zu machen. Vor diesem Hintergrund könnte es den Separatisten eines Tages durchaus gelingen, weitere strategisch wichtige Punkte im Landkorridor zwischen der russischen Grenze und der Halbinsel Krim unter ihre Kontrolle zu bringen.

Neben dem militärischen Beistand wird die russische Regierung aber auch im wirtschaftlichen Bereich in der Ost-Ukraine aktiver werden und für mehr Stabilität sorgen. Mit der regelmäßigen Entsendung von Hilfs-Konvois mit Lebensmitteln und Gütern des täglichen Bedarfs für die Bevölkerung ist es auf Dauer nicht getan. Auf die innere Solidarität in Russland kann sich die russische politische Führung verlassen: Die Russen blicken auf eine lange Tradition der Verteidigung ihrer Landsleute gegenüber Maßnahmen von Außenstehenden zurück. Wenn die Russen spüren, dass man sie von außen bedrängt und ihnen gegen ihren Willen etwas aufzwingen will, halten sie zusammen.

Aus geopolitischer und strategischer Sicht wird sich die russische Führungselite nicht auf einige Geländegewinne mit Blick auf die Ukraine beschränken können.[187] Bei dem hohen Einsatz geht es vielmehr um das Ganze: die Verhinderung des Abgleitens der Wiege der russischen Kultur und der gesamten Ukraine aus dem Einflussbereich Moskaus. Auf die enorme Bedeutung der Ukraine für Russland hat – anders als die führenden Politiker in den USA – der kenntnisreiche und erfahrene Henry Kissinger in einem Gespräch mit dem Herausgeber der Zeitschrift *National Interest* hingewiesen. Er plädierte dafür, anzuerkennen, dass „die Beziehungen zwischen der Ukraine und Russland für die Russen immer einen besonderen Status haben werden".[188] Wer den gefährlichen Konflikt lösen wolle, müsse Russland glaubwürdige Angebote machen. Doch griffen die Regierenden in Washington – sicher auch angesichts der feindseligen Haltung des U.S.-Kongresses zu Russland – Henry Kissingers Empfehlungen bislang nicht auf.

Anders als die politischen Entscheidungsträger in den führenden westlichen Ländern hat die russische Regierung ein klares Konzept und ein passendes Instrumentarium, das darauf zielt, die Ukraine zwar als unabhängiges Land zu respektieren, aber dennoch unter zunehmenden Druck zu setzen. Sie verfügt über wirksame Mittel, auch künftig ihren Einfluss auf die Ukraine ausüben und weiter vergrößern zu können. Die russische Regierung dürfte sich angesichts ihrer starken Position darauf konzentrieren, nach ihren eigenen Regeln zu handeln und ihre Strategie konsequent durchzuziehen. In diesem Zusammenhang erscheint die Entscheidung Moskaus, den Freihandel mit der Ukraine auszusetzen, nachdem das Assoziierungsabkommen zwischen der Ukraine und der EU am 1. Januar 2016 provisorisch in Kraft getreten war, durchaus folgerichtig. Alle Anzeichen deuten darauf hin, dass vor allem die Europäer ihre Sanktionspolitik gegen Russland nicht mehr lange durchhalten werden. Trotz der gelegentlich vorgetragenen Kritik an der Außenpolitik Russlands werden die

Regierungen der EU-Staaten die Eingliederung der Krim in die Russländische Föderation schließlich akzeptieren. Zwar sind im Zuge der russischen Vorgehensweise gegenüber der Ukraine in den EU-Ländern Schweden und Finnland intensive Diskussionen über einen möglichen Beitritt zur NATO geführt worden. Auch wurde die Kooperation dieser Staaten mit der NATO deutlich verstärkt. Wie die schwedische Außenministerin Margot Wallström bei ihrem Besuch am 21. Februar 2017 in Moskau versichert hat, kommt jedoch ein Beitritt ihres Landes in das westliche Bündnis nicht in Betracht.[189] Ähnlich äußerte sich die politische Führung Finnlands zu dieser sensiblen Frage.

Ungeachtet der politischen und militärischen Forderungen des Kiewer Regimes wächst in den westeuropäischen Staatskanzleien zudem die Erkenntnis, dass nicht nur die Sanktionen gegen Russland erheblichen Schaden für die westeuropäischen Länder verursachen, sondern auch die dem Kiewer Regime gewährten Kredite wohl als verloren angesehen werden müssen. Die politischen Entscheidungsträger in den EU-Staaten sehen immer klarer, dass die von der Kiewer Regierung eingeleiteten Reformen nicht greifen, die vom Westen verlangten gesetzlichen Konditionen für ausländische Investoren wirkungslos verpuffen und die politische Führung der Ukraine – vor allem aber Staatspräsident Poroschenko – weiter an Rückhalt in der Bevölkerung verliert. Die von den wichtigsten Staaten der Europäischen Union verlangte Nachgiebigkeit mit Blick auf die im Minsker Abkommen vereinbarte Verfassungsreform für die Ukraine wird sicherlich dazu beitragen, die Autorität der Kiewer Regierung zu schmälern. An den blutigen Protesten nationalistischer und rechtsextremer Kräfte am 31. August 2015 und erneut Anfang Februar 2016 vor dem Parlament in Kiew konnte man bereits ablesen, wie fragil die Lage in der Ukraine ist. Die europäischen Regierungen werden vor diesem Hintergrund sicher nicht dem Vorschlag des amerikanischen Star-Investors George Soros folgen, ein großangelegtes Stützungsprogramm für die Ukraine in die Wege zu leiten.[190] Im Gegenteil. Die Bereitschaft, größere finanzielle Ressourcen zur Verfügung zu stellen, wird angesichts der zunehmenden wirtschaftlichen Probleme der Europäischen Union und der enormen Heterogenität der politischen Interessen innerhalb dieses Staatenverbundes weiter sinken. Und über die Wiedereingliederung der Krim-Region in die Russländische Föderation wird man in Europa bald nicht mehr reden. Die politische Führung Russlands kann davon ausgehen, dass es keine gemeinsame westliche Aktion geben wird, um den Status quo ante wiederherzustellen. Insofern erscheint es durchaus zielführend, mit welcher Selbstverständlichkeit Russland die Einführung einer neuen Banknote mit den besonders bekannten Symbolen der Krim ins Auge gefasst hat. So wird eindrucksvoll unterstrichen, dass die Rückkehr der Krim-Region nach Russland endgültig ist. In die gleiche Richtung gehen die demonstrativen Arbeitstreffen der russischen Regierung oder die Sitzungen des Sicherheitsrats auf der Krim, wie sie vor allem seit Beginn des Jahres 2016 regelmäßig stattfinden und die neue Normalität anzeigen. Es ist in diesem Kontext ebenso sinnvoll wie geschickt, dass die russische Regierung auch Maßnahmen zur Förderung der Sprache und Kultur der Krim-Tataren ergriffen hat.

Wie entschlossen die politische Führung Russlands in der Ukraine-Frage ist, demonstrierte Wladimir Putin auch mit seiner prompten Reaktion auf die Feststellung der Chefanklägerin des Internationalen Strafgerichtshofs, die Eingliederung der Krim in die Russländische Föderation und die Kämpfe in der Ost-Ukraine seien „als bewaffneter internationaler Konflikt" zu werten, auf den „das Völkerstrafrecht angewendet werden müsse". Per Dekret verfügte der russische Staatspräsident, aus dem Strafgerichtshof auszutreten.[191] Auch dürfte es der Regierung in Kiew nicht weiterhelfen, dass der Internationale Gerichtshof in Den Haag am 19. April 2017 nach einem von der Ukraine gestellten Antrag Russland in einem Urteil angewiesen hat, den auf der Krim lebenden Tataren mehr Rechte zuzugestehen. Das Gericht verfügt über keine Möglichkeit, seinen Beschluss durchzusetzen.

Zudem wird die politische Führung Russlands dank des Regierungswechsels in Griechenland nach den Wahlen vom 25. Januar 2015 auf eine weitere Möglichkeit setzen können, die Europäische Union zu spalten. Die schon vor dem Machtwechsel in Athen recht guten Beziehungen Moskaus zu dem in den erneuten Wahlen am 20. September 2015 bestätigten griechischen Regierungschef Alexis Tsipras können genutzt werden, um die westliche Sanktionspolitik zu unterlaufen oder doch sehr stark zu behindern. Es wird den Regierungen der führenden EU-Staaten wohl kaum gelingen, Griechenlands Eigenständigkeit in der Außenpolitik abzuschwächen. Im Europäischen Parlament hatten bereits die der Partei des griechischen Regierungschefs Alexis Tsipras angehörenden Abgeordneten gegen das Assoziierungsabkommen mit der Ukraine und gegen die Resolutionen gestimmt, mit denen die Rückführung der Krim nach Russland verurteilt wurde. Und mit der bereits signalisierten Bereitschaft, der griechischen

Regierung finanziell unter die Arme zu greifen, dürfte Russland eine weitere Möglichkeit haben, den Zusammenhalt der EU-Staaten und eine verschärfte Sanktionspolitik Europas zu konterkarieren. Dazu müsste man keineswegs direkte Hilfsgelder gewähren. Für die dringend notwendigen Investitionen in Griechenland könnte man auch mit Krediten aushelfen. Die anlässlich des zweitägigen Besuchs des russischen Staatspräsidenten Wladimir Putin in Griechenland am 27./28. Mai 2016 vereinbarten Investitionen werden sicher bald Wirkung zeigen. Diese Methode ist zudem eleganter und dürfte geeignet sein, den Widerstand anderer EU-Länder in Grenzen zu halten, aber gleichzeitig die Probleme der ohnehin von Krisen und deutlichen Zerfallserscheinungen gekennzeichneten Europäischen Union zu verschärfen.[192]

Nicht nur mit Blick auf die bedeutsamen territorialen Veränderungen, sondern auch in der Frage der zwingend notwendigen Wiederherstellung normaler Beziehungen zwischen dem Westen und Russland werden die Europäer letztlich erkennen müssen, dass sie sich in einer klassischen Demandeur-Position befinden. In Moskau kann man sich darauf verlassen, dass die meisten Regierungen der EU-Staaten nach einem realistischen Exit-Szenario suchen und dort bereits die Erkenntnis wächst, für die offenkundigen Fehler der jüngsten Vergangenheit einen politischen Preis bezahlen zu müssen. Ein lang andauernder Konflikt mit Russland liegt nicht im Interesse der Europäer. Diese Einsicht wird zunehmend von politischen Kräften in verschiedenen europäischen Ländern geteilt, die zu einem Kompromiss mit Russland neigen. Dies zeigt sich immer deutlicher sowohl in den Stellungnahmen mancher hochrangiger Sozialdemokraten, als auch in den Aussagen führender Funktionäre national-konservativer Parteien. Mit dem Regierungswechsel in Österreich nach den Wahlen am 15. Oktober 2017 und der pragmatischen Einstellung von Bundeskanzler Sebastian Kurz dürfte sich der Drang europäischer Regierungen zum Dialog mit Russland weiter verstärken. Der Besuch des russischen Staatspräsidenten Wladimir Putin am 5. Juni 2018 in Österreich war daher klug kalkuliert. Seine Gespräche mit Bundeskanzler Sebastian Kurz bestätigten einmal mehr die in einigen EU-Ländern dominierende Tendenz, aus der schwierigen Situation wieder herauszukommen. Der Sieg der national-konservativen Parteien bei den Parlamentswahlen in Italien am 4. März 2018 wird diesen Trend unterstreichen. Die Zeit spielt hierbei für Russland, so dass man in Moskau davon ausgehen darf, seinen politischen Einfluss über die Ukraine künftig wieder stärker zur Geltung bringen zu können. Ohnehin steht die Ukraine trotz der finanziellen Hilfen seitens der

Europäischen Union und des Internationalen Währungsfonds (IWF) wirtschaftlich mit dem Rücken zur Wand. Nach einem Minus von 7 Prozent im Jahre 2014 und einem Minus von 10 Prozent im Jahre 2015 ist die Wirtschaft des Landes im Jahre 2016 weiter geschrumpft. Ende des Jahres 2015 hätte die Regierung der Ukraine allein an Russland 3 Milliarden Dollar Schulden zurückzahlen müssen. Zudem birgt der völkerrechtlich nicht bindende Text des Minsker Abkommens viele Vorteile für Russland. Die Verlängerung der Geltungsdauer dieses Abkommens im Zuge eines Telefonats der Staats- und Regierungschefs Frankreichs, Deutschlands, der Ukraine und Russlands am 30. Dezember 2015 diente den russischen Interessen. Die Einsetzbarkeit eines vielfältigen Instrumentariums – von den Streitkräften bis zu den politischen Schachzügen der Separatisten – unterstreicht dies. Und mit dem historischen Treffen von Papst Franziskus mit Kirill, dem Patriarchen der Russisch-Orthodoxen Kirche, am 12. Februar 2016 in Havanna (Kuba) dürfte die bisherige Unterstützung der Römisch-Katholischen Kirche für die auf Seiten der Kiewer Regierung stehende Unierte Kirche in der Ukraine allmählich ihr Ende finden. Nach den intensiven Gesprächen, die der päpstliche Kardinalstaatssekretär Pietro Parolin vom 22. bis 24. August 2017 mit Patriarch Kirill und Außenminister Sergej Lawrow in Moskau und mit Präsident Wladimir Putin in Sotschi führte,[193] wird sich der Dialog zwischen Russland und dem Vatikan weiter vertiefen. Der offene Schulterschluss beider Seiten in entscheidenden politischen Fragen dürfte eine Zusammenarbeit in Bereichen erlauben, die früher gar nicht ins Blickfeld gerieten. Für die Herausbildung eines „modus vivendi" zur Beilegung des Konflikts um die Ukraine hat die politische Führung Russlands gute Karten in der Hand. Sie kann sich flexibel den jeweiligen politischen Veränderungen anpassen. Zudem wird jeder territoriale Vorteil, den Russland erlangen kann, die ohnehin recht große Zustimmung der eigenen Bevölkerung steigern.

Vor diesem Hintergrund wäre es durchaus sinnvoll, wenn die politische Führung Russlands versuchen würde, mit Polen einen substantiellen Dialog zu beginnen. Auch hierbei könnten die guten Beziehungen Moskaus zur Römisch-Katholischen Kirche hilfreich sein. Die derzeit zu beobachtende Verunsicherung Polens über die Vorgehensweisen Russlands bei der Wahrung seiner nationalen Interessen sollten Anlass genug sein, das Gespräch zu suchen. Gerade die seit Herbst 2015 amtierende und von der EU-Kommission in massiver Weise bedrängte national-konservative Regierung in Warschau hat ein feines Gespür für Sicherheitsfragen. Das anti-russische Sentiment ist zwar in Polen recht groß. Doch die geschichtsbewusste Denkweise der führenden Politiker des Landes dürfte es erleichtern, einen substantiellen Dialog zu beginnen. Auf die Sorgen der wichtigsten Repräsentanten Polens sollte die politische Führung in Moskau – nicht nur angesichts der jahrhundertelangen wechselvollen Geschichte der polnisch-russischen Beziehungen – eingehen und eine von gegenseitigem Verständnis geprägte Debatte führen. Dabei könnten gut überlegte vertrauensbildende Maßnahmen hilfreich sein, die unmißverständlich klar machen, dass Russland die Sicherheit Polens in keiner Weise bedroht. Ähnlich wie im Falle Ungarns, so könnte die politische Führung Russlands auch angesichts der tiefgreifenden Konflikte der national-konservativen Regierung in Polen mit der Führung der Europäischen Union und deren anmaßender Forderungen im Hinblick auf die Aufnahme von muslimischen Migranten und die spezifische Ausgestaltung der Demokratie ein guter Ansatzpunkt sein, um das gegenseitige Verständnis zu verbessern und vielleicht sogar diplomatische Unterstützung zu bieten.

Auch die U.S.-Administration in Washington wird letztlich nicht umhin können, die Beziehungen zu Russland nicht nur mit Blick auf die Regelung des Ukraine-Konflikts neu zu ordnen. Abgesehen von dem geopolitisch und strategisch bedeutsamen Feld der Abrüstung und Rüstungskontrolle wird sich die Kooperation zwischen den USA und Russland in dem wichtigen Bereich der Erschließung neuer Rohstoffquellen wieder normalisieren müssen. Eine Veränderung bahnte sich zwar bereits im September 2010 an, als sich Norwegen und Russland nach Jahrzehnten des Streits über den Grenzverlauf in der Barentssee einigten. Die Einigung ermöglicht es Russland und Norwegen danach, in der Barentssee nach Erdöl zu bohren. Das gute Beispiel fand bald Nachahmer, als im Jahre 2011 das amerikanische Erdölunternehmen ExxonMobil und der russische Staatskonzern Rosneft eine umfassende Partnerschaft schlossen. Beide Unternehmen wollten in der Karasee nach Erdöl suchen. Noch bis vor kurzer Zeit wäre eine derartige russisch-amerikanische Partnerschaft unmöglich gewesen. Doch sowohl Russen als auch Amerikaner sehen in der Zusammenarbeit auf diesem wichtigen Gebiet erhebliche Vorteile und eine Gelegenheit, Profit daraus zu ziehen. Der Rosneft-Konzern musste jedoch zahlreiche Aktivitäten mit dem amerikanischen Partner ExxonMobil in der Arktis stoppen, nachdem die Sanktionen der Obama-Regierung im Zuge der Ukraine-Krise zu greifen begannen. Trotz dieser speziellen Probleme bleibt es gleichwohl bemerkenswert, dass sich der einstige Chef von ExxonMobil und von Ende Januar 2017 bis Ende März 2018 amtierende

Außenminister der USA, Rex Tillerson, regelmäßig mit dem russischen Energieminister Alexander Nowak getroffen hat. Die ungeachtet der politischen Widerstände aus dem amerikanischen Kongress zu erwartende Wiederaufnahme der russisch-amerikanischen Zusammenarbeit in diesem Bereich könnte langfristig zu einer Übereinkunft der arktischen Länder über die Grenzverläufe und die Hoheitsrechte in dieser Weltregion führen und die Ausbeutung der riesigen Rohstoffreserven, vor allem Erdöl, Erdgas und Erze, erheblich erleichtern.

Wie dynamisch sich die Zusammenarbeit Russlands mit anderen Staaten auf dem Gebiet der Erdöl- und Erdgas-Prospektion entwickelt, belegen die Vereinbarungen, die – trotz des zeitweise massiven Ölpreisverfalls und der westlichen Sanktionen – der russische Konzern Rosneft mit dem norwegischen Unternehmen Statoil über Probebohrungen im russischen Fernen Osten und in der Arktis Anfang Juni 2016 geschlossen haben. Auch die Übernahme des zweitgrößten indischen Erdöl-Unternehmens Essar Oil einschließlich seiner 3.500 Tankstellen und der Hafenanlagen durch den russischen Staatskonzern Rosneft im Zuge der Vereinbarungen, die am Rande des 8. Gipfeltreffens der Staats-und Regierungschefs der BRICS-Staaten am 15. Oktober 2016 in Goa (Indien) vereinbart wurde, ordnet sich gut in diesen Kontext ein. Sie ist mit einem Umfang von 11 Milliarden Dollar die größte Auslandsinvestition Russlands und belegt, wie flexibel man weltweit agiert.[194] Diese Vorgänge zeigen zudem, dass selbst die strategisch wichtige russische Energie-Branche weder politisch, noch finanziell isoliert ist und trotz aller Sanktionen Wege findet, um ihre Aktionen zu finanzieren.

Das entschlossene Ringen Russlands um seinen machtpolitischen Wiederaufstieg und das utilitaristische Vorgehen Wladimir Putins werden sicherlich auch weiterhin die Politik gegenüber dem Nahen Osten kennzeichnen. Hier nutzt die russische Regierung die Instabilität in dieser wichtigen Region konsequent, um neue Ansatzpunkte für ihr politisches Handeln zu gewinnen und gleichzeitig die Position der Vereinigten Staaten von Amerika zu schwächen. Die geschickte diplomatische Vorgehensweise Russlands und das verstärkte militärische Engagement in Syrien seit dem Spätsommer 2015 liegen auf dieser Linie und dürften zu dem erhofften Erfolg führen. Dabei ist es von großem Vorteil für die russische Seite, dass die USA und ihre Bündnispartner dank ihrer Politik des „Self-Containment“ während der Obama-Ära die strategische Initiative in dieser Region verloren haben. Die gelegentlich gezeigte Bereitschaft einiger westlicher Staatschefs, auf Bashar al-Assad zuzugehen und ihn als Teil der Lösung im Kampf gegen die islamistische Terror-Miliz IS zu akzeptieren, macht dies einmal mehr deutlich. Mit der bei den Gipfeltreffen der Außenminister von 17 Staaten in Wien am 7. und 14. November 2015 eingeleiteten Verfahrensweise, auf der Basis einer russischen Initiative eine politische Lösung im Syrien-Konflikt anzustreben, dürfte Russland letztlich Erfolg haben. Zumindest wird bei der Entscheidung über diese Frage kein Weg an der Durchsetzung der russischen Interessen vorbeiführen. Die am 18. Dezember 2015 einstimmig verabschiedete Resolution des Sicherheitsrats der Vereinten Nationen zur „Friedensregelung" in Syrien spiegelt dies wider. Und die am 30. Januar 2016 in Genf aufgenommenen, nach wenigen Tagen unterbrochenen und erneut – nach der am 27. Februar 2016 vereinbarten Waffenruhe – am 9. März 2016 fortgesetzten Gespräche über die „Syrien-Frage" haben die russische Einschätzung der Lage eindrucksvoll bestätigt.[195] Auch so irrationale Handlungen, wie der Abschuss eines russischen Kampfflugzeuges durch die türkische Luftwaffe am 24. November 2015 oder die wiederholten Vorwürfe der USA und der mit Washington zusammenarbeitenden Menschenrechtsorganisationen, dass bei den russischen Luftangriffen in Syrien Hunderte Zivilisten getötet wurden, werden den zugunsten Russlands laufenden Prozess der internationalen Politik nicht nachhaltig stören. Man kann in diesem Kontext darauf hinweisen, dass es vor allem die USA und Saudi-Arabien sind, die den gegen Assad kämpfenden Rebellen Unterstützung gewährten und so für die lange andauernden Kämpfe in Aleppo und anderen Städten mitverantwortlich zeichnen. Und die anfängliche Weigerung der verschiedenen Rebellengruppen, an den Gesprächen über die Zukunft Syriens teilzunehmen, solange die russischen Luftangriffe auf die umkämpften syrischen Städte fortgesetzt werden, hat angesichts der Kräfteverhältnisse und der unterschiedlichen Handlungsbereitschaft der einzelnen Konfliktparteien nur für Russland, den Iran und das Assad-Regime Vorteile gebracht. Im Übrigen lässt sich nicht leugnen, dass weite Teile der syrischen Gesellschaft – von den Alawiten, den Drusen, den Ismailiten und Christen bis zur bürgerlich-sunnitischen Mittelschicht in der Region Damaskus – das Assad-Regime unterstützen und in dem Präsidenten den Garanten des säkularen syrischen Staates sehen. Es erscheint vor diesem Hintergrund aus russischer Sicht durchaus zweckmäßig, mit dem Versuch fortzufahren, die äußerst begrenzte Handlungsfähigkeit der USA und die Hilflosigkeit Europas vor aller Welt deutlich zu machen und hierfür auch gewisse Risiken einzugehen.

Diese Risiken sind überschaubar, zumal die Lernbereitschaft der wichtigsten westlichen Regime begrenzt ist. Die Rückkehr der wichtigsten westlichen Länder zur „Realpolitik“, wie sie von der außenpolitischen Schule des früheren amerikanischen Außenministers Henry Kissinger betrieben wurde, musste Russland nicht befürchten, solange Barack Obama in Washington regierte. Ob sich dies mit der Nahostpolitik von U.S.-Präsident Donald Trump grundlegend ändert, steht dahin. Die Tatsache, dass sich die Trump-Administration zunächst auf den Kampf gegen die Terror-Miliz IS (Islamischer Staat) konzentrierte und der damalige U.S.-Außenminister Rex Tillerson am 30. März 2017 verkündete, dass die Syrer selbst über das Schicksal von Präsident Assad entscheiden sollten,[196] machte einerseits klar, wie deutlich sich die politische Führung in Washington von Barack Obama absetzt. Andererseits zeigte das vielfach unüberlegte Vorgehen des U.S.-Präsidenten, wie z.B. anlässlich der unvermittelten Bombardierung des syrischen Luftstützpunktes Sheirat am 6. April 2017, dass sich das amerikanische Verhalten gelegentlich der Berechenbarkeit entzieht. Auch der Abschuss eines syrischen Kampfflugzeugs durch ein U.S.-Jagdflugzeug bei Raqqa am 18. Juni 2017 weist nicht auf überlegte Politik der Amerikaner hin. Die russische Führung wäre daher gut beraten, gegenüber Donald Trump skeptisch zu bleiben und für alle Fälle gerüstet zu sein. Es gilt dabei vor allem, eine gefährliche Eskalation zu vermeiden, aber dennoch die eigenen Interessen mit präzisen und kontrollierten Gegenzügen zu verfolgen, die der U.S.-Regierung die Chance eröffnen, künftig von risikoreichen Maßnahmen Abstand zu nehmen und letztlich doch den Dialog zu suchen.

Der russischen politischen Führung dürfte in diesem Zusammenhang sicher klar sein, dass derzeit in den USA ein strukturelles Defizit mit Blick auf die Außen- und Sicherheitspolitik besteht. Der seit dem 26. April 2018 amtierende Nachfolger von Rex Tillerson im U.S.-Außenministerium, der als Hardliner bekannte Mike Pompeo, wird dies kaum ändern können. Es fehlt nicht nur eine breite personelle und institutionelle Struktur für die amerikanische Außen- und Sicherheitspolitik. Es gibt offensichtlich in den USA auch starke Kräfte, die eine Zusammenarbeit mit Russland verhindern oder wenigstens erschweren wollen. Moskau muss daher damit rechnen, dass die Gegner Trumps weiterhin alles daransetzen werden, das Vermächtnis von Barack Obama zu retten. Sie werden Entscheidungsprozesse einfädeln, die es für den amtierenden Präsidenten schwierig machen, „realpolitisch“ zu handeln. Die von den Außenministern der Europäischen Union am 3. April 2017 formulierte und der Öffentlichkeit vorgestellte

„Syrien-Strategie“[197] wird die Schwäche der USA nicht ausgleichen können. Die Europäer werden weiterhin in einer Außenseiter-Rolle verharren, die gelegentlich schöne Reden halten, ihre „Besorgnis“ äußern und hehre Forderungen stellen, aber zur Lösung der schwierigen Probleme im Nahen Osten nichts Wesentliches beitragen.

Anlässlich des kurzen Treffens von U.S.-Präsident Donald Trump mit dem russischen Präsidenten Wladimir Putin im Rahmen des APEC-Gipfels in Da Nang (Vietnam) am 11. November 2017 wurde erneut klar, wie schwach die amerikanische Position mit Blick auf die Lage in Syrien ist. Die Übereinkunft der beiden Staatschefs, für den Syrien-Konflikt eine „politische Lösung“ zu finden, kommt den Russen sehr entgegen. Natürlich wird diese Lösung die militärisch erreichten Fakten widerspiegeln. Mit ihrer gut durchdachten Syrien-Strategie dürfte es der politischen Führung Russlands gelingen, den vom Westen betriebenen „Regime Change“, wie z.B. im Irak mit dem Sturz Saddam Husseins und in Libyen nach der gewaltsamen Entmachtung Gaddafis zu verhindern.[198] Der demonstrativ freundliche Empfang des syrischen Staatsschefs Assad durch Präsident Putin am 21. November 2017 und das Dreier-Treffen zwischen Präsident Putin mit Irans Präsident Rohani und dem türkischen Staatschef Erdogan einen Tag später in Sotschi machte schon damals vor aller Welt deutlich, wer die „politische Lösung“ für Syrien bestimmen wird. Weder die USA, noch die Europäer haben hier eine Chance, etwas Substantielles beizutragen. Auch die in den Kurdengebieten auf syrischem Territorium militärisch engagierte Türkei muss immer wieder auf russische Intervention hin zurückstecken. Dagegen erhält das Assad-Regime bei seinem militärischen Vorgehen zur Eroberung der letzten Enklaven der islamistischen Rebellengruppen massive russische Unterstützung und konsequente diplomatische Rückendeckung.

Die wiederholten Versuche der USA und anderer westlicher Staaten, durch Resolutionen im Sicherheitsrat der Vereinten Nationen zur Durchsetzung einer längerfristigen Waffenruhe das Vorgehen des Assad-Regimes zur Ausschaltung der verschiedenen Rebellengruppen zu durchkreuzen, werden regelmäßig durch das Veto Russlands gekontert. Selbst wenn es zu solchen Resolutionen kommt, wie z.B. anlässlich der schweren Bombardierungen auf die Enklave Ost-Ghuta nahe Damaskus im Februar 2018, ist der Text dank russischer Interventionen in einer Weise formuliert, dass er die Möglichkeit zu weiterem militärischem Vorgehen gegen die Rebellen offen lässt und Russland eigene konkrete Maßnahmen treffen kann, um der unter dem brutalen Krieg leidenden Bevölkerung die Chance zur Flucht aus dem Kampfgebiet zu bieten. Das Ergebnis dieser charakteristischen Vorgehensweise ist ungeachtet der intensiven anti-russischen Medien-Kampagne westlicher Länder der schließliche Abzug der Gegner des Assad-Regimes.

Wie sicher die Lage schon seit einiger Zeit in großen Teilen Syriens aus russischer Perspektive ist, spiegelt sich auch darin wider, dass Wladimir Putin es sich nicht nehmen ließ, den Abzug eines Teils der russischen Truppen bei einem Treffen mit Syriens Staatschef Bashar al-Assad am 11. Dezember 2017 auf der Luftwaffen-Basis Hmaimim zu verkünden. Und die ebenso beharrlich wie professionell vorangetriebenen russischen Bemühungen, sowohl im Zuge der Friedensgespräche in Genf, als auch in Sotschi eine politische Lösung für Syrien zu finden, zeigen deutlich, wie stark die Rolle Russlands in dieser wichtigen Frage ist. Das Treffen Wladimir Putins mit dem türkischen Präsidenten Erdogan und Irans Präsident Rohani am 4. April 2018 in Ankara hat dies erneut eindrucksvoll bestätigt. Auch der von den USA, Frankreich und Großbritannien am 14. April 2018 durchgeführte Militärschlag gegen drei sehr eng begrenzte Ziele auf syrischem Territorium – als Antwort auf die mutmaßliche Anwendung chemischer Kampfstoffe durch die syrischen Streitkräfte einige Tage vorher – konnte an der schwachen Position des Westens im Syrien-Konflikt nichts ändern. Die mit großer Theatralik begründete – und zudem völkerrechtswidrige – Aktion blieb militärisch wirkungslos. Die Erinnerung an diese „Show“ der drei westlichen Regierungschefs wird bald verblassen, während Russlands Macht in Syrien ungeschmälert wirkt. Die westliche Militäraktion stärkte Präsident Bashar al-Assad innenpolitisch einmal mehr und gab Präsident Wladimir Putin durch sein besonnenes Verhalten die Gelegenheit, diplomatisch zu punkten. Der anschließende Versuch der Westmächte, über entsprechende Resolutionen im Sicherheitsrat der Vereinten Nationen wieder in den Verhandlungsprozess über die politische Lösung der Syrien-Frage eingeschlossen zu werden, veränderte die Korrelation der Kräfte in keiner Weise. Ebensowenig werden die nach dem Militärschlag vom 14. April 2018 von den Außenministern der EU-Staaten vorgebrachten Wunschvorstellungen für eine „politische Lösung“ des Syrien-Konflikts die russische Regierung zu einer Kurskorrektur bewegen. Gleichwohl wird die politische Führung Russlands künftig stärker beachten müssen, dass die amerikanisch-britische Art der Einflussnahme vor Ort, etwa durch eigene Spezialkräfte und durch die Unterstützung bestimmter Rebellengruppen und Nichtregierungsorganisationen in Syrien, durchaus Probleme bereiten kann.

Darüber hinaus bemüht sich die politische Führung Russlands mit Erfolg, die Konfliktparteien in Syrien, vor allem die Syrer selbst, den Iran, die Türkei und Israel gegeneinander auszuspielen. Wladimir Putin akzeptiert dabei Israel als strategisches Gegengewicht zum Iran. Der russische Staatschef erwartet offenbar, dass nach der endgültigen Niederlage der Terror-Miliz IS (Islamischer Staat) und der gegen das Assad-Regime kämpfenden Rebellengruppen in Syrien eine Lage eintritt, in der es gilt, die Beziehungen zum Iran neu zu ordnen. Man weiß in Moskau, dass die Interessen Russlands und des Iran schon mittelfristig auseinanderlaufen werden.

Zwar wird Präsident Putin auch künftig keine Sympathie für die islamistischen Terrorgruppen im Allgemeinen entwickeln, zumal solche Organisationen in Tschetschenien, in Dagestan und den benachbarten Gebieten seit vielen Jahren mit Terrorakten gegen Russland vorgehen. Die russische Regierung muss sogar damit rechnen, dass die gegen das Assad-Regime in Syrien kämpfenden Islamisten der Terror-Miliz IS und die mit ihnen verbundenen Terrorgruppen im Nahen Osten ihren Kampf auch auf Russland ausdehnen werden. Nicht zuletzt werden die Aktivitäten der islamistischen Terrorgruppen im umkämpften und dem westlichen Einfluss entgleitenden Afghanistan von Moskau mit großer Sorge betrachtet. Hier weist die am 14. April 2017 in Moskau abgehaltene große „Afghanistan-Konferenz" darauf hin, welche Bedeutung Russlands Führung der künftigen Entwicklung in diesem Lande beimisst.[199] Die Teilnehmer der Konferenz, darunter Vertreter aus China, Indien, Iran, Pakistan und Afghanistan, riefen die Taliban zum Frieden und zu Verhandlungen mit der Regierung in Kabul auf. Die russische Initiative reflektiert den Tatbestand, dass es den dort engagierten westlichen Staaten nicht gelungen ist, das Land zu befrieden und der Westen keine praktikable Strategie hat, um den tiefgreifenden Konflikt zu lösen. Vor dem Hintergrund der leidvollen Erfahrung, die Russland im vergangenen Jahrhundert selbst in Afghanistan machen musste und der großen politischen Bedeutung dieser Region für den Kampf gegen den islamistischen Terrorismus erscheint es verständlich, dass Russland auf das Geschehen in Afghanistan Einfluss zu nehmen sucht. Dies gilt erst recht angesichts der allgemeinen Erwartung, dass die Taliban in naher Zukunft wieder die Herrschaft in Afghanistan ausüben werden. Sie fühlen sich ihrer Sache so sicher, dass sie dem afghanischen Staatspräsidenten Ashraf Ghani auf dessen Vorschlag vom 28. Februar 2018 zur Aufnahme von Friedensgesprächen sogar Bedingungen stellen konnten. Aus russischer Sicht ist die Entwicklung in Afghanistan einerseits ein Anlass zur Sorge, andererseits ein bedeutsames Feld im geopolitischen Ringen mit den führenden westlichen Ländern. Es erscheint daher durchaus richtig, der Region große Aufmerksamkeit zu widmen, neue Kontakte zu knüpfen und Bündnisse zu suchen, die dem Macht- und Sicherheitsinteresse Russlands dienen können.

Doch ob die bislang recht ausgeprägte Neigung der russischen Regierung, das despotische Mullah-Regime im Iran und die mit diesem Regime sehr eng verbundenen Terrorgruppen, wie die Hizbullah und die Hamas, in den Konflikten der Nahost-Region zu stützen, in Zukunft Nutzen bringen kann und geeignet ist, den Einfluss Russlands auszuweiten, erscheint eher fraglich. Das lange Zeit gegen die vitalen Interessen Israels gerichtete Verhalten Russlands hat vor allem die Regime im Iran und Syrien darin bestärkt, an ihrer aggressiven Politik im Nahen Osten festzuhalten. Mit ihren umfangreichen Waffentransfers vor allem nach der mit dem Wiener Atomabkommen vom 14. Juli 2015 verknüpften Aufhebung der westlichen Sanktionen gegen das Mullah-Regime forcierte die politische Führung Russlands eine enorme Aufrüstung des Iran mit modernen Kampfflugzeugen, Raketen und Kampfpanzern. Schon allein durch diese Maßnahmen haben sich die strategischen Kräfteverhältnisse in der Nahost-Region deutlich verschoben. Doch insbesondere die verdeckt durchgeführte Nuklearpolitik des Iran und die massive Unterstützung des Mullah-Regimes für die islamistischen Terrorgruppen der Hizbullah und Hamas, die das Existenzrecht des jüdischen Staates Israel verneinen und auf Gewalt schwören, entfalteten eine gefährliche Eigendynamik, die schon in naher Zukunft zu einer risikoreichen militärischen Auseinandersetzung führen kann. Die mit den wiederholten Luftangriffen auf iranische Stützpunkte in Syrien gezeigte Entschlossenheit der israelischen Regierung, eine dauerhafte Militärpräsenz der Iraner in Syrien zu verhindern, weist bereits unmißverständlich darauf hin, dass Russland bei seiner Nahostpolitik immer stärker die vitalen Interessen Israels berücksichtigen muss.

Die ursprüngliche strategische Kalkulation der russischen Regierung, dass der Aufstieg des Iran zur Nuklearmacht den Handlungsspielraum der USA und deren Verbündeten deutlich verringern und dem russischen Streben nach größerem Einfluss in der Welt dienen werde, ruhte in der Tat auf schwachen Füßen. Die strategischen Planer in Moskau gingen dabei wohl von der Annahme aus, dass Israel es letztlich nicht wagen würde, den angedrohten und seit Jahren sorgfältig eingeübten militärischen Entwaffnungsschlag gegen das nukleare Potential des Iran zu führen. Doch dies ist ein schwerwiegender Denkfehler der russischen Strategen. Israel kann eine nukleare Kapazität des Mullah-Regimes im Iran nicht hinnehmen. Es wird handeln müssen, sobald unumstritten klar ist, dass die Iraner Nuklearwaffen besitzen.

Im Übrigen wird die russische Regierung bedenken müssen, dass es bei dieser spezifischen Militäraktion ungeachtet aller in der Vergangenheit sichtbaren Schwächen der amerikanischen Politik nicht allein um die Bewahrung der Existenz des jüdischen Staates Israel geht. In diesem Konflikt geht es auch darum, ob am Ende der schiitische Iran und die Islamisten die dominierende Macht in der Golfregion werden, oder die USA und ihre Partnerstaaten ihre Interessen behaupten. Einen vollständigen Rückzug aus dem Nahen Osten zu Lasten des strategischen Verbündeten Israel können sich die USA nicht leisten. Würden sich das Mullah-Regime des Iran und die mit ihm verbundenen despotischen Regime und islamistischen Terrorgruppen in diesem Konflikt durchsetzen, so würde dies nicht nur ein schwerer Schlag für die Weltmacht USA sein, sondern die gesamte westliche Staatenwelt und die mit ihnen noch zusammenarbeitenden arabischen Länder ins Mark treffen. Die politische Ausrichtung der derzeitigen U.S.-Regierung legt im Übrigen das Eingreifen der USA zugunsten Israels nahe. Die klare politische und strategische Frontbildung gegen das Mullah-Regime in Teheran sowie die von Präsident Donald Trump am 6. Dezember 2017 verkündete Anerkennung Jerusalems als Israels Hauptstadt und die am 14. Mai 2018 vollzogene Verlegung der U.S.-Botschaft von Tel Aviv nach Jerusalem unterstreicht dies einmal mehr. Erst recht nach dem Ausstieg der USA aus dem Wiener Atomabkommen und der Verhängung neuer Sanktionen gegen den Iran dürfte in Moskau klar sein, dass man eine deutliche Veränderung der eigenen Nahostpolitik ins Auge fassen muss.

Das bisherige Verhalten der russischen Führung mit Blick auf den Erwerb nuklearer Waffen durch den Iran mag in der Vergangenheit einige Vorteile gebracht haben. Diese Vorteile werden sofort verlorengehen, wenn der Iran seine Nuklearkapazität im Zuge einer begrenzten Militäraktion Israels wieder einbüßt und in der Folge das Mullah-Regime ins Wanken gerät. In keinem Fall dürfte es für Russland nützlich sein, auf der Seite der Verlierer zu stehen, zumal die mit dem Iran eng verbundenen islamistischen Terrorgruppen trotz ihrer im Vergleich zu früheren militärischen Auseinandersetzungen mit Israel erheblich besseren Bewaffnung nicht in der Lage sein werden, die machtpolitischen Folgen der israelischen Militäraktion gegen das Nuklearpotential des Iran wieder wettzumachen. Vielmehr wäre es für Russland spätestens zu Beginn der israelischen Militäraktion vorteilhaft, seine Haltung grundsätzlich zu ändern und gegenüber Israel einen deutlichen Wandel der Politik vorzunehmen.

Vor dem Hintergrund dieses schon seit einiger Zeit erkennbaren Trends wäre es klug, den notwendigen Wandel in der Nahostpolitik Russlands rechtzeitig einzuleiten und seine Rolle neu zu definieren. Ansatzpunkte für einen Paradigmenwechsel der russischen Politik sind dank der – trotz mancher Meinungsverschiedenheiten – geschäftsmäßigen Beziehungen zwischen Moskau und Jerusalem vorhanden. Sie könnten rasch ausgebaut werden, um die Stellung und den Einfluss Russlands im Nahen Osten zu sichern. Insofern liegt es schon auf der richtigen Linie, dass sich Präsident Wladimir Putin nahezu regelmäßig mit Israels Regierungschef Benjamin Netanjahu trifft, um beiderseits nicht nur Klarheit über die zwingenden Konsequenzen politischen Handelns in der Nahost-Region zu schaffen, sondern auch eine Zusammenarbeit zu pflegen, die sich aus dem Fortgang der militärischen Auseinandersetzungen gegen den islamistischen Terrorismus ergibt. In diesem Kontext war es eine kluge Maßnahme, den israelischen Regierungschef Benjamin Netanjahu zur Siegesparade am 9. Mai 2018 nach Moskau einzuladen und diese Gelegenheit zu intensiven Gesprächen zu nutzen. Spätestens seit dem Treffen Wladimir Putins mit Benjamin Netanjahu am 23. August 2017 in Sotschi[200] sollte kein Zweifel mehr daran bestehen, dass die Israelis es ernst meinen, wenn sie den wachsenden Einfluss des Iran in der Nahost-Region kritisieren und Nuklearwaffen in den Händen des Mullah-Regimes nicht hinnehmen. Wie erneut bei dem Treffen des russischen Staatspräsidenten Putin mit Israels Ministerpräsident Benjamin Netanjahu am 11. Juli 2018 in Moskau klar wurde, erscheint es sinnvoll und zweckmäßig, wenn Moskau darauf dringt, die Präsenz der Iraner in Syrien zu beenden. Die starken russisch-iranischen Verflechtungen, die insbesondere auch in dem Ringen um das Assad-Regime sichtbar wurden, sollten für Russland keinen Ewigkeitswert haben. Man sollte in Moskau sogar darauf vorbereitet sein, diese Verbindungen schnell zu unterbrechen. Für die Absicherung des bisher so erfolgreich verlaufenden machtpolitischen Wiederaufstiegs Russlands erscheint diese Vorgehensweise unabdingbar.

Auch eine veränderte Haltung gegenüber Saudi-Arabien gehört in diesen Kontext. So ist es für Russland vorteilhaft, den seit Juni 2014 sichtbaren Avancen der Saudis nachzugeben und enge Beziehungen zu knüpfen, die künftig weit über den regionalen Rahmen des Nahen Ostens wichtig werden. Die gelegentlichen Interessengegensätze über die Erdölproduktion und die Erdölpreise dürften einer Intensivierung der Beziehungen nicht entgegenstehen. Es gibt immerhin verschiedene Ansatzpunkte, um die Haltung Saudi-Arabiens im russischen Sinne zu beeinflussen. Auch das große Interesse der Saudis an der Ablösung des Assad-Regimes sollte dabei kein Hindernis sein. Die Saudis werden letztlich nachgeben und sich in eine politische Lösung einfügen müssen, sobald die Rebellen in Syrien den Kampf endgültig verloren haben. Dies deutet sich seit dem Herbst 2017 immer klarer an. So kamen Russlands Präsident Wladimir Putin und der saudische König Salman bei dessen Staatsbesuch in Moskau in der ersten Oktoberwoche 2017 nicht nur überein, ihre Zusammenarbeit bei der politischen Lösung des Konflikts um Syrien zu intensivieren. Sie untermauerten auch ihre Zweckallianz zur Vermeidung des Preisverfalls beim Erdöl und schlossen einen Vertrag über die Lieferung des modernen russischen Flugabwehrraketen-Systems vom Typ S-400 für die saudischen Streitkräfte. Die Tatsache, dass der saudische Herrscher damit den starken Einfluss Russlands im Nahen Osten anerkennt und akzeptiert, dass Syriens Staatschef Bashar al-Assad für eine längere Übergangszeit an der Macht bleibt, ist ein Akt von historischer Tragweite. Diese bemerkenswerte Entwicklung zeigt zudem, welche Flexibilität Russland mit Blick auf das machtpolitische Ringen im Nahen Osten vor allem auch mit Blick auf den Iran erreicht hat.

Gewiss wird niemand genau vorhersagen können, welche Konsequenzen sich im Einzelnen aus den nuklear-strategischen Ambitionen und der zu erwartenden Niederlage des Mullah-Regimes im Iran für die gesamte Nahost-Region ergeben. Man wird jedoch damit rechnen müssen, dass die islamistischen Terrorgruppen ihren erklärten „heiligen Krieg“ in jedem Falle weiterführen werden. Dabei dürfte auch Russland stärker als in der Vergangenheit ins Visier geraten. Seine solide politische und strategische Position im Nahen Osten, z.B. durch die Nutzung seiner Flottenbasen Tartus und Latakia und bei den diplomatischen Bemühungen um die Einhegung der Krise nach dem Ende der möglichen Militäraktion Israels gegen den Iran, könnte hierbei ein guter Ausgangspunkt sein, um die veränderte Haltung zu begründen. Es gilt daher für die politische Führung in Moskau, an der Schaffung eines „modus vivendi“ in Syrien, der eventuellen Bildung eines neuen Regimes in Damaskus aktiv teilzunehmen und die russischen Interessen an der Aufrechterhaltung der Flottenstützpunkte an der syrischen Mittelmeerküste zu wahren. Zudem sollte die Verwurzelung Russlands im orthodoxen Christentum in dieser gefährlichen Umbruchssituation nahelegen, die Zusammenarbeit mit den islamistischen Terrorgruppen zu beenden und künftig an der Garantie der Existenz des jüdischen Staates Israel mitzuwirken. Dies gilt erst recht, nachdem China im Rahmen seines im Sommer 2014 verkündeten neuen globalen Sicherheitskonzepts eine aktivere Rolle im Nahen Osten einnehmen und mithelfen will, die gefährlichen Konflikte zu lösen. Die Bereitschaft vieler Staaten im Nahen Osten, China als einflussreichen Mitspieler zu akzeptieren, sollte auch die politische Führung in Moskau beflügeln, eine vollständige Umorientierung vorzunehmen. Die guten Beziehungen Chinas zu Israel könnten hier als Beispiel dienen. Sie beruhen nicht nur darauf, dass China und Israel beim Kampf gegen den islamistischen Terrorismus gemeinsame Interessen verfolgen, sondern eröffnen auch vielfältige Möglichkeiten, an den außerordentlich hohen technologischen Fähigkeiten der Israelis zu partizipieren.

Den russischen Strategen dürfte klar sein, dass man die eigenen machtpolitischen Interessen kaum erfolgreich mit der Unterstützung eines Regimes verwirklichen kann, dessen innere Stabilität nach einem erfolgreichen israelischen Militärschlag in Frage steht. Wenn der früher so machtvolle schiitische Kopf der „Unheiligen Islamistischen Allianz“ im Nahen Osten fehlt, sieht die Lage nun einmal anders aus. Geschmeidige Diplomatie und geschickte Anpassung an die neue politische und strategische Situation dürften in diesem Fall eher nutzbringend für Russland sein, um gleichauf mit den wieder handlungsbereiteren USA die eigenen Interessen vertreten zu können. Die starke russische Militär-Präsenz in Syrien und das erheblich verbesserte Verhältnis zu Ägypten kann diese Tendenz untermauern. Insofern könnte sich der Besuch des russischen Staatspräsidenten Wladimir Putin in Kairo am 9. Februar 2015 als ein Meilenstein für die künftige Politik Russlands gegenüber dem Nahen Osten erweisen. Die offen bekundete Bereitschaft Moskaus, dem in einer äußerst schwierigen Situation befindlichen Ägypten auch finanziell zu helfen, könnte dabei ein Türöffner werden, um in dieser wichtigen Region noch stärker Fuß zu fassen und eine aktivere Rolle zu spielen. Abgesehen von dem ausgeprägten Entgegenkommen Russlands in finanziellen Fragen dürfte auch die öffentliche und warmherzige Anerkennung des derzeitigen ägyptischen Regimes durch Wladimir Putin sehr bedeutsam sein und die Intensität der Beziehungen zwischen beiden Ländern rasch verbessern. Die Präsenz des ägyptischen Präsidenten bei der Siegesparade in Moskau am 9. Mai 2015 war hierfür schon ein vielversprechendes Zeichen. Auch die Anfang Juni 2015 abgehaltenen gemeinsamen Seemanöver russischer und ägyptischer Kriegsschiffe im Mittelmeer können dazu dienen, die Kooperation beider Länder zu vertiefen. Und vor dem Hintergrund der immer noch widersprüchlichen Haltung der USA gegenüber der Politik des ägyptischen Regimes unter Präsident Abdel Fattah al-Sisi wäre es nur konsequent, wenn Russland das Großprojekt zum Bau eines zweiten Suez-Kanals finanziell unterstützen würde. Auch die Zusage Wladimir Putins, Ägypten beim Bau seines ersten Atomkraftwerks großzügige Hilfe zu gewähren, liegt auf dieser Linie. Vor allem mit Blick auf den neuen politischen Ansatz der Trump-Administration in Washington, im Nahen Osten ein regionales Bündnis der sunnitischen arabischen Länder gegen den schiitischen Iran zu schmieden, werden größere und einfallsreiche diplomatische Anstrengungen Russlands notwendig sein.

Vor dem Hintergrund der zu erwartenden Verlagerung des geopolitischen und wirtschaftlichen Zentrums der Welt in die Asiatisch-Pazifische Region erscheint es auch für Russland zweckmäßig, der strategischen Umorientierung der USA und der enormen Machtentfaltung Chinas zu folgen.[201] Mit der zielstrebigen Politik des Gewinns neuer Partner und zum Erwerb von Stützpunkten gilt es also fortzufahren. Wenn Russland als Weltmacht auftreten und seine derzeit schon beachtliche Rolle in der internationalen Politik sichern will, dann muss das Land seine Militär-Präsenz nicht nur im Mittelmeer weiter ausbauen, sondern auch in der Arabischen See, im Indischen Ozean und im Pazifik seine maritimen Aktionsmöglichkeiten verbessern.

Angesichts der rasch zunehmenden Machtentfaltung Chinas insbesondere im maritimen Bereich, der zu erwartenden selbstbewussten Außen- und Sicherheitspolitik Chinas und des immer härter geführten „Kampfes" um wichtige Ressourcen und Seegebiete wird Russland kaum abseits stehen können, wenn es eine bedeutsame Rolle spielen will. Die meisten Staaten im Asiatisch-Pazifischen Raum reagieren auf diese charakteristische Entwicklung mit erheblich vermehrten Rüstungsanstrengungen und der Suche nach Partnern. Die Länder in diesem Raum geben bereits seit 2013 mehr Geld für Rüstung aus als alle NATO-Staaten Europas. Dabei wird am stärksten in die Seestreitkräfte investiert.[202] Es kommt hinzu, dass nach den Plänen der U.S.-Regierung etwa 60 Prozent der amerikanischen Seestreitkräfte bis zum Jahre 2020 im Pazifik stationiert sein werden.[203] Die gesteigerte Hinwendung der USA zu diesem strategisch wichtigen Raum lässt sich am „Air-Sea-Battle-Concept" ablesen, das die

USA bereits im Jahre 2011 als grundlegendes militärisches Einsatzkonzept beschlossen haben. Das Konzept enthält die strategischen Überlegungen zur Eindämmung Chinas, das als geopolitische Gegenmacht Amerikas angesehen wird. Die politische Führung Russlands muss damit rechnen, dass die Trump-Regierung in Washington ihre Eindämmungspolitik noch deutlicher forcieren wird als ihre Vorgänger. Offensichtlich wird militärische Stärke eine wichtige Währung der Macht im Asiatisch-Pazifischen Raum bleiben.

Vor diesem Hintergrund erscheint es folgerichtig, dass Russland sich bemüht, über die Nutzung der Stützpunkte in Syrien hinaus auch über Marinebasen in Vietnam und auf den Seychellen zu verhandeln. In diesem Kontext dürfte die traditionell recht gute Kooperation mit Indien eine weitere Aufwertung erfahren. Russland wird die schon von der Obama-Administration in Washington gezeigten Bemühungen um eine strategische Partnerschaft mit Indien nicht unbeantwortet lassen können. Hier gilt es, mehr Engagement zu zeigen und zu verhindern, dass es den USA gelingt, dieses geopolitisch bedeutende Land in seine Eindämmungspolitik sowohl gegen Russland als auch gegen China einzuordnen.

Darüber hinaus liegt es nahe, auch mit Japan die Beziehungen weiter zu entwickeln und den seit mehr als 60 Jahren schwelenden Konflikt über die Kurilen-Inseln beizulegen. Ein Friedensvertrag mit Japan läge durchaus im russischen Interesse. Die damit verbundene Annäherung könnte eine historische Wende einleiten. Wenn es gelingt, einen „modus vivendi“ zu finden, der die Interessen beider Seiten berücksichtigt, wäre der Weg für eine intensive Zusammenarbeit auf vielen Gebieten geebnet und würde insbesondere die Wirtschaftsbeziehungen beider Länder beflügeln. Dies reicht von der Lieferung russischen Erdgases und Erdöls an Japan, sowie der Durchführung eines gigantischen Brücken-Projekts über die Halbinsel Sachalin nach Hokkaido bis zu japanischen Investitionen in Russland. Eine Übereinkunft mit Japan, einem wichtigen Staat der G-7-Runde, würde zudem die Chance für Russland vergrößern, mehr Druck gegen die internationalen Sanktionen aufzubauen, die von den führenden westlichen Ländern im Zuge des Konflikts um die politische Orientierung der Ukraine verhängt wurden.

Mit Blick auf die Erweiterung der russischen Handlungsmöglichkeiten dürften auch neue Allianzen im Rahmen der BRICS-Staaten (Brasilien, Russland, Indien, China und Südafrika) zunehmende Bedeutung gewinnen. So wird die Gründung der gemeinsamen Entwicklungsbank durch diese fünf Staaten während des BRICS-Gipfeltreffens in Brasilien am 16.

Juli 2014 nicht nur die Chancen verbessern, sich gegenseitig zu helfen und eine eigenständige Finanzpolitik zu betreiben. Nachdem sich die fünf Staaten in gleichem Maße an der mit einem Startkapital von 50 Milliarden Dollar ausgestatteten Bank (New Development Bank) beteiligen und zusätzlich einen Reservefond einrichten wollen, der 100 Milliarden Dollar umfasst, könnte dieses Institut ein Gegengewicht zum Internationalen Währungsfond (IWF) und zur Weltbank bilden, die von den USA und Europa dominiert werden. Die vielfach von westlichen Analysten ausgedrückte Hoffnung, dass dieses spezifische Handeln der BRICS-Staaten unter Führung Russlands und Chinas fehlschlagen werde, da vor allem Russlands Wirtschaft viel zu schwach sei und auch die Wirtschaft Chinas keineswegs mehr die früheren Wachstumsraten aufweisen werde, dürfte sich kaum erfüllen. Man muss hier in längeren Zeiträumen denken, wenn man die Chancen dieses Handelns realistisch einschätzen will. Die Beharrlichkeit der russischen Vorgehensweise, die nach wie vor enorme wirtschaftliche Dynamik Chinas und das ungebrochene Wachstum der Wirtschaft Indiens lassen eine positive Entwicklung erwarten. Die neue Bank steht überdies auch anderen Ländern offen. Deren Ausrichtung dürfte vor allem für jene Länder attraktiv sein, die es ablehnen, sich dem regelmäßigen Verlangen des IWF und der Weltbank nach Reformen und Öffnung der Märkte zu beugen. Die maßgeblich von Russlands Präsident Wladimir Putin inspirierte Entscheidung der Staatschefs der BRICS-Länder vom 16. Juli 2014 könnte sich als eine historische Weichenstellung erweisen.

Angesichts der immer deutlicher hervortretenden Eindämmungspolitik der USA gegenüber China und der im Zuge des Ukraine-Konflikts sichtbar gewordenen Versuche der USA, die vitalen Interessen Russlands zu ignorieren, erscheint es für die politische Führung in Moskau zweckmäßig, zielstrebiger nach neuen Märkten zu suchen und vor allem mit China enger zusammenzuarbeiten. In diesem Kontext stellt der am 21. Mai 2014 in Shanghai zwischen Russland und China geschlossene gigantische Vertrag für die Lieferung von Erdgas im Wert von 400 Milliarden Dollar und den Bau der nötigen Pipelines eine historische Wende und den Beginn einer neuen Ära dar. Die Tatsache, dass sich der Vertrag über 30 Jahre erstreckt, zeigt das langfristige politische Denken der beiden Partner. Auch die anlässlich des Staatsbesuchs Wladimir Putins abgeschlossenen mehr als 40 weiteren Verträge über die Kooperation mit China und die Teilnahme des russischen Staatspräsidenten an der regionalen „Sicherheitskonferenz über Interaktion und vertrauensbildende Maßnahmen in Asien" (CICA) unterstreichen, mit welcher Sorgfalt und Entschlossenheit beide

Großmächte ihre Position gegenüber den USA zu festigen suchen. Die während des Besuchs von Chinas Ministerpräsident Li Keqiang Mitte Oktober 2014 in Moskau geschlossenen Verträge im Finanz-, Handels- und Energiebereich und die von Präsident Putin am Rande des 22. APEC-Gipfeltreffens am 10. November 2014 in Peking unterzeichneten Abkommen über den Bau einer weiteren Erdgas-Pipeline bestätigen einmal mehr den Trend, die Beziehungen beider Länder auf eine völlig veränderte Basis zu stellen. Die Anwesenheit des chinesischen Staatschefs Xi Jinping bei der Siegesparade in Moskau am 9. Mai 2015 und die Unterzeichnung mehrerer Verträge über die langfristige wirtschaftliche Zusammenarbeit beider Staaten ist in diesem Kontext nur konsequent. Der politischen Führung Chinas ist dabei durchaus bewusst, dass sie mit ihren Verträgen die westlichen Sanktionen gegenüber Moskau untergräbt. Sie kann sich dieses Verhalten leisten, weil sie selbst von den westlichen Ländern nichts zu befürchten hat. Und aus der Sicht Moskaus erscheint es folgerichtig, die Beziehungen mit Peking noch weiter zu vertiefen. Der Besuch des russischen Staatspräsidenten Wladimir Putin am 25. Juni 2016 in China und der Abschluss von mehr als 30 weiteren Verträgen machen deutlich, wie entschlossen beide Seiten auf dem eingeschlagenen Weg voranschreiten. Die enge Kooperation Russlands mit China dürfte sich wohl zu einem der bedeutendsten geopolitischen Faktoren in der nun vor uns liegenden Epoche entwickeln. Das gemeinsame Interesse an der Eindämmung der Handlungsmöglichkeiten der USA und eine ähnliche politische Vision der beiden Länder für die neue Weltordnung bildet hierfür die Grundlage. Die Vorgehensweise Russlands in diesem Kontext passt recht gut zu Chinas neuer „Seidenstraßen-Strategie“, der Eröffnung neuer Handelswege und politischer Einflusskanäle. Wie weit dieser Prozess schon gediehen ist, hat die Teilnahme zahlreicher Staats- und Regierungschefs an dem von Peking am 14./15. Mai 2017 veranstalteten ersten Gipfeltreffen der „Seidenstraßen-Initiative“ gezeigt.[204] Es war daher durchaus sinnvoll, dass Russlands Präsident Wladimir Putin an diesem Treffen teilgenommen hat, zumal die großräumige Kooperation mit der von Moskau dominierten Eurasischen Wirtschaftsunion schon vorher schriftlich vereinbart worden war. Das Projekt wird von mehr als 100 Staaten und internationalen Organisationen unterstützt und macht einmal mehr deutlich, welche politische Dynamik damit verbunden ist.

Angesichts der an Schärfe zunehmenden Konflikte zwischen China und anderen Anrainerstaaten des westlichen Pazifik um die Kontrolle über wichtige Seegebiete und Inseln kann China auf die Unterstützung Russlands hoffen. Russland erhält seinerseits die Möglichkeit, sich als Mediator ins Spiel zu bringen und dem Dominanzstreben der USA Einhalt zu gebieten. Diese positive Rolle Russlands könnte auch in dem Streit zwischen Peking und Hongkong um dessen künftige Rechtsposition innerhalb Chinas wichtig werden, um die ständige Einmischung der USA in diesen politischen Streit zu konterkarieren.

Alle Anzeichen deuten darauf hin, dass Russland und China ihre außenpolitische und strategische Partnerschaft in den kommenden Jahrzehnten zügig ausbauen werden. Dabei gilt es, die ohnehin schon enge Kooperation im Bereich der Wirtschaft weiter zu vertiefen. Nicht nur mit Blick auf den Konflikt Russlands mit den USA und einigen anderen westlichen Ländern um die politische Orientierung der Ukraine und die in diesem Kontext besonders feindselige Haltung des U.S.-Kongresses kann die russische Führung damit rechnen, dass sie von China unterstützt wird. China hat ein dezidiertes Eigeninteresse daran, dass Russland die Sanktionen der westlichen Länder unterlaufen kann und in diesem Konflikt die Oberhand behält. Wie tiefgreifend und grundsätzlich der Wandel ist, wird daran deutlich, dass Russland und China das von den Amerikanern dominierte Finanzprimat des Westens brechen und mit der Gründung einer eigenen Rating-Agentur ihr Instrumentarium vervollständigen wollen. Entsprechend dem Anfang Juni 2014 unterzeichneten Abkommen zum Aufbau einer gemeinsamen Rating-Agentur nach dem Muster der bestehenden Anbieter werden Russland und China nicht nur das westliche – in vielen Fällen politisch motivierte und weniger an den Fundamentaldaten der Wirtschaft orientierte – Meinungskartell herausfordern. Abgesehen von der eigenständigen Bewertung der Kreditwürdigkeit von Staaten und Unternehmen werden die beiden Länder auch dafür sorgen, dass der Einfluss der globalen Geldabwickler American Express, Visa und Mastercard auf den internationalen Finanzmärkten deutlich reduziert wird. Vor dem Hintergrund der im Frühjahr 2014 von Moskau und Peking getroffenen Entscheidungen dürfte sich der Handel der beiden Staaten bis 2020 mehr als verdoppeln. Im Übrigen wird der seit Juni 2014 zu beobachtende Trend bei den großen russischen Unternehmen, ihre Geschäfte zunehmend nicht mehr in U.S.-Dollar, sondern in asiatischen Währungen abzuwickeln, die finanzpolitischen Einflussmöglichkeiten des Westens auf Russland erheblich reduzieren. Dabei dürfte auch ins Gewicht fallen, dass bedeutende russische Rohstoffkonzerne wie Gazprom und Norils Nickel und der Chemiekonzern Sibur seit Anfang 2016 immer stärker dahin tendieren, Kredite in Höhe von mehreren Milliarden Euro bei chinesischen Banken aufzunehmen. Die westlich dominierten Finanzsysteme werden damit Schritt für Schritt ihren bisherigen Einfluss verlieren.

Darüber hinaus werden Russland und China auf dem Gebiet der Rüstung enger zusammenarbeiten und immer häufiger gemeinsame Manöver der Streitkräfte abhalten. Die gemeinsame, vom russischen Schwarzmeerhafen Noworossijsk geleitete Übung der Seestreitkräfte beider Länder im Mittelmeer Mitte Mai 2015 war in diesem Kontext ein bemerkenswerter Anfang. Weitere Seemanöver Russlands und Chinas wurden bereits durchgeführt. So hielten die russischen und chinesischen Seestreitkräfte im Sommer 2017 gemeinsame Übungen in der Ostsee ab. Die maritime Zusammenarbeit wurde im September 2017 im Pazifik fortgesetzt.

Auch die Kooperation Russlands und Chinas auf dem Gebiet der inneren Sicherheit dürfte erheblich intensiviert und vor allem gegen Aktivitäten gerichtet werden, die darauf abzielen, die „konstitutionelle Ordnung“ im Lande zu ändern. Diese spezielle Zusammenarbeit wird sich insbesondere gegen die Tätigkeit der zahlreichen Nichtregierungsorganisationen und diversen Bürgerinitiativen sowie gegen die Risiken richten, die mit den modernen Techniken der digitalen Welt verbunden sind. Das vom chinesischen Volkskongress am 28. April 2016 beschlossene „Gesetz über die ausländischen Nichtregierungsorganisationen“ spiegelt den Austausch der Erfahrungen und die enge Zusammenarbeit auf diesem Felde zwischen Russland und China eindrucksvoll wider. Es erscheint in diesem Zusammenhang nur folgerichtig, dass die Führungen beider Länder diese speziellen Bemühungen in einen größeren Kontext einordnen: Sie wenden sich strikt gegen den westlichen Anspruch, die Weltordnung zu dominieren und dabei das westliche Wertesystem als universal verpflichtend anzusehen. Gerade angesichts der Brüchigkeit des damit verknüpften Ordnungsmodells und der in vielerlei Hinsicht problematischen Entwicklung westlicher Gesellschaften kann es weder für China, noch für Russland in Frage kommen, das westliche Wertesystem zu akzeptieren.

Die machtpolitisch bedeutsame Rolle Moskaus zeigt sich auch in dem Bemühen, dem im internationalen System stark bedrängten Nordkorea den Weg zur Wahrung seiner Sicherheitsinteressen offen zu halten. Die recht guten Beziehungen der politischen Führung Russlands zum nordkoreanischen Staatschef Kim Jong-un dürften sicher den Plan befördern, mit dem Regime in Pjöngjang auf vielen Gebieten zu kooperieren und dabei auch die wichtigen wirtschaftspolitischen Beziehungen Russlands zu Südkorea nicht außer Acht zu lassen. In diesen Kontext gehört u.a. die Absicht, eine Erdgas-Leitung über Nordkorea nach Südkorea zu bauen, um einen weiteren zahlungskräftigen Abnehmer russischen Erdgases besser bedienen und die Handelsbeziehungen diversifizieren zu können. Wenngleich Nordkorea selbst für das in dieser Region sehr einflussreiche China ein schwieriger Partner ist, konnte auch Russland angesichts der in jüngster Vergangenheit recht problematischen Nuklearpolitik des nordkoreanischen Staatschefs nicht kommentarlos zuschauen. So war es durchaus sinnvoll und geschickt, dass der russische Außenminister Sergej Lawrow mit Blick auf die umstrittene und gegen mehrere UN-Resolutionen verstoßende Nuklear- und Raketenrüstung Nordkoreas und die hiermit ausgelösten heftigen Kontroversen die U.S.-Regierung vor einem „Alleingang“ warnte und zur Beachtung des Völkerrechts aufforderte.[205] Das beständige Drängen Moskaus im Sicherheitsrat der Vereinten Nationen, den Konflikt „durch Dialog“ zu lösen, liegt auf dieser Linie. Und die gemeinsam mit Chinas Staatschef Xi Jinping bei dessen Besuch in Moskau am 4. Juli 2017 vertretene Aufforderung Präsident Putins an Nordkoreas Machthaber Kim Jong-un, sein Nuklear- und Raketenprogramm auszusetzen und die gleichzeitige Anregung an die amerikanische Regierung, die Militärmanöver vor den Küsten Nordkoreas einzustellen,[206] zeigte einmal mehr das diplomatische Geschick der politischen Führung Moskaus. Wie beständig die russische Politik in dieser bedeutsamen Frage ist, belegt der gemeinsam mit China unternommene Versuch, zwischen dem nordkoreanischen Regime und den USA zu vermitteln und eine friedliche Regelung des gefährlichen Konflikts zu erreichen.[207] Im Gegensatz zu dem eher aggressiven Ton, den U.S.-Präsident Trump gegenüber der Führung Nordkoreas lange Zeit angeschlagen hatte, plädierte Russlands Präsident Wladimir Putin von Anfang an für einen „direkten Dialog aller interessierten Länder der Region zur Lösung der Probleme – ohne Vorbedingungen“.[208] Es erscheint dabei nur konsequent, dass Wladimir Putin seinen Vorschlag zur diplomatischen Lösung des Konflikts nach dem erfolgreichen Test einer Wasserstoffbombe durch Nordkorea am 3. September 2017 während eines Treffens der Staatschefs der BRICS-Länder in China unterstrichen hat.[209] Aus der Sicht Moskaus ist die Hinnahme Nordkoreas als Nuklearmacht und die diplomatische Einbindung des Regimes in die Weltgemeinschaft die einzige sinnvolle Lösung. Nicht zuletzt geht es Russland mit seinem Eingreifen für Nordkorea darum, die Macht der USA im Asiatisch-Pazifischen Raum einzugrenzen. Die Perspektiven des historischen Treffens zwischen U.S.-Präsident Donald Trump und Nordkoreas Staatschef Kim Jong Un am 12. Juni 2018 in Singapur scheinen die Einschätzung der politischen Führung Russlands zu bestätigen.

Im Zuge der historisch bedeutsamen Entscheidung der politischen Führung Russlands für eine engere Partnerschaft mit China sind die Interessenkonflikte zwischen Russland und der Europäischen Union immer deutlicher sichtbar geworden. China und Russland passen mit Blick auf ihre vitalen Interessen und die Machttechnik ihrer politischen Eliten recht gut zusammen. Darüber hinaus spielt die Gespaltenheit innerhalb der westlichen Staatenwelt der machtbewussten Elite Russlands in die Hände. So können wir nahezu täglich beobachten, wie leicht es für die politische Führung Russlands derzeit ist, den mangelnden Realitätssinn vieler Politiker, die charakteristischen Grundstimmungen in den Gesellschaften Westeuropas sowie das unterschiedliche Interessenprofil in den einzelnen europäischen Staaten zu nutzen, um die vielfältigen Gegensätze in Europa zu vertiefen und die antiamerikanischen Ressentiments zu verstärken.

Mit Blick auf die unterschiedlichen Interessen der EU-Staaten erweist es sich aus russischer Sicht als sinnvoll, in einem möglichst weit gefassten strategischen Ansatz vor allem die Länder auf dem Balkan wirtschaftlich zu unterwandern, um ihre enge Einordnung in den westlich orientierten EU-Kontext zu erschweren. Serbien, Kosovo, Bosnien-Herzegowina, Montenegro oder auch die EU-Länder Bulgarien und Ungarn bieten sich dabei als gute Aktionsfelder an. Die stärkere wirtschaftliche Bindung dieser Länder an Russland und die Nähe der politischen Rhetorik zu den genuinen Interessen der dortigen Bevölkerung wird sicherlich helfen, die jeweilige Einordnung dieser Länder in die von Brüssel vorgegebene politische Linie in Frage zu stellen. Dabei lässt sich die in diesen Ländern vorherrschende nationalistische Grundströmung gut für die russischen Interessen nutzen. Vor allem Bulgarien erscheint dank des außerordentlich starken russischen Einflusses im Bereich der Wirtschaft recht eng mit Russland verbunden. Etwa 35 bis 40 Prozent der Wirtschaft Bulgariens werden von Russland kontrolliert. Das Interesse der Bulgaren an der Aufhebung der westlichen Sanktionen ist sehr groß. Dies gilt erst recht, nachdem der russlandfreundliche Ex-General Rumen Radew am 13. November 2016 zum Präsidenten Bulgariens gewählt wurde.[210] Zwar setzte sich bei den Parlamentswahlen am 26. März 2017 der pro-europäische Regierungschef Boyko Borissow durch. Doch bleiben die pro-russischen Kräfte im Lande sehr stark. Unter der Führung von Wolen Siderow mit seiner Partei der Vereinigten Patrioten sind sie sogar Teil der Regierungskoalition und plädieren wie Präsident Rumen Radew für eine Aufhebung der Sanktionen gegen Russland.[211] Es könnte durchaus gelingen, so viel Druck zu erzeugen, dass einzelne Staaten im Rahmen der EU eine Haltung vertreten, die den Interessen Russlands entgegenkommt.

Die bereits von der russischen Regierung unternommenen Versuche, die militärische Zusammenarbeit mit Serbien – trotz dessen Streben nach einer Aufnahme in die Europäische Union – zu vertiefen und Belgrad durch Lieferverträge für Erdgas enger an sich zu binden, könnten durchaus ein Modell sein, wie man Erfolg haben könnte. Auch der weitere Ausbau der Infrastruktur, von Eisenbahnlinien bis zu den Tankstellennetzen, dürfte die Bindungen zu Serbien verstärken und Russland als verlässlichen Partner ausweisen, der hilfsbereit zur Seite steht und keine unangenehmen Vorschriften macht. Ebenso wird die Einrichtung eines „strategischen Dialogs" mit Belgrad die beabsichtigte Kooperation Russlands mit Serbien intensivieren können.[212] Diese Vorgehensweise könnte besonders wirksam sein, wenn die von den völkerrechtswidrigen NATO-Angriffen im Frühjahr 1999 schwer getroffene Bevölkerung in Serbien sieht, dass man dank des russischen Engagements im Bereich der Wirtschaft eine Perspektive erhält. Und nicht zuletzt würden sich massive Investitionen in lokale Unternehmen und in Immobilien, wie sie in dem traditionell russlandfreundlichen Bulgarien, in Serbien und in Montenegro bereits erfolgreich vorgenommen wurden, Russlands Einfluss auf dem Balkan fühlbar vergrößern. Die Zugehörigkeit dieser Länder zur EU oder zur NATO dürfte dabei kein Hindernis sein, den russischen Einfluss in dieser Region zu vermehren. Und in Ungarn dürfte eine gute Einflussmöglichkeit für Russland darin bestehen, die wirtschaftlichen Interessen des von der EU-Kommission massiv bedrängten Orban-Regimes zu bedienen. Die während des Staatsbesuchs von Präsident Wladimir Putin am 17. Februar 2015 in Budapest geschlossenen Abkommen vor allem im Bereich der Versorgung Ungarns mit Erdgas und für den Ausbau der Atomkraftwerke deuten bereits an, in welche Richtung die russische Politik zielt und welche Einflusskanäle in die Europäische Union hinein sich der politischen Führung Russlands eröffnen. Es kann daher nicht überraschen, wenn führende Politiker Ungarns gegen die westlichen Sanktionsmaßnahmen auftreten und regelmäßig bekunden, dass „die Normalisierung der Beziehungen zwischen Europa und Russland unerlässlich ist".[213] Für Russland bieten sich angesichts der besonderen Interessen Ungarns an den früheren Absatzmärkten und im Bereich der Energieversorgung gute Chancen, die Politik der Europäischen Union zu unterlaufen. Sowohl die Lieferung von mehr als 60 Prozent des Erdgases und 75 Prozent des Erdöls aus Russland sowie große Energieprojekte und nicht zuletzt manche ideologischen Gemeinsamkeiten binden das EU- und NATO-Mitglied Ungarn an Russland. Diese Entwicklung erlaubt es der politischen Führung Russlands sogar, wie beim Treffen Wladimir Putins am 2. Februar 2017 in Budapest geschehen, die europäische Politik gegenüber der Ukraine und das Verhalten der Kiewer Regierung zu kritisieren, ohne den Widerspruch des ungarischen Regierungschefs Viktor Orban fürchten zu müssen.[214] Im Gegenteil: Die anmaßenden Forderungen Kiews an die westlichen Länder und die nationalistische Politik gegenüber den Minderheiten, u.a. durch das diskriminierende ukrainische Sprachgesetz, haben zu Recht die scharfe Kritik aus Ungarn, Bulgarien, Rumänien und Polen hervorgerufen und so die Position der politischen Führung Russlands deutlich gestärkt.

Ungeachtet dieser vielfältigen Möglichkeiten Russlands, die Ausrichtung der Politik der Balkanstaaten maßgeblich zu beeinflussen, erscheint die Instrumentalisierung der Energiemacht besonders gut geeignet, die eigenen Interessen wahrzunehmen. Die von Staatspräsident Wladimir Putin bei seinem Treffen mit dem türkischen Präsidenten Recep Tayyip Erdogan am 1. Dezember 2014 in Ankara verkündete Entscheidung, den Bau der „South-Stream"-Leitung einzustellen, hat die Europäische Union auf dem Felde der Energieversorgung weiter geschwächt. Mit der in Ankara unterzeichneten Absichtserklärung für die Lieferung von Erdgas an die Türkei hat Staatspräsident Wladimir Putin einmal mehr klargemacht, welche herausragende Rolle Russlands Energiemacht einnimmt. Das Vorhaben blieb zwar nach dem Abschuss eines russischen Kampfflugzeugs durch die türkischen Luftstreitkräfte im Grenzgebiet zu Syrien am 24. November 2015 und den massiven Interessengegensätzen im Hinblick auf das Assad-Regime für eine kurze Zeit gefährdet. Angesichts der konsequenten Sanktionen Russlands und selbst der Kritik westlicher Regierungen an der Handlungsweise der Türkei musste die türkische Staatsführung am Ende nachgeben und die Beziehungen zu Moskau wieder in Ordnung bringen. So lenkte Erdogan schließlich ein und entschuldigte sich am 27. Juni 2016 in einem Brief an Staatspräsident Putin für den Abschuss des russischen Kampfflugzeuges. Wladimir Putin hob umgehend einen Teil der Sanktionen gegen die Türkei wieder auf. Russland hat in diesem speziellen Konflikt am Rande des Ringens um die Neuordnung der Machtverhältnisse im Nahen Osten die besseren Karten. Die Einrichtung eines „heißen Drahtes" zwischen Ankara und Moskau nach dem Muster des Vorgehens zwischen Russland und Israel könnte in Zukunft Zwischenfälle vermeiden. Immerhin hat die türkische Staatsführung relativ rasch eingesehen, dass die Wiederaufnahme der Kooperation mit Russland große Vorteile bietet und die Fixierung auf veraltete Ideologien eher in eine Sackgasse führt. Die schnelle und für Erdogan sehr willkommene Reaktion Wladimir Putins auf den Putschversuch in der Türkei am 15. Juli 2016 und das Treffen der beiden Staatschefs in St. Petersburg am 9. August 2016 hat das Verhältnis Russlands zur Türkei wieder enger werden lassen. Die in St. Petersburg getroffenen Vereinbarungen im Hinblick auf die Durchführung der Großprojekte, von dem Bau der Erdgas-Pipeline „Turkstream" bis zur Errichtung eines Kernkraftwerks in Akkuyu, machen deutlich, dass man sich ungeachtet mancher Meinungsverschiedenheiten in der Nahostpolitik pragmatisch auf die gemeinsamen Ziele konzentrieren will. Das erneute Treffen der beiden Präsidenten anlässlich eines Energiekongresses in Istanbul am 10. Oktober 2016 deutet ebenso in diese Richtung. Die Wiederaufnahme des Reiseverkehrs russischer Bürger in die Türkei und die weitere Abschwächung der Wirtschaftssanktionen Moskaus sind in diesem Zusammenhang nur folgerichtig. Die Mitte August 2016 von der politischen Führung der Türkei vollzogene Kehrtwende in ihrer Strategie in Syrien weist darauf hin, dass nach dem Einlenken Erdogans gegenüber Wladimir Putin eine neue Phase eingeleitet worden ist, die Russlands Interessen dient. Die nachfolgende enge Kooperation Russlands und des Iran mit der Türkei im Syrien-Konflikt bestätigt dies. Wie professionell vor allem die russische Führung dabei vorgeht, zeigt die Tatsache, dass nicht einmal die Ermordung des russischen Botschafters in Ankara durch einen türkischen Islamisten am 19. Dezember 2016 dieses Verhältnis stören konnte. Und bei einem erneuten Treffen Erdogans mit Wladimir Putin am 10. März 2017 in Moskau wurde einmal mehr deutlich, dass der russische Präsident die Agenda bestimmt und strittige Fragen, etwa beim militärischen Vorgehen im Syrien-Konflikt, zu seinen Gunsten entscheidet. Nicht zuletzt zeigt sich diese Haltung auch darin, dass Russland die Kurden als eigenen Machtfaktor anerkennt.[215] Die weiteren Treffen Recep Tayyip Erdogans mit Wladimir Putin am 3. Mai 2017 und am 13. November 2017 in Sotschi deuten einmal mehr darauf hin, dass trotz der Uneinigkeit beider Regime in der Syrien-Frage und bei der politischen Einschätzung der Kurden die Tendenz besteht, zu kooperieren und gegenüber Europa gemeinsam Stellung zu beziehen.

Nach dem Ende der türkisch-russischen Krise dürften die Europäer gegen die von Wladimir Putin angewandte indirekte Strategie wohl kein

Mittel finden, um ihre Interessen zu wahren. Vielmehr bleibt die Wahrscheinlichkeit hoch, dass sich Russlands Staatschef in Zukunft wieder zunehmend auf die Türkei stützen kann, um die Europäer auszumanövrieren. Das Energie-Unternehmen Gazprom ist darauf vorbereitet und stellt sich flexibel auf die neue Situation ein. So geht man davon aus, dass Russland spätestens ab dem Jahr 2020 den bisher über die Ukraine laufenden Erdgas-Export nach Europa einstellen und stattdessen über die mit größerer Kapazität ausgestattete „North-Stream 2"-Leitung nach Deutschland und über die „Turkstream"- Leitung in der Türkei führen wird. Die Energiesicherheit der EU wird daher künftig auch von der Türkei abhängen. Und wie vorteilhaft die russisch-türkischen Absprachen vom 1. Dezember 2014 in Ankara werden könnten, zeigt auch der Beschluss, den Handel mit der Türkei wieder zu normalisieren. Selbst im militärischen Bereich kommt diese Bereitschaft zum Tragen. So hat die Türkei – gegen die Interessen der NATO – im September 2017 das russische Flugabwehrraketen-System S-400 gekauft. Inzwischen gibt es sogar Gespräche über die gemeinsame Entwicklung eines Nachfolgesystems unter der Bezeichnung S-500, das nicht in die entsprechende Technik der NATO integrierbar ist. Nicht zuletzt wird das neu begründete Verhältnis Russlands zur Türkei dazu beitragen, den Beitritt der Ukraine zur NATO zu verhindern.

Diese für Russland günstige Entwicklung wird noch dadurch unterstrichen, dass seit dem Machtwechsel in Griechenland nach den Wahlen vom 25. Januar 2015 ein weiterer EU-Staat eher für eine enge Zusammenarbeit mit Russland plädiert. Der russische Plan, Erdgas bis an die griechische Grenze zu liefern, findet in Athen Unterstützung. Die neue Erdgas-Leitung würde es in Zukunft erleichtern, die Ukraine aus dem Energienetz auszugliedern und den Griechen mehr Einkünfte und eine gestärkte Position innerhalb der Europäischen Union zu verschaffen. Die am 19. Juni 2015 von Griechenlands Regierungschef bei seinem Treffen mit Russlands Staatspräsident Wladimir Putin in St. Petersburg unterzeichnete Absichtserklärung und die nachfolgenden Absprachen während des Besuchs Wladimir Putins in Athen am 27./28. Mai 2016 weisen auf die Eigendynamik dieser Politik hin. Dabei kann die politische Führung Russlands darauf bauen, dass die spezifische Haltung der griechischen Regierung nicht nur strategischer Natur ist, sondern eine starke ideologische Fundierung hat. Russland darf zudem damit rechnen, dass sich die übrigen südeuropäischen EU-Staaten – von Bulgarien und Rumänien über Ungarn bis Österreich – aus eigenem nationalem Interesse an dem Energielieferungs-Projekt beteiligen werden.

Schon das bisherige Verhalten Russlands im Hinblick auf die Lieferung von Erdgas an die Ukraine, nach Moldawien, nach Litauen und in andere Länder belegt, wie wirkungsvoll bedeutende Energieträger als Machtinstrumente genutzt werden können und dass die Zeiten längst vorbei sind, in denen Moskau bereit schien, entsprechend den von den westlichen Demokratien gewünschten Regeln zu handeln. Die Entscheidung zum Bau der Ostsee-Pipeline, mit der einst der frühere deutsche Bundeskanzler Gerhard Schröder in einer seiner letzten Amtshandlungen gemeinsam mit Russlands Präsident Wladimir Putin die Ukraine und Polen teilweise aus der Versorgungskette manövrierte, bietet Russland bereits seit dem Herbst 2011 eine gesteigerte Möglichkeit, Einfluss auszuüben und den Energiehebel in der Hand zu behalten. Diese Möglichkeit wird sich noch einmal erweitern, wenn die neue Ostsee-Pipeline „North-Stream 2“, die nunmehr gebaut wird, fertiggestellt ist.[216] Die neue Pipeline könnte noch vor Ende des Jahres 2019 in Betrieb genommen werden. Das Projekt wird die Europäische Union energiepolitisch einmal mehr spalten und sowohl die Ukraine, als auch einige osteuropäische Länder umgehen. Die bei dem Treffen der deutschen Bundeskanzlerin mit dem russischen Staatspräsidenten am 18. Mai 2018 in Sotschi gegebene Zusage von Erdgas-Lieferungen über die Ukraine wird dann nicht mehr viel wert sein.

Die politische Führung Russlands ist angesichts der künftig wieder wachsenden weltweiten Nachfrage nach Erdöl und Erdgas keineswegs daran gebunden, ihre so bedeutsamen Ressourcen in bestimmte Richtungen zu lenken oder die Energieträger zu jeder Zeit in ausreichender Menge für Europa bereitzuhalten. Vor allem nach dem entschlossenen Paradigmenwechsel in den Wirtschaftsbeziehungen zum östlichen Nachbarn China hin und dem seit dem Konflikt um die politische Orientierung der Ukraine von den USA geführten Finanz- und Wirtschaftskrieg gegen Russland wird dies deutlich. Die Tatsache, dass Russland im Jahre 2015 bereits fast ein Viertel mehr Erdöl nach Asien geliefert und damit Saudi-Arabien erhebliche Marktanteile abgenommen hat, weist klar auf diese Veränderungen hin. Dieser Trend dürfte sich fortsetzen. Mit Blick auf die Europäische Union und einige noch nicht in westliche politische Strukturen eingebundene Länder hat sich in Russlands politischer Elite vielmehr zu Recht die Erkenntnis herausgebildet, dass sie mit ihren Energieträgern neue, sehr wirksame Machtquellen besitzt, die sich eleganter anwenden lassen als Panzer, Raketen und Flugzeuge. Die Russen können zudem damit rechnen, dass die Zeit für sie arbeitet und die Europäische Union im Vergleich zu

Russland kaum in der Lage sein wird, eigene Machtressourcen zu entwickeln und einzusetzen. Insbesondere die Unfähigkeit der EU-Staaten, eine gemeinsame, wohldurchdachte Energiepolitik zu entwickeln, die Schwierigkeiten einzelner EU-Staaten, wie z.B. Belgiens, eine sichere Stromversorgung mit Hilfe der Kernkraftwerke aufrechtzuerhalten, oder die höchst problematische Energiepolitik Deutschlands, durch eine panikartige Umorientierung der Energiepolitik und das faktische Verbot neuer Erschließungsmethoden wie das „Fracking" die Abhängigkeit von auswärtiger Energieversorgung deutlich zu vergrößern, kommt den russischen Interessen sehr entgegen. Die Europäische Union hat – bei geschicktem Verhalten der russischen Führung – keine Chancen, eine rein marktwirtschaftliche, gleichsam „machtferne" Energieinterdependenz mit Russland zu entwickeln. Das Gesetz des Handelns liegt in den Händen der politischen Führung Russlands. Sie kann trotz aller Absprachen ihre Energiemacht gegen Europa anwenden, um die gewünschte Anpassung an ihre machtpolitischen Interessen zu erreichen. Und wie fixiert die meisten Europäer, vor allem die Deutschen, auf den Bau der North-Stream-2-Pipeline sind, wird an der Reaktion der deutschen Bundesregierung auf die Absicht der USA deutlich, jede Beteiligung an diesem Unternehmen mit Sanktionen zu belegen.[217] So übten sowohl die Europäische Kommission als auch hochrangige Vertreter der deutschen Regierung scharfe Kritik[218] an dem mit großer Mehrheit gefassten Beschluss des amerikanischen Repräsentantenhauses vom 26. Juli 2017 und des Senats zwei Tage später, alle Firmen zu sanktionieren, die mit russischen Unternehmen auf energiepolitischem Gebiet, also auch an dem Bau von Pipelines, zusammenarbeiten. Zwar wurden einige Passagen des Beschlusses auf europäisches Drängen modifiziert, doch engen die geplanten und auch in der veränderten Formulierung völkerrechtswidrigen Sanktionen gleichwohl die Handlungsfähigkeit des U.S.-Präsidenten erheblich ein.[219] Es überraschte daher nicht, dass die auf diesem Felde besonders engagierten russischen Unternehmen, wie z.B. Gazprom, die Arbeit an den aktuellen Projekten deutlich beschleunigten. Zudem konnten die amerikanischen Sanktionen diesmal nicht ohne Gegenmaßnahmen Russlands und in diesem speziellen Fall auch der EU bleiben. So wurde von Moskau als Antwort auf das aggressive Verhalten der USA verfügt, die Anzahl der amerikanischen Diplomaten in der Botschaft und in den Konsulaten um immerhin 755 Personen zu reduzieren, sowie zwei bislang den Amerikanern zur Nutzung überlassene Landhäuser bei Moskau zu schließen.[220] Mit dieser Maßnahme wählte man in Moskau einen eleganten Weg, der im Grunde nichts zuschüttet, aber als politisches

Signal ganz sicher verstanden wird. Die Europäer werden dabei bewusst nicht mitgetroffen. Die meisten Regierungen machten prompt ihren Unmut über das amerikanische Verhalten deutlich und dürften künftig noch stärker ihrer Neigung folgen, auch mit Blick auf Sanktionen gegen Russland ihren eigenen Weg zu gehen. So nutzte die politische Führung Russlands einmal mehr die fehlerhafte amerikanische Politik, um einen Keil in die ohnehin schon desolate Europäische Union zu treiben.[221] Im Übrigen weiß man in Moskau, dass die U.S.-Regierung – ungeachtet der von ihr verfügten Schließung des russischen Konsulats in San Francisco Anfang September 2017 – über kurz oder lang doch mit einer weniger aggressiven Politik wird überkommen müssen, wenn sie vitale eigene Interessen wahren will. Darauf hat nicht zuletzt der erfahrene Henry Kissinger mehrfach hingewiesen. Es sollte daher nicht überraschen, dass die russischen Gegenmaßnahmen im Streit mit den USA eher moderat ausgefallen sind.[222] Auch die am 30. Januar 2018 vom amerikanischen Finanzministerium veröffentlichte Liste von Sanktionen gegen 210 führende russische Unternehmer, Beamte und Politiker dürfte ihre Wirkung verfehlen. Diese Maßnahme legt einmal mehr die Amateurhaftigkeit der derzeitigen amerikanischen Politik vor aller Welt offen und traf selbst in Europa auf sofortigen Widerspruch.

Aus russischer Perspektive bleibt es richtig, die wirtschaftliche Kooperation mit den Ländern der Europäischen Union fortzusetzen. Die von vielen westeuropäischen Entscheidungsträgern und Analysten verbreitete Vorstellung, man könne über eine stärkere Verflechtung der wirtschaftlichen Beziehungen, die Verhängung und die Androhung von Sanktionen Einfluss auf Russland ausüben, braucht man in Moskau nicht zu fürchten. Die damit verbundenen Erwartungen der Westeuropäer gehen völlig an der Realität vorbei, da die Europäische Union nicht über hinreichende Machtquellen verfügt, Russland auf gleicher Augenhöhe zu begegnen und die eigenen Interessen wahren zu können. Russland ist nicht unbedingt auf die Unterstützung der Westeuropäer für die Modernisierung seiner Wirtschaft und die Lieferung von Hochtechnologie angewiesen. Nach dem Ende Mai 2014 von Moskau vollzogenen Paradigmenwechsel in den Wirtschaftsbeziehungen sind asiatische Unternehmen rasch eingesprungen, wenn europäische Firmen infolge einer undurchdachten europäischen Sanktionspolitik ihr Engagement in Russland verweigerten. Dies hat sich bereits auf dem Internationalen Wirtschaftsforum am 23. Mai 2014 in St. Petersburg angedeutet. Hier waren China und andere asiatische Länder mit hochrangigen Repräsentanten vertreten. Die Vorstellung vieler Westeuropäer, man könne in Russland durch eine intensive Kooperation die charakteristische Ausformung des westeuropäischen Wertesystems verankern, die letztlich zu einem innenpolitischen Wandel in Russland führt, wird vielmehr Illusion bleiben. Der Kernstaat der früheren Sowjetunion entwickelt sich längst in eine andere Richtung und verfügt über eine hoch qualifizierte Führungselite, die ihr eigenes Wertesystem hoch einschätzt, sinnvoll anzuwenden weiß und versteht, effiziente „Realpolitik" zu betreiben. Die russische Führungselite wird auch in Zukunft deutlich mehr Handlungsmöglichkeiten haben, als man dies im Westen erwartet. Und es ist in diesem Zusammenhang ebenso bedeutsam, dass die politischen Entscheidungsträger in Moskau nicht erst lange diskutieren müssen, wie ihre westlichen Kollegen. Daher überraschte es nicht, dass beim Internationalen Wirtschaftsforum Ende Mai 2017 in St. Petersburg die europäischen Vertreter wieder hochrangig und zahlreich vertreten waren und vielfältige Verträge geschlossen wurden. Von der einstmals verbreiteten Idee der Übertragung „westlicher Werte" in Russland war keine Rede mehr. Über 5.000 Teilnehmer hatten sich bei dem Wirtschaftsforum eingefunden und mehr als 100 hochrangig besetzte Veranstaltungen konnte man zählen, 50 Prozent mehr als im Vorjahr. 250 Chefs großer westlicher Konzerne und zahlreiche Minister waren erschienen. An den Diskussionen hatte Staatspräsident Wladimir Putin selbst teilgenommen. Dabei war zu beobachten, dass sich dieses spezielle Forum zunehmend den bedeutenden Zukunftstrends, wie z.B. Digitalisierung und Mobilität, widmet und dem Technologietransfer gute Dienste leistet.[223]

Die Erfahrung lehrt, dass vor allem in Bezug auf die Anwendung der zur Verfügung stehenden Machtquellen durchaus erwartet werden kann, dass Präsident Wladimir Putin seinen Kurs zur Verbesserung der Position seines Landes im Weltstaatensystem beibehalten wird. Auch die Instrumentalisierung der Energiepolitik weist darauf hin, wie konsequent und beharrlich die russische Führungselite ihre Bestrebungen umzusetzen sucht. Die Inbetriebnahme des ersten Teils der Ostsee-Pipeline (North-Stream) im Herbst 2011 hat der russischen Regierung bei Energiefragen bereits mehr Spielraum verschafft. Diese Leitung wird – ungeachtet der westlichen Sanktionspolitik – künftig eine noch größere Rolle spielen. Die beim „Östlichen Wirtschaftsforum" Anfang September 2015 in Wladiwostok von dem russischen Energiekonzern Gazprom abgeschlossenen Vereinbarungen mit führenden westlichen Unternehmen, wie z.B. Wintershall, E.on und ÖMV zum weiteren Ausbau der Ostsee-Pipeline „North-

Stream“ richten sich einmal mehr gegen die nach Einheitlichkeit strebende EU-Politik. Insbesondere die Ukraine und Weißrussland mussten bereits mehrfach erfahren, dass Russland mit großem Nachdruck und vielfältigen Methoden – von der Preisgestaltung für Erdöl und Erdgas, sowie der Erhöhung der Zölle – seine Interessen letztlich durchzusetzen vermag. Von der Europäischen Union können diese beiden Länder keine wirksame Hilfe erwarten. Abgesehen davon wird der ukrainische Staatskonzern Naftogaz durch die North-Stream-Pipeline etwa zwei Milliarden Euro an Einnahmen pro Jahr verlieren. Auch der Versuch des nach dem Umsturz in Kiew Ende Februar 2014 an die Macht gekommenen Regimes der Ukraine, durch eine engere Anbindung an die EU, die Diversifizierung ihrer Erdgasversorgung und die Ausbeutung von Schiefergasvorkommen die Abhängigkeit von Russland zu vermindern, dürfte scheitern. Mit dem Bau der südlichen Komponente der russischen Erdgasleitung (Turkstream) von der Schwarzmeerküste über die Türkei nach Europa wird sich die Energiemacht Russlands noch wirksamer anwenden lassen. Die in den letzten beiden Jahren betriebene Alternative über die Anbindung der Türkei und Griechenlands an das Erdgas-Netz bietet eine gute Möglichkeit, die Abhängigkeit Europas von russischen Erdgas-Lieferungen zu vergrößern. Es wäre aus russischer Sicht zudem nützlich, etwa Weißrussland und anderen mit Russland eng verbundenen Staaten in der Preisgestaltung für Energieträger und bei der wirtschaftlichen Unterstützung entgegenzukommen, so dass die Menschen in diesen Ländern die Vorteile der engeren Bindung an Russland konkret erfahren können.

Es erscheint vor dem Hintergrund der visionären Vorstellungen der politischen Führung Russlands nur folgerichtig, dass Moskau nach dem Umsturz in der Ukraine im Frühjahr 2014 die Eingliederung der Krim-Region vollzogen hat, das Abdriften der Ost-Ukraine aus dem Einflussbereich Kiews konsequent unterstützt, die Integration der West-Ukraine in die Europäische Union unterbindet und weiter auf die Wiedereingliederung Weißrusslands in seinen politischen Machtbereich hinarbeitet. Dabei war die Vorgehensweise der russischen Regierung, mit Weißrussland und Kasachstan eine „Zollunion“ zu schaffen, nur ein erster Schritt auf dem Wege zur Bildung eines viel größeren Machtkomplexes. Wie konsequent Moskau seine Interessen und Ziele in diesem Bereich zu verfolgen pflegt, zeigt die Tatsache, dass die Staatschefs Russlands, Weißrusslands und Kasachstans am 29. Mai 2014 bei ihrem Treffen in der kasachischen Hauptstadt Astana den Startschuss für eine „Eurasische Wirtschaftsunion“ gegeben haben. Das Abkommen, das die drei Präsidenten in Astana unterzeichneten, bildete die Vorstufe zu dem am 1. Januar 2015 von diesen Staaten und Armenien sowie Kirgistan verkündeten „Eurasischen Union“. Wenngleich das Projekt auf wirtschaftlichem Gebiet nicht mit der Europäischen Union konkurrieren kann, wird dieses Gebilde ein eigenständiges Subjekt des internationalen Rechts sein. Hier geht es nicht um einen „russischen Traum vom Imperium“, wie manche westliche Journalisten und Politiker meinen, sondern um konkrete Geopolitik. Immerhin wurde bereits 2015 ein erstes Freihandelsabkommen mit Vietnam geschlossen. Weitere Staaten werden bald folgen.

Ungeachtet der Tatsache, dass die von Russland dominierte „Eurasische Union“ im Westen mit großer Skepsis betrachtet wird, hat diese Idee eine gewisse Faszination. Man wird zudem damit rechnen müssen, dass diese Idee nicht nur durch die von Präsident Putin ins Leben gerufene Stiftung „Russkij Mir“ (Russische Welt), sondern auch weiterhin von der Russisch-Orthodoxen Kirche weltanschaulich unterstützt wird. Im Gegensatz zum nicht endenden Streit zwischen den westeuropäischen Ländern über die Finalität der Europäisches Union verfügt die „Eurasische Union“ über eine klare politische Zielsetzung. Zwar wird die „Eurasische Union“ keineswegs in direkter Konfrontation zur EU konzipiert und vorangetrieben. Doch Wladimir Putin setzt den Grundgedanken seines Vorschlags vom 8. Dezember 2011 konsequent um: Er plädiert für „eine mächtige supranationale Allianz, die imstande wäre, eines der globalen Machtzentren sowie eine Brücke zwischen Europa und der Asiatisch-Pazifischen Region zu werden“. Wenn es dem Präsidenten Russlands gelingt, neben Weißrussland, Kasachstan und Armenien künftig auch Teile der Ukraine zum Beitritt zu bewegen, so wäre damit eine geopolitische und strategische Weichenstellung vollzogen, die nachhaltige Wirkungen auf vielen Gebieten – von der Wirtschaft über die Gesellschaft bis zur Außenpolitik – nach sich ziehen dürfte. Diese Tendenz wird noch einmal unterstrichen, wenn sich die gegenwärtig von Recep Tayyip Erdogan betriebene Neu-Ausrichtung der Türkei – weg vom transatlantischen Westen – zur noch engeren Kooperation mit Russland fortsetzt und den Denkweisen der im türkischen Staatsapparat sehr stark vertretenen „Eurasier“ folgt. Die enge Zusammenarbeit führender Repräsentanten dieser Gruppe mit dem Theoretiker der „Eurasischen Idee“ in Russland, Alexander Dugin, deutet bereits darauf hin. Russlands Staatspräsident Waldimir Putin kann aus dieser bedeutsamen politischen Entwicklung im NATO-Land Türkei großen Nutzen ziehen.

Während viele Länder der Europäischen Union derzeit ihre Bereitschaft zur Übertragung nationaler Kompetenzen eher zu vermindern suchen und hier – erst Recht nach dem Austritt Großbritanniens – eine bemerkenswerte Re-Nationalisierung stattfindet, sucht Wladimir Putin mit der „Eurasischen Union“ zu zeigen, dass man zu bedeutenden Integrationsleistungen fähig ist. Das klar gegen die Ansprüche und Ziele des Westens gerichtete neue Gebilde hätte nicht nur ein großes politisches und wirtschaftliches Gewicht. Die Europäische Union würde in ganz anderer Weise als in der Vergangenheit von einer neuen Organisation herausgefordert, deren einzelne Staaten sie selbst noch in ihren Bereich zu integrieren suchte. Der Handlungsspielraum der EU würde weiter deutlich zusammenschrumpfen, während die politische Führung Russlands eine zusätzliche Möglichkeit erhielte, die Bedingungen der Kooperation mit den westeuropäischen Ländern stärker zu beeinflussen und das Gesetz des Handelns zu bestimmen.

Der weit gefasste geopolitische Ansatz der russischen Regierung zeigt sich auch in dem Vorgehen gegenüber den kaukasischen und zentralasiatischen Ländern. Die Europäer sollten nicht damit rechnen, dass das damit verbundene russische Streben wieder zurückgenommen wird. So dürfte Moskau weiterhin an seiner Politik gegenüber Georgien festhalten. Der im Herbst 2013 vollzogene Machtwechsel in Georgien mit seinen 4 Millionen Einwohnern kommt Moskau dabei sehr entgegen. Wenngleich die im November 2013 komplettierte neue Führung des Landes die Nähe zur NATO und zur Europäischen Union sucht, will sie gleichzeitig die Beziehungen zu Russland verbessern. Dies dürfte erst recht nach den jüngsten Parlamentswahlen am 8. Oktober 2016 und dem Sieg der Regierungspartei so bleiben. Es ist hier wohl von beiden Seiten eine eher pragmatische Politik zu erwarten. Vor dem Hintergrund des Vorgehens der Europäischen Union mit Blick auf die Ukraine dürfte Georgien wohl kaum den Schritt wagen, der NATO oder der EU beizutreten, auch wenn manche georgische Politiker diesen Wunsch ausdrücken. Die am 28. Juni 2014 vorgenommene Unterzeichnung des Assoziierungs- und Freihandelsabkommens mit der Europäischen Union konnte Russland zwar nicht verhindern. Die negativen Folgen dieses Schrittes bekommt Georgien jedoch zu spüren. So ist es nur konsequent, wenn Russland die Eingliederung Abchasiens und Südossetiens weiter vorantreibt. Neben der Einführung des Rubel als Zahlungsmittel und der Ausgabe russischer Pässe an die Bewohner dieser Regionen demonstriert man mit der Bildung einer gemeinsamen

Armee, wie sich die Machtverhältnisse im Kaukasus verändern. So ratifizierte die russische Staatsduma am 21. November 2016 ein Militärabkommen mit Abchasien, das den Großteil der abchasischen Streitkräfte im Kriegsfall unter russisches Kommando stellt. Und der Präsident von Südossetien, Leonid Tibilow, kündigte breits Ende Dezember 2016 an, auf die weitere Annäherung an Russland hinzuarbeiten. Dagegen dürfte die Eröffnung eines Joint Training and Evaluation Centers am 28. August 2015 durch den Generalsekretär der NATO Jens Stoltenberg, in dem georgische Soldaten ausgebildet werden sollen, wohl kaum mehr als symbolische Bedeutung haben. Die NATO ist durch diese Maßnahme zwar sichtbarer. Eine Beitrittsperspektive für Georgien wird dies nicht zur Folge haben, wenn Russland weiterhin so geschickt agiert wie bisher.

Für die aktuelle Rolle Russlands im Weltstaatensystem sind auch die gut durchdachte Waffenexportpolitik und die zielstrebige Rüstungszusammenarbeit mit verschiedenen Staaten in der Welt bedeutsam. Hierbei kommt es für Russland nicht nur darauf an, den bisherigen Anteil von etwa 27 Prozent am Waffenexportgeschäft[224] in der Welt mindestens zu halten und damit fast auf Augenhöhe mit den USA zu bleiben, die mit etwa 29 Prozent der Marktführer sind. Man bemüht sich in Moskau, die Waffenexporte so zu steuern, dass auch nachhaltige politische Wirkungen erzielt werden können, die den Einfluss Russlands in der Welt vergrößern. Die seit 2013 zunächst geringeren, aber in neuester Zeit wieder vermehrten Waffenverkäufe russischer Rüstungsunternehmen eröffnen bereits gute Perspektiven. Die Aktivitäten und Investitionen in diesem Bereich sind nicht nur mit einer Erhöhung der nationalen Produktionsfähigkeiten und den notwendigen Modernisierungseffekten verknüpft. Sie bringen auch neben den erwünschten Devisen eine Stärkung alter Allianzen und bieten die Chance, neue politische Bindungen zu entwickeln. Die schon recht lange Tradition umfangreicher Rüstungsgeschäfte mit Indien, sowie die bedeutsamen Waffenexporte nach Syrien, nach Kuba und Venezuela werden hier weiterhin eine große Rolle spielen. In diesem Zusammenhang erscheint es durchaus konsequent, wenn Russland – wie bei dem Besuch von Verteidigungsminister Sergej Schojgu am 14. Februar 2015 in einigen Staaten Mittelamerikas – sich bemüht, mit Rüstungsexporten und deutlich verstärkter militärischer Kooperation sowie neuerdings mit großzügigen Krediten Verbündete in unmittelbarer Nachbarschaft der USA zu suchen. Insbesondere nach der Wiederaufnahme der diplomatischen Beziehungen zwischen Kuba und den USA erscheint dies bedeutsam. Diese Vorgehensweise Russlands ist der Einsicht geschuldet, dass man die politische Entwicklung in Mittelamerika nicht dem Selbstlauf überlassen sollte.

In diesem Kontext auch die neuen Möglichkeiten auszuschöpfen, die sich aus der unprofessionellen Nahostpolitik der Obama-Administration in Washington ergeben haben, dürfte auf der Hand liegen. So wäre es sicher vorteilhaft, wenn Russland die Anfang 2014 vereinbarten Waffenlieferungen im Wert von zwei Milliarden Dollar an Saudi-Arabien fortführen könnte. Auch die anlässlich des Besuchs des ägyptischen Staatspräsidenten Abdel Fattah al-Sisi am 26. August 2015 in Moskau vereinbarten engeren Handelsbeziehungen dürften hilfreich sein, um das Feld der Zusammenarbeit im Nahen Osten zu vergrößern und Russlands Interesse an der Stabilisierung des syrischen Regimes zu fördern.

Die während der großen Luft- und Raumfahrtmesse MAKS in Moskau vom 25. bis 30. August 2015 sichtbare Hinwendung der russischen Rüstungsindustrie nach Asien, nach Mittelamerika sowie zum Nahen Osten[225] und die Öffnung neuer Kooperationstüren belegen, dass man auf dem richtigen Wege ist und den von westlicher Seite ausgeübten Versuchen der „Eindämmung“ widerstehen kann. Es gilt zu zeigen, dass man die Partner aus den führenden westlichen Ländern nicht mehr unbedingt braucht, um technologisch mithalten zu können. Der russische Militäreinsatz in Syrien und die dort gezeigten Fähigkeiten bringen immer deutlicher einen Werbeeffekt für die russische Waffentechnik mit sich. Darüber hinaus dürfte es mit Hilfe vermehrter Rüstungsexporte gelingen, Geld in die Staatskasse zu bekommen. Sowohl in den Iran, in den Irak, nach Syrien, Ägypten und Algerien, als auch nach China und in andere asiatische Länder kann die russische Rüstungsindustrie begehrte Produkte liefern. So hat z.B. China als erster ausländischer Kunde das Flugabwehrraketen-System S-400 gekauft, sowie darüber hinaus 24 Kampfflugzeuge des Typs Su-35 und moderne U-Boote der Amur-1650-Klasse bestellt. Und die im Zuge des 8. Gipfeltreffens der Staats- und Regierungschefs der BRICS-Länder in Goa am 15. Oktober 2016 mit Indien abgeschlossenen milliardenschweren Verträge Russlands über den Verkauf von modernen Flugabwehrraketen-Systemen des Typs S-400 und mehreren Fregatten sowie die Kooperation beim Bau von modernen Hubschraubern[226] wird die enge Verbindung der beiden Länder weiter fördern. Schließlich dürfte es einen besonderen Reiz haben, das sonst sehr eng mit den USA verbundene Saudi-Arabien als zahlungskräftigen Käufer zu gewinnen. Als weitere Möglichkeit für Waffenexporte und den damit verbundenen Einflusskanälen bietet sich

Libyen an. Dem machtvollen Gegner der vom Westen unterstützten „Einheitsregierung“, General Khalifa Haftar die erwünschten Waffen zu liefern, könnte durchaus politische Dividende bringen. Dies würde sich gut in die aktuelle russische Nahostpolitik einfügen, wo das von Moskau umworbene ägyptische Regime den früheren Gaddafi-General, der wichtige Teile Libyens kontrolliert, zu seinen Bündnispartnern zählt. Es wäre in der Tat keine Überraschung, wenn es der politischen Führung Russlands durch seine enge Kooperation mit General Haftar gelänge, eine Militärbasis im Osten Libyens einzurichten und auf diese Weise seinen Einflussbereich im Mittelmeer zu erweitern.

Russland befindet sich in der Tat auf dem richtigen Weg, wenn es seine großen Kapazitäten im Bereich der Rüstung und der Waffenexporte zielstrebig nutzt, um das Interesse wichtiger Länder vor allem im Nahen Osten und in Asien zu bedienen. Die hohe Qualität der eigenen Produkte und die aktuelle Bewährung der russischen Waffensysteme im Syrien-Konflikt dürften sicher dabei helfen, der Waffenexportpolitik und ihrer erwünschten politischen Folgewirkungen neue Dynamik zu verleihen. Zudem kann man erwarten, dass auch die rüstungstechnologische Zusammenarbeit mit China und Indien weitere synergetische Effekte bringen wird.

Für Russlands gewachsene Rolle in der Welt während der nunmehr schon fast zwei Jahrzehnte währenden Putin-Ära ist die bislang recht kluge Anwendung der verschiedenen Quellen der Macht bemerkenswert. Mit dem weiteren Ausbau der Machtressourcen und den damit verbundenen Handlungsmöglichkeiten Russlands im Weltstaatensystem dürfte eine Stärkung des nationalen Selbstbewusstseins einhergehen. Auf dieses Selbstbewusstsein kann die Führung Russlands auch künftig bauen, wenn sie im Hinblick auf die politische Partizipation der Bürger nach Formen sucht, die sich deutlich von den in Westeuropa oder in Amerika üblichen Verhaltensweisen unterscheiden. Sie wird dabei auf das dezidierte Interesse der großen Mehrheit und der zu einem gewissen Wohlstand gelangten Gesellschaftsschichten an Sicherheit und Stabilität setzen, wenn sie traditionell russisch geprägte Elemente der politischen Partizipation bevorzugt und sich weniger an den vielfach problematischen Maßstäben und Gepflogenheiten etwa in den Staaten der Europäischen Union orientiert. Die Betonung der kulturellen Souveränität dürfte langfristig nicht nur der eigenen Bevölkerung zugute kommen, sondern auch die praktische Umsetzung der ehrgeizigen wirtschaftlichen und außenpolitischen Ziele erleichtern. Im Übrigen scheint die demonstrative Verteidigung der christlichen Wurzeln Europas etwa durch den Bau von Kathedralen in westeuropäischen Ländern und das Bestreben, die russischstämmigen Westeuropäer wieder stärker an die Führung der Orthodoxen Kirche in Moskau zu binden, geeignet zu sein, den ohnehin schon starken Einfluss Russlands weiter zu konsolidieren. Vor allem in Frankreich gibt es für dieses politisch kluge Verhalten des russischen Staatspräsidenten traditionell eine gute Basis. Die Affinität der Kultur Frankreichs zu Russland ist hier sehr ausgeprägt. Sie ermöglicht trotz der deutlichen außenpolitischen Gegensätze einen gewissen Pragmatismus und kann auch künftig dazu beitragen, politische Spannungen in Grenzen zu halten und den Dialog nicht abreißen zu lassen.[227]

Die kluge Anwendung der eigenen Machtressourcen ist besonders bei dem russischen Vorgehen im Ringen um die politische Orientierung der Ukraine und im Syrien-Konflikt deutlich geworden. Immerhin muss man dabei in Rechnung stellen, dass Russland (BIP 2 Billionen Dollar, Bevölkerung 146 Millionen, Streitkräfte 1 Million Soldaten) der Weltmacht USA (BIP 19 Billionen Dollar, Bevölkerung 324 Millionen, Streitkräfte 1,2 Millionen Soldaten) und den Staaten der Europäischen Union (BIP 14 Billionen Dollar, Bevölkerung 442 Millionen, Streitkräfte 1,4 Millionen Soldaten)[228] gegenübersteht und dennoch in der Lage ist, seine Interessen dank des ebenso überlegten wie entschlossenen militärischen Engagements und der professionellen Diplomatie weitgehend durchzusetzen.

Es ist Russland durch den klugen Einsatz seiner Machtquellen nicht nur gelungen, den Expansionsprozess der NATO einzugrenzen und einen weiteren Regimewechsel – diesmal in Syrien – zu verhindern. Russland hat durch seine Erfolge auch einen großen Anteil daran, dass der Westen seinen Nimbus der Unbesiegbarkeit verlor und die nach dem Ende des Kalten Krieges eingerichtete unipolare Ordnung unter der Dominanz der USA in Auflösung begriffen ist.

Sorgfältig vorbereitetes und wohldurchdachtes außenpolitisches Handeln auf gleicher Augenhöhe mit den USA und China wird künftig besonders wichtig sein, wenn es gilt, die eigenen Interessen wahrzunehmen. Man kann in Moskau darauf setzen, dass man zur Regelung zahlreicher Probleme in der internationalen Politik gebraucht wird. Das bisher in vielen Situationen so erfolgreich von Russlands Führung praktizierte utilitaristische Verhalten dürfte künftig noch subtiler und abgeklärter fortgesetzt werden. Eine weniger offensiv erscheinende und eher indirekte Strategie könnte sich durchaus als geeignet erweisen, das zunehmende Gewicht Russlands erträglicher zu machen und die vor allem in Westeuropa und Amerika vorhandenen Ressentiments abzuschwächen oder ins Leere laufen zu lassen. In der Diplomatie und auf dem Gebiet der Wirtschaft dürften in den kommenden Jahrzehnten vermehrt die feinen Nuancen, das indirekte Vorgehen und das geduldige Wahrnehmen von relativ kleinen Vorteilen sehr nützlich sein. Dabei wird es wohl auch weiterhin reichlich Gelegenheit geben, die charakteristische Fragmentierung der westlichen Gesellschaften und die daraus erwachsenden zahlreichen Schwächen zu nutzen. Die im Fall Snowden gezeigte beeindruckende Fähigkeit der politischen Führung Russlands, westliche Journalisten und insbesondere europäische Politiker im Sinne der russischen Interessen zu instrumentalisieren, dürfte gewiss auch in Zukunft eine bedeutende Rolle spielen. Dabei kommt der russischen Regierung ohnehin zugute, dass die Repräsentanten der politischen Führungsschicht in Russland über den Westen weit besser informiert sind, als umgekehrt die westlichen Entscheidungsträger über Russland. Darüber hinaus kann man durchaus mit der fragwürdigen ideologischen Fixierung und der mangelnden Lernbereitschaft zahlreicher westlicher Journalisten und Politiker rechnen.

Selbst in weniger stark beachteten Bereichen der internationalen Kooperation wird Russland durch kluge Vorgehensweisen Vorteile erzielen können. Dazu gehört auch die Weltraumfahrt. Hier sind die USA und die Europäische Union faktisch von Russland abhängig, wenn sie ihre vielfältigen Weltraumaktivitäten fortsetzen wollen. So müssen die USA, aber auch die Europäer noch einige Jahre auf die Fähigkeiten Russlands zurückgreifen, wenn sie zur Internationalen Raumstation ISS gelangen oder wieder zur Erde zurückkehren wollen. Erst nach dem Wiedereinstieg der USA in die bemannte Weltraumfahrt und der Auslieferung der von amerikanischen Privatunternehmen produzierten neuen Raumfahrzeuge an die NASA wird die Abhängigkeit der USA von Russland beendet werden können. Wie schwierig dies aber ist, haben die dramatischen Unfälle und technischen Probleme in der amerikanischen Raumfahrt seit dem Herbst 2014 eindrucksvoll demonstriert. Dagegen zeigt sich Russland in der Lage, jeweils prompt einzuspringen und mit der Übernahme des Transports wichtiger Ressourcen zur Internationalen Raumstation die Zuverlässigkeit der russischen Weltraumtechnik unter Beweis zu stellen. Die Inbetriebnahme des eigenen Weltraumbahnhofs „Wostotschnij“ im Amur-Gebiet am 28. April 2016 und die stärkere, langfristig angelegte Kooperation mit China dürfte die Handlungsfähigkeit Russlands im Bereich der Weltraumfahrt weiter vergrößern.

Hatte die Russländische Föderation schon während des letzten Jahrzehnts von ihrer sehr professionellen, auf eine gewisse Rationalität und Ordnung zielenden Diplomatie profitiert, so wird dies künftig in einer zunehmend chaotischen Welt erst recht notwendig sein. Insbesondere mit Blick auf den Nahen Osten und den Asiatisch-Pazifischen Raum wird dieser Grundsatz zu beachten sein. Mit seinem steigenden Gewicht und seiner großen diplomatischen Kompetenz dürfte Russland gerade in diesen beiden bedeutsamen Regionen die Korrelation der Kräfte im Weltstaatensystem stärker beeinflussen und eine führende Rolle spielen können.

Insbesondere mit Blick auf den im Frühjahr 2014 aufgebrochenen Konflikt mit den USA und der Europäischen Union um die politische Orientierung der Ukraine verfügt die russische Regierung über gute Möglichkeiten, ihre Interessen langfristig durchzusetzen. Wenngleich es zunächst nicht gelang, die gesamte Ukraine in die von Russland vorgesehene „Eurasische Union" zu integrieren, könnte die entschlossene Verwandlung der nunmehr gesicherten Krim-Region in eine Wohlstandszone eine Wirkung entfalten, die weit in die West-Ukraine hineinreicht und die Westeuropäer wirtschaftlich und politisch überfordert. Denn gewiss wird die West-Ukraine innerlich zerrissen bleiben und der russischen Regierung viele Ansatzpunkte bieten, um der ukrainischen Bevölkerung aufzuzeigen, dass die Integration in die von Russland dominierte „Eurasische Union" die bessere Alternative gewesen wäre. Die zielstrebige Entwicklung der Krim-Region wird dies unterstreichen. Dabei ist es nur konsequent, dass die russische Regierung sogar die Haushaltsregeln lockert, um Investitionen auf der Krim zu erleichtern. Mit dem Aufbau einer modernen Infrastruktur – von Straßen, Eisenbahnverbindungen, Häfen, Flughäfen, First-Class-Hotels bis zu einer eigenen Energieversorgung mit neuen Kraftwerken und Pipelines, dem großzügig unterstützten und gut koordinierten Engagement von Unternehmen, dem zügigen Ausbau der Bildungseinrichtungen und einer deutlich höheren Bezahlung der arbeitenden Bevölkerung könnte die Krim-Region zum „Schaufenster" Russlands werden.

Gewiss werden sich die positiven Wirkungen dieser Politik nicht über Nacht einstellen. Die gelegentlich unseriösen Berichte in westlichen Medien über diese Entwicklung muss die russische Führung dabei nicht fürchten. Sie belegen nur, wie stark zahlreiche westliche Journalisten an der Vermittlung eines negativen Bildes über die Politik Russlands interessiert sind. Sie berichten das, was ihre heimischen Redaktionen hören wollen – ein Phänomen, das schon die Berichterstattung über Russland in der Gorbatschow-Ära kennzeichnete. Die Entscheidung des russischen Staatspräsidenten, den angesehenen Vize-Premier Dmitrij Kosak zum Verantwortlichen für die Entwicklung der Krim zu machen, deutet darauf hin, dass man in Moskau entschlossen ist, mit enormen staatlichen Mitteln und unter strenger Aufsicht die neue politische Herausforderung zu bestehen.

Im Konflikt mit den USA und einigen anderen westlichen Ländern um die Ukraine weiß die politische Führung Russlands ihre Machtressourcen besonders eindrucksvoll zu nutzen. Vor allem das gute Zusammenspiel der Diplomatie mit den speziellen Aktionen der Geheimdienste, der begleitenden Vorgehensweise der Medien und der Maßnahmen im Rahmen des Cyberwarfare konnte wesentlich zu dem für Russland recht günstigen Verlauf des Konflikts beitragen. Das Prinzip, dem Westen stets um einen Schritt voraus zu sein und das Gesetz des Handelns zu bestimmen, dürfte auch in Zukunft das russische Vorgehen prägen. Allerdings hat sich in jüngster Zeit ein weitgespanntes, in vielfältiger Weise mit manchen staatlichen Institutionen führender westlicher Länder und einigen Nichtregierungsorganisationen kooperierendes Netzwerk von russischen Oligarchen in den USA und Europa herausgebildet, die das russische Regime entschlossen bekämpfen. Die Reichweite der Handlungsfähigkeit dieses Netzwerks wird von der politischen Führung in Moskau immer noch unterschätzt, obwohl die spezifischen Umstände des Abgleitens der Ukraine aus dem Einflussbereich Russlands ausreichende Hinweise geliefert und die konfrontative Politik führender westlicher Länder im Zuge des Streits um die Urheberschaft für den Giftanschlag auf den früheren russischen Doppelagenten Sergej Skripal und dessen Tochter Julia am 4. März 2018 das Vorhandensein dieses Netzwerks einmal mehr bestätigt haben.

Die Frage der endgültigen politischen Orientierung der Ukraine bleibt für Russland auf der Tagesordnung. Eine Aufnahme der Ukraine in das transatlantische Bündnis muss Moskau nicht befürchten. Der Zwang der USA und der Europäischen Union, bei zahlreichen wichtigen Problemen der internationalen Politik auf die Kooperation mit Russland angewiesen zu sein, wird mäßigend wirken und der politischen Führung in Moskau Gelegenheit bieten, ihre Interessen durchzusetzen. Es wäre daher durchaus denkbar, dass die West-Ukraine politisch zunächst in einem „Zwischenstadium“ verharrt, das die volle „Einvernahme“ durch die NATO oder die EU ausschließt. Dies gilt offenbar auch für die anderen ehemaligen Sowjetrepubliken, wie der Ost-Gipfel der Europäischen Union am 24. November 2017 in Brüssel deutlich gezeigt hat.

Dank der Erfolge zielstrebigen außenpolitischen Handelns nimmt Russland schon heute eine machtpolitisch beachtliche Rolle im Weltstaatensystem ein. Sein in jüngster Zeit immer deutlicher zur Schau getragenes Selbstwertgefühl hat auch dadurch eine solide Grundlage erhalten, dass die politische Führung streng darauf achtet, sowohl die Fehler der früheren Sowjetmacht als auch die oft problematischen Vorgehensweisen der USA nicht zu wiederholen. Dieser Realitätssinn und das ausgeprägt langfristige Denken dürfte die russische Politik auch künftig bestimmen. Sie lassen die Entscheidungsträger nicht gleich unsicher werden, wenn sich weitere Erfolge nicht prompt einstellen oder die eigenen Interessen nicht in jedem Streitfall uneingeschränkt durchgesetzt werden können.

Perspektiven Russlands bis 2030

Gewiss mag es vermessen erscheinen, Prognosen für die künftige Entwicklung des internationalen Systems und der Rolle Russlands zu formulieren. Politische Analysten haben sich schon in früheren Epochen bei ähnlichen Versuchen nicht selten geirrt. Doch wer heute zu der Zukunft Russlands, der Position und den Handlungsmöglichkeiten dieses Landes im Weltstaatensystem Vorhersagen wagt, kann sich auf eine verlässliche Datenbasis in vielen wichtigen Bereichen stützen. Die vorliegenden Daten und die klaren Tendenzen weisen für die Zeit um das Jahr 2030 auf einen Wandel im internationalen System hin, der eine völlig andere Korrelation der Kräfte erkennen lässt, als wir sie bisher gewohnt waren. Im Zuge des mit beeindruckender Schnelligkeit vor unseren Augen ablaufenden politischen Prozesses zeichnen sich dramatische Veränderungen auf der geopolitischen und strategischen Landkarte der Welt ab. So werden nicht nur die mit dem Beginn der Präsidentschaft von Donald Trump im Januar 2017 verbundenen neuen Anstrengungen der Vereinigten Staaten von Amerika, der weitere rasante machtpolitische Aufstieg Chinas, die anhaltende Schwäche Europas und die Auseinandersetzung mit dem aggressiven Islamismus vom Nahen und Mittleren Osten bis nach Zentralasien eine Neuordnung des internationalen Systems und der internationalen Beziehungen mit sich bringen.

Anders als viele Politiker und Intellektuelle in den westlichen Ländern in ihren realitätsfernen Schriften meinen, werden sich die meisten Akteure in den vor uns liegenden Jahrzehnten an den klassischen Prinzipien der internationalen Politik orientieren. Nicht „post-nationales" Denken und Handeln, sondern zielstrebige, national bestimmte, interessengeleitete Machtpolitik wird auch künftig die internationalen Beziehungen kennzeichnen.

Sicherlich kann niemand mit Gewissheit vorhersagen, ob die Führungseliten der USA, Chinas, Russlands oder anderer bedeutender Nationalstaaten die zahlreichen gravierenden politischen, wirtschaftlichen und gesellschaftlichen Probleme lösen können, mit denen sie konfrontiert sein werden. Doch erweist sich die Rückkehr der führenden Mächte der Welt zur Geopolitik schon aus heutiger Perspektive als offensichtlich. Sie wird ein wesentliches Kennzeichen der unmittelbar vor uns liegenden Epoche sein. Russland darf für sich in Anspruch nehmen, dass es in dieser Hinsicht schon weiter ist als die USA. Und die russische Führungselite kann daraus

Nutzen ziehen, solange die U.S.-Administration in Washington die Anforderungen an eine moderne Außenpolitik und Diplomatie nicht in der erforderlichen Weise erfüllt.

China dürfte trotz künftig niedrigerer Wachstumsraten als heute etwa in dem Zeitraum zwischen 2022 und 2024 die Europäische Union sowie zwischen 2030 und 2035 auch die USA überholen. Man sollte in Europa, aber auch in Russland nicht darauf hoffen, dass die Chinesen eines Tages weniger hart arbeiten oder gar gegen die politische Führung des Landes rebellieren. Ihre Verbundenheit mit dem eigenen Wertesystem, ihre beeindruckende Moral und ihr Ehrgeiz werden sich vielmehr über Generationen fortsetzen.

Trotz aller derzeit auftretenden Widrigkeiten wird der spezifische Führungsstil der aufstrebenden Mächte China und Russland, von dem auch die wachsende Mittelschicht in diesen Ländern profitiert, geeignet sein, die Stabilität dieser Staaten über lange Zeit zu sichern. Es ist dabei keineswegs so, dass die externe Anerkennung der Macht Chinas und Russlands erst dann ihre volle Wirkung entfalten kann, wenn diese Länder über genügend „Soft Power", d.h. internationale Zustimmung und eine freiheitlich organisierte, unzensierte „Zivilgesellschaft" verfügen. Derartige Vorstellungen, wie sie der amerikanische Politikwissenschaftler Joseph S. Nye vertreten und als bedeutsame Schwäche Chinas und Russlands identifiziert hat,[229] sind realitätsfern. In der modernen Welt mit ihren globalen Herausforderungen kommt es zunächst darauf an, die Funktionalität von Staat, Gesellschaft und Wirtschaft über längere Zeit sicherzustellen. Dies ist besonders deutlich am Beispiel der Russländischen Föderation zu beobachten. Wenn die russische Führungselite an ihrem erklärten Ziel festhalten will, ihr Land als eine der entscheidenden Mächte im Weltstaatensystem – auf Augenhöhe mit China und den USA – zu etablieren, wird ihr dies nur gelingen, indem sie sich ähnlich wie die politische Führungselite in China an den eigenen nationalen Traditionen orientiert und nicht die Verhaltensmuster der westlichen Länder übernimmt. Hier geht es nicht – wie manche westliche Analysten meinen – um eine „Ersetzung der missionarischen Elemente der kommunistischen Ideologie durch rückwärtsgewandte Großmachtbilder und nationalistische Mythen". Für einen modernen Nationalstaat mit reicher Tradition ist es vielmehr von entscheidender Bedeutung, jene Machtquellen zu entwickeln, die dazu geeignet sind, in einer rasch sich wandelnden Welt die eigenen Interessen zu wahren und gelegentlich gegen Widerstand durchzusetzen. Der russischen Führungselite ist offenbar bewusst, dass man global agieren muss, wenn man seine nationalen

Interessen wahren will.[230] Dazu gehört es auch, die ideologischen Grundlagen des politischen Systems weiterzuentwickeln und das entsprechende „Narrativ" auf der internationalen Bühne offensiv zu vertreten. Die politische Führung Chinas hat in diesem Bereich bereits die Richtung gewiesen. Sie verfügt über eine attraktive nationale und geopolitisch weit ausgreifende Idee und verfolgt diese Idee ebenso konsequent wie geschickt. Für Russland gilt es, mit seinen eigenen Vorstellungen für eine Systemalternative gegenüber dem Westen an Statur zu gewinnen und die künftige internationale Ordnung mitzuformen.

Der Bedeutungsverlust der westlichen Staatenwelt wird vor allem die europäischen Länder treffen. Ihr Anteil an der globalen Wirtschaftskraft wird von derzeit 17 Prozent auf etwa 12 Prozent im Jahre 2030 fallen. Überdies wird die Europäische Union im Laufe der kommenden Jahrzehnte nicht die Kraft entwickeln, eine gemeinsame Außen- und Sicherheitspolitik zu konzipieren und mit den erforderlichen, jederzeit einsetzbaren militärischen Streitkräften auszustatten. Sie wird nicht einmal in der Lage sein, für sich selbst eine konstruktive globale Rolle zu definieren, eher selten zu einer einheitlichen Position finden und dann über eine wenig beeindruckende Symbolpolitik nicht hinauskommen. Wir werden daher um 2030 eine völlig veränderte Situation im internationalen System und in der internationalen Politik vorfinden. Selbst die USA dürften dann Mühe haben, sich in der von China dominierten Welt zu behaupten. Die Vereinigten Staaten von Amerika werden vielmehr gezwungen sein, sich eher um ihre unmittelbaren Eigeninteressen zu kümmern, als den Europäern ein weiteres Mal als großzügige Helfer zur Verfügung zu stehen.

Angesichts der zunehmenden wirtschaftlichen und politischen Probleme in den meisten Staaten Europas, der deutlichen Zerfallserscheinungen dieses Staatenverbundes, der ausgeprägten Fragmentierung der westlichen Gesellschaften, der fehlenden Dynamik bei dem Versuch, angemessene Antworten auf die globalen Herausforderungen zu finden und dem Festhalten an überkommenen, eher rückwärts gewandten, innere Schwäche signalisierenden Ideologien wird das politische Gewicht der Europäischen Union deutlich zurückgehen. Der europäische Staatenverbund ist mit dem Austritt Großbritanniens ohnehin nur noch ein Torso. Und die meisten Mitgliedsstaaten der Europäischen Union werden künftig eher darauf dringen, ihre nationalen Souveränitätsrechte zu betonen.

Für Russland ergibt sich aus der Schwäche Europas eine zusätzliche Chance, mit Blick auf die eigene Machtposition zu profitieren. Die Energieabhängigkeit der meisten EU-Staaten ist in diesem Kontext nur ein Aspekt. Auch die Tatsache, dass mit Frankreich ein EU-Mitgliedsland zu den Nuklearmächten gehört und im Sicherheitsrat der Vereinten Nationen ein Veto-Recht hat, wird an der Schwäche der Europäischen Union nichts ändern können. Und die wachsende Kluft zwischen dem tatsächlichen Einfluss Europas in der realen Welt und den amtlichen Deklarationen der Europäer – etwa im Bereich der Menschenrechte – wird die machtpolitische Stellung der Europäischen Union weiter vermindern. An eine Renaissance der Macht der Europäischen Union ist in den kommenden zwei Jahrzehnten nicht zu denken. Zum einen könnte sich eine neue willensstarke und zielstrebige politische Führungsschicht nicht auf klassische Ressourcen der Macht stützen, die ihr den nötigen Rückhalt bieten würden. Über Rohstoffe oder eine ins Gewicht fallende technologische Überlegenheit, die einen erneuten wirtschaftlichen Aufschwung mit den daraus sich ergebenden politischen Handlungsmöglichkeiten erlauben würden, verfügt Europa nicht. Eine Wiederkehr der früheren Dynamik ist in den kommenden zwei Jahrzehnten nicht zu erwarten. Die politische Führungselite der Europäischen Union engagiert sich zwar weit über den Alten Kontinent hinaus im Bereich des Umweltschutzes und der Menschenrechte. Doch erwächst daraus kein größerer Einfluss in der internationalen Politik. Die Europäer verfügen offenbar auch nicht über das Selbstvertrauen, die innere Stärke, den Ehrgeiz und die Rationalität, um ihrem Staatenverbund politische Bedeutung zu verleihen.

Wenngleich Russland zunächst noch aus der mangelnden Handlungsfähigkeit der USA Gewinn ziehen kann, wird die politische Führungselite in Moskau damit rechnen müssen, dass sich dies im Laufe der Präsidentschaft von Donald Trump ändert und die Vereinigten Staaten von Amerika zu einer neuen Form der Strategie des „überseeischen Gleichgewichts" finden werden. Mit Blick auf diese denkbare und wahrscheinliche Entwicklung wird sich der Entschluss Russlands zu einer vielseitigen Partnerschaft mit China als vorteilhaft erweisen. Gemeinsam mit China dürfte Russland den Vereinigten Staaten von Amerika künftig das Recht bestreiten, die internationale Ordnung und das entsprechende Rechtssystem nach ihren Interessen zu formen oder auch nur mit dem Anspruch auf definitive Gültigkeit zu interpretieren. Der russische Staatspräsident Wladimir Putin hat dies in jüngster Zeit schon mehrfach in seinen Reden hervorgehoben. Seine klare Haltung in dieser Frage dürfte eine bedeutsame Konstante russischer Politik bleiben.

Trotz äußerst widriger Umstände während der ersten beiden Jahrzehnte des 21. Jahrhunderts war die Politik Wladimir Putins zur Restauration der Macht Russlands im Ganzen erfolgreich. Aus seiner Handlungsweise ist immer wieder deutlich geworden, dass sich die russische Politik in die weitgreifenden geschichtlichen Entwicklungen – im Sinne von Fernand Braudels Konzeption des „longue durée" einordnet. Der russische Staatspräsident hat mit seinen Bestrebungen gute Chancen, auch in Zukunft erfolgreich zu sein. Zudem deutet alles darauf hin, dass sich die politische Führung Russlands auf allen Gebieten als lernfähig und handlungsbereit erweist.

Neben den zahlreichen eher günstig erscheinenden politischen Rahmenbedingungen und dem Reichtum Russlands an wichtigen Rohstoffen sieht sich die Führungselite in Moskau während der vor uns liegenden zwei Jahrzehnte einer Reihe schwieriger Probleme gegenüber. Es wird deshalb darauf ankommen, alle Aspekte in der Korrelation der Kräfte zu entwickeln, die verschiedenen Machtquellen ebenso wie die Fähigkeit und Bereitschaft, die gegebenen Machtquellen auch geschickt anzuwenden. Angesichts der schon heute sich abzeichnenden, erst recht aber in naher Zukunft vor allem durch die Verbreitung nuklearer Waffen und der weitreichenden Trägermittel möglichen gefährlichen Konfrontationen kommt Russland neben den USA und China eine wichtige Rolle zu. Es wird notwendig werden, die gesamte russische diplomatische Expertise in die Waagschale zu werfen, um den strategischen Dialog mit den führenden Mächten im Weltstaatensystem möglichst bald wieder in Gang zu bringen. Man sollte in Moskau nicht warten, bis man in den Staatskanzleien der führenden westlichen Länder die großen Gefahren der derzeitigen Entwicklung erkannt hat. Es gilt vielmehr, die Initiative zu ergreifen und das brachliegende Feld der Rüstungskontrolle, sowie der Vertrauensbildung nachhaltiger zu bestellen als je zuvor.

Sicherlich wird Russland mit China und den USA nicht in allen machtpolitisch relevanten Bereichen konkurrieren können. Während Chinas Anteil an der Weltwirtschaft schon heute etwa 15 Prozent beträgt und das Land bereits in wenigen Jahren die USA als größte Volkswirtschaft der Welt überflügeln wird, macht Russlands Anteil derzeit etwa drei Prozent aus und dürfte um 2030 wohl etwa bei vier Prozent liegen. Dennoch wird Russland eine gewichtige, machtvolle und eigenständige Rolle im Weltstaatensystem spielen können, wenn es der Führungselite gelingt, für innere Stabilität zu sorgen und außenpolitisch jene Entschlossenheit und Professionalität zu zeigen, die sie gegenwärtig kennzeichnet.

Anhang

Übersetzungen

Die aus russischen Quellen stammenden Zitate, Buchtitel und Titel von Essays in Zeitschriften sind vom Verfasser des vorliegenden Buches übersetzt worden.

Bibliographie

A. Monographien

Acemoglu, Daron/Robinson, James A.: Why Nations Fail: Origins of Power, Poverty and Prosperity, Boston 2011

Alexander, Manfred/Stökl, Günther: Russische Geschichte, Stuttgart 2009

Belanovskij, Sergej/Dmitriev, Michail: Polititscheskij krizis v Rossii i vozmoschnyje Mechanizmy ego razvitija (Politische Krise in Russland und mögliche Mechanismen ihrer Entwicklung), Moskau 2011

Beyer, Andreas: Theoretische und methodische Grundlagen zur Analyse von Energie und Energiesicherheitspolitik, Kiel 2010

Bremmer, Ian: Superpower: Three Choices for America's Role in the World, New York 2015

Bremmer, Ian: The JCurve: A New Way to Understand Why Nations Rise and Fall, New York 2006

Brown, Archie: Aufstieg und Fall des Kommunismus, Berlin 2009

Brzezinski, Zbigniew: Strategic Vision, New York 2012

Dickel, Ralf/Westphal, Kirsten: EU-Russland-Gasbeziehungen. Über die Bewältigung von neuen Unsicherheiten und Ungleichgewichten, Berlin 2012

Dugin, Aleksandr: Osnovy geopolitiki: geopoliticheskoe budusce Rossii, Moskau 1997

Dunne, Tim/Kurki, Milja/Smith, Steve (Hrsg.): International Relations Theories. Discipline and Diversity, Oxford 2010

Erler, Gernot/Schulze, Peter W. (Hrsg.): Die Europäisierung Russlands, Frankfurt/M. 2012

Esakova, Natalja: European Energy Security. Analysing the EU-Russia Energy Security Regime in Terms of Interdependence Theory, Wiesbaden 2012

Ferguson, Niall: Civilization. The West and the Rest, London 2012

Fischer, Sabine (Hrsg.): Russia: Insights from a changing country, Paris 2012

Fukuyama, Francis: The End of History and the Last Man, New York 1992

Furet, Francois: Le passé d'une illusion, Paris 1995

Gelb, Leslie H.: Power Rules: How Common Sense Can Rescue American Foreign Policy, New York 2009

Gelman, Vladimir/Ross, Cameron (Hrsg.): The Politics of Sub-National Authoritarianism in Russia, Farnham 2010

Gill, Graeme/Young, James (Hrsg.): Routledge Handbook of Russian Politics and Society, Routledge, London, New York 2012

Goehrke, Carsten: Russland. Eine Strukturgeschichte, Paderborn 2010

Goldman, Marshall: Petrostate, New York 2010

Hildermeier, Manfred: Geschichte Russlands, München 2013

Höllwerth, Alexander: Das sakrale eurasische Imperium des Alexandr Dugin. Eine Diskursanalyse zum postsowjetischen russischen Rechtsextremismus, Stuttgart 2007

Hollingsworth, Mark/Lansley, Stewart: Londongrad, London 2010

Huntington, Samual Phillip: Kampf der Kulturen: Die Neugestaltung der Weltpolitik im 21. Jahrhundert, Wien 1996

Iljin, Iwan A.: Wesen und Eigenart der russischen Kultur, Zürich 1942

Interdisziplinäre Anthropologie, Jahrbuch 2015, Wiesbaden 2016

International Energy Agency: World Energy Statistics 2015

IISS, London: The Military Balance 2016, London 2016

IISS, London: The Military Balance 2017, London 2017

International Monetary Fond (IMF): World Economic Outlook 2015, Washington 2015

Iwaschow, Leonid: Grundlagen der geopolitischen Entwicklung Russlands, Moskau 2000

Kaplan, Robert D.: The Revenge of Geography: What the Map Tells Us About Coming Conflicts and the Battle Against Fate, New York 2012

Kaplan, Robert D.: The Art of Avoiding War, New York 2015

Kappeler, Andreas: Russische Geschichte, 4. Auflage, München 2005

Katz, Mark: Leaving without Loosing. The War on Terror after Iraq and Afghanistan, Baltimore 2012

Kissinger, Henry: Die Vernunft der Nationen, Berlin 1994

Kissinger, Henry: China, München 2011

Kissinger, Henry: World Order, New York 2014

Klebnikow, Paul: Der Pate des Kreml. Boris Beresowski und die Macht der Oligarchen, München 2001

Klein, Margarete/Richter, Solveig: Russland und die euro-atlantische Sicherheits-Ordnung. Defizite und Handlungsoptionen, Berlin 2011

Koskenniemi, Martti: From Apology to Utopia. The Structure of International Legal Argument. Reissue with New Epilogue. Cambridge University Press. Cambridge 2005

Kuchin, Andrew C./Malarkey, Matthew/Markedonov, Sergej: The North Caucasus. Russia's Volatile Frontier, Washington 2011

Legatum Institute: Legatum Prosperity Index 2013, London 2013

Lipman, Maria/Petrov, Nikolaj (Hrsg.): Russia in 2020, Scenarios for the Future, Washington 2011

Levitskij, Steven/Way, Lucan: Competitive Authoritarianism: Hybrid Regimes after the Cold War, Cambridge 2010

Lübbe, Hermann: Modernisierung und Folgekosten, Berlin 2012

Luttwak, Edward N.: The Political Uses of Sea Power, Baltimore 1974

Luttwak, Edward N.: The Logic of War and Peace, Cambridge/Mass. 2002

Luttwak, Edward N.: The Rise of China vs. The Logic of Strategy, Cambridge/Mass. 2012

Mankoff, Jeffrey: Russian Foreign Policy: The Return of Great Power Politics, New York 2009

Mead, Walter Russell: Power, terror, peace, and war: America's grand strategy in a world at risk, New York 2005

Mead, Walter Russell: God and Gold: Britain, America, and the Making of the Modern World, New York 2007

Merridale, Catherine: Der Kreml. Eine neue Geschichte Russlands. Frankfurt am Main 2014

Mommsen, Margareta/Nußberger, Angelika: Das System Putin: Gelenkte Demokratie und politische Justiz in Rußland, München 2009

Mouffe, Chantal: Agonistik – Die Welt politisch denken, Berlin 2014

Nathan, Andrew J.: How East Asians View Democracy, New York 2008

Nathan, Andrew J./Scobell, Andrew: China's Search for Security, New York 2012

Naumkin, Vitalij: The Middle East Conflict, Moscow 2003

Naumkin, Vitalij: Radical Islam in Central Asia: Between Pen and Rifle, Boulder 2005

Naumkin, Vitalij: Islam and Muslims: Culture and Politics, Moscow 2008

Neumann, John von/Morgenstern, Oskar: Theory of Games and Economic Behavior, Princeton 1953

Nye, Joseph: The Future of Power. New York 2011

Parker, John W.: Persian Dreams: Moscow and Teheran since the Fall of the Shah, Washington 2009

Pepe, Jacopo Maria: Die Gasversorgung Europas: Das Dreieck EU-Russland-Ukraine zwischen Geopolitik und Geoökonomie, Potsdam 2010

Pipes, Richard: Russland vor der Revolution. Staat und Gesellschaft im Zarenreich, München 1977

Pirani, Simon: Ukraine's Gas Sector, Oxford 2007

Roxburgh, Angus: The Strongman: Vladimir Putin and the Struggle for Russia, London 2012

Sakwa, Richard: The Crisis of Russian Democracy. The Dual State, Factionalism and the Medvedev Succession, Cambridge 2010

Sartori, Nicolò: The European Commission's Policy Towards the Southern Gas Corridor. Between National Interests and Economic Fundamentals, Rom 2012

Schmidt, Christoph: Russische Geschichte 1547–1917, München 2009

Shadrina, Elena: Russia's Foreign Energy Policy. Norms, Ideas and Driving Dynamics, Turku 2010

Stökl, Günther: Russische Geschichte. Von den Anfängen bis zur Gegenwart, Stuttgart 1962

Talbott, Strobe: The Great Experiment. The Story of Ancient Empires, Modern State, and the Quest for a Global Nation, New York 2006

Trenin, Dmitrij V.: Post-Imperium; A Eurasian Story. New York 2011

Trenin, Dmitrij V.: Russia: The Challenge of Transition, Moskau 2012

UNDP: Human Development Report 2013, New York 2013

White, Steven: Understanding Russian Politics, Cambridge 2011

Wilson, James Graham: The Triumph of Improvisation. Gorbachev's Adaptability, Reagan's Engagement, and the End of the Cold War. Ithaca 2014

World Economic Forum: World Economic Data, Washington 2013

B. Fachzeitschriften und Zeitungen

Affari Esteri

Allgemeine Schweizerische Militärzeitschrift

American Journal of Political Science

Argumenty i Fakty

Cambridge Review – International Affairs

Caucasian Review of International Affairs

Central Asia-Caucasus Analyst

Commentary

Comparative Strategy

Defence Studies

Defence and Security Analysis

Energy Policy

Eurasian Geography and Economics

Europe-Asia Studies

European Foreign Affairs Review

Europäische Rundschau

Europäische Sicherheit & Technik

Forbes

Foreign Affairs
Foreign Policy
Geopolitics
Internationale Politik
International Politics
International Politics Reviews
International Affairs
International Affairs (Russian Journal of World Politics)
International Security
International Social Security Review
Izvestija
Kommersant
Komsomolskaja pravda
Krasnaja zvezda
Le Monde: Bilan Géostratégique
Mezdunarodnaja zizn
Middle-East Journal
Military Review
Moscow Times
Moskovskije Novosti
Nasch sovremennik
National Interest
National Security and Defence
New Eastern Europe
Nezavisimaja gazeta
Novaja gazeta
Novoe vremja
Novyj mir
Österreichische Militärische Zeitschrift
Osteuropa
Perspectives of European Politics and Society
Political Geography
Post-Soviet Affairs
Post-Soviet Geography and Economics
Rossijskaja gazeta
Russian Analytical Digest
Russia in Global Affairs
Security Studies

Strategic Analysis
Survival
Svobodnaja mysl
The American Interest
The Hague Journal of Diplomacy
The Journal of International Security Affairs
The Journal of Slavic Military Studies
The Journal of Strategic Studies
The Military Balance
The Montréal Review
The Washington Quarterly
Vedomosti
Vestnik obschestvennogo mnenija
Voennaja mysl
Voprosy bezopasnosti
World Affairs
World Politics

Der Autor

Walter Schilling, geboren 1938 in Essen, war nach dem Studium der Politikwissenschaft, Geschichte und Slawistik an der Ludwig-Maximilians-Universität München (Promotion zum Dr. phil. 1975) Generalstabsoffizier, diente als Referent (Rüstungskontrolle, Militärstrategie) im Bundesministerium der Verteidigung, als Dozent an der Führungsakademie der Bundeswehr (Internationale Beziehungen, Sicherheitspolitik), als Militârattaché in Moskau (April 1988 – Oktober 1991), als Studiendirektor an der Bundesakademie für Sicherheitspolitik; seit 1993 freier Publizist; 1994 freier Mitarbeiter am George C. Marshall Center for Security Studies in Garmisch-Partenkirchen; 1999 bis 2003 freier Mitarbeiter beim Saarländischen Rundfunk (Beiträge zur Sendereihe „Europa – Fragen zur Zeit"); mehr als 350 Veröffentlichungen in Büchern und Fachzeitschriften zu Fragen der internationalen Politik und Geschichte

Der Autor

Anmerkungen

1 Hermann Lübbe: Modernisierung und Folgekosten, Berlin 2012

2 Francis Fukuyama: The End of History and the Last Man, New York 1992

3 The Military Balance 2017, International Institute for Strategic Studies (IISS), London 2017; vgl. The Military Balance 2018, IISS, London 2018

4 Ebenda

5 Ebenda

6 Vgl. Wolfgang Ischinger: Chinas Ambitionen verändern die Weltordnung, in: Frankfurter Allgemeine Zeitung vom 28. Oktober 2016

7 The Military Balance 2017, IISS London 2017; vgl. The Military Balance 2018, London 2018

8 Siehe hierzu auch: Nikolai Kosolapov: System-Wide Interests versus National Interest, in: Russia in Global Affairs, Nr. 4, October-December 2015, S. 66 ff

9 Siehe hierzu: Manfred Alexander/Günther Stökl: Russische Geschichte, Stuttgart 2009, S. 791

10 Michail Gorbatschow war seit dem 11. März 1985 Generalsekretär der Kommunistischen Partei der Sowjetunion und Präsident der Sowjetunion vom 15. März 1990–25. Dezember 1991

11 Siehe: Manfred Alexander/Günther Stökl: Russische Geschichte, Stuttgart 2009

12 Boris Jelzin war Präsident Russlands vom 10. Juli 1991–31. Dezember 1999

13 Vgl. Manfred Alexander/Günther Stökl: Russische Geschichte, Stuttgart 2009 S. 795 ff

14 Ebenda, S. 804

15 Leonid Breschnew war vom 14. Oktober 1964–10. November 1982 Generalsekretär der Kommunistischen Partei der Sowjetunion

16 Vgl. Manfred Alexander/Günther Stökl: Russische Geschichte, Stuttgart 2009 S. 791

17 Anatolij Utkin: Rossija i Sapad (Russland und der Westen), in: Svobodnaja mysl, Heft 13, 1993, S. 3 ff

18 Siehe Bericht in der Süddeutschen Zeitung vom 16. September 1993; Solschenizyn wiederholte seine Kritik in einer Rede vor der Duma am 28. Oktober 1994

19 Siehe Bericht in der Süddeutschen Zeitung vom 12. Oktober 1994

20 Witalij Tretjakow, in: Nesavisimaja gazeta vom 25. März 1993

21 Ebenda

22 Elgis Podnjakow: Rossija – Velikaja derschava (Russland – eine Großmacht), in: Meschdunarodnaja schizn, Heft 1/1993, S. 7

23 Ebenda, S. 9 ff

24 Ebenda, S. 14

25 Alexej Kiva: Intelligencija v tschas ispytanij (Die Intelligencija in der Stunde der Prüfung), in: Novyj mir, Heft 8/1993, S. 160–177; vgl. Dimitrij S. Lichatschow: Kultura kak zelostnaja sreda (Die Kultur als unversehrte Mitte), in: Novyj mir, Heft 8/1994, S. 3–8

26 Alexander Panarin: Meschdu Atlantismom i Evrasijstvom (Zwischen Atlantismus und Eurasismus), in: Svobodnaja mysl, Heft 11/1993, S. 3–15

27 Natalja Narotschnizkaja: Rossija – Eto ne vostok i ne sapad (Russland – das ist weder Osten noch Westen), in: Meschdunarodnaja schizn, Heft 9/1993, S. 44; vgl. Nikolaj Kolikow, Rossija v kontexte globalnych peremen (Russland im Kontext globaler Ver-

änderungen), in: Svobodnaja mysl, Heft 2–3/1994, S. 3–18 und Jurij Antonow: Legitimnost Rossijskoj Gosudarstvennosti (Die Legitimität russischer Staatlichkeit), in: Moskva, Heft 1/1994, S. 101 ff

28 Ebenda

29 Ebenda, S. 45 ff

30 Ebenda, S. 50

31 Michail Astafjew: Patriotitscheskij Zentrism: Perspektivy i Zeli (Der Patriotische Zentrismus: Perspektiven und Ziele), in: Nasch sovremennik, Heft 1/1994, S. 3; vgl. Wladimir Mironow: Rossija i Zentrism (Russland und der Zentrismus), in: Svobodnaja mysl, Heft 12/1993, S. 3–19 und Tatjana Alexejeva/Andrej Gorodezkij et al.: Zentristskij Projekt dlja Rossii (Das zentristische Projekt für Russland), in: Svobodnaja mysl, Heft 4/1994, S. 3–15

32 Ebenda, S. 4; vgl. Konstantin Duschenow: Osnovnyje Tendenzii obschestvenno-politischeskoj schisni sovremennoj Rossii (Grundlegende Tendenzen des gesellschaftlich-politischen Lebens im heutigen Russland), in: Nasch sovremennik, Heft 7/1994, S. 127–138

33 Ebenda, S. 5; ähnlich argumentierte der Soziologe A.A. Izchokin: Nazionalnyj interes i nazionalnoe dostoinstvo (Das nationale Interesse und die nationale Würde), in: Meschdunarodnaja schizn, Heft 4/1994, S. 85–93

34 Vgl. Boris Martynow: Rossija predpotschitaet sobstvennyj put (Russland bevorzugt einen eigenen Weg), in: Meschdunarodnaja schizn, Heft 5/1994, S. 60–65

35 Alexander Dugin: Osnovy geopolitiki: geopolititscheskoe budusce Rossii (Geopolitische Grundlagen: Die geopolitische Zukunft Russlands), Moskva 1997

36 Ebenda

37 Siehe hierzu auch: Anton Barbashin/Hannah Thoburn: Putin's Philosopher –Ivan Ilyin and the Ideology of Moscow's Rule, in: Foreign Affairs, September 2015

38 Wladimir Putin: Novyj integrazionnyj projekt dlja Evrazii – buduschtschee, kotoroje rozdaetsa segodnaja (Neues Integrationsprojekt für Eurasien – Zukunft, die heute geboren wird), in: Izvestija vom 3. Oktober 2011

39 Izvestija vom 27. März 2000

40 Ebenda

41 Siehe: Wolfgang Gerhardt/Manfred Sapper/Volker Weichsel: „Spaltungen", in: Osteuropa 6–8, 2012, S. 7

42 Vladimir Gelman: Risse im System. Russlands Autoritarismus 2012, in: Osteuropa 6–8, 2012, S. 23

43 Izvestija vom 7. Dezember 2011

44 Izvestija vom 9. Februar 2017

45 Lew Gudkow in einem Interview in der Zeitung „Die Welt" vom 28. Juni 2014

46 Washington Post vom 24. Mai 2015

47 So der „Sportphilosoph" Günter Gebauer in der Zeitung „Die Welt" vom 19. Februar 2014

48 Siehe: Süddeutsche Zeitung vom 14. Juni 2017; Die Welt vom 14. Juni 2017; Frankfurter Allgemeine Zeitung vom 14. Juni 2017

49 Boris Dugin: Ende der Alternativlosigkeit. Russlands Gesellschaft im Übergang, in: Osteuropa 6–8, 2012, S. 85 und 95

50 Vedomosti vom 30. Januar 2016 und vom 4. Dezember 2017

51 Izvestija vom 4. Mai 2017

52 Vedomosti vom 5. Juli 2017

53 Izvestija vom 13. August 2016

54 Siehe hierzu: Andrej Kolesnikow, in: Die Welt vom 7. September 2016

55 Siehe: Lew Gudkow: Sozialkapital und Werteorientierung, in: Osteuropa 6–8, 2012, S. 56

56 Izvestija vom 19. September 2016

57 Izvestija vom 29. Juni 2016

58 Kommersant vom 21. April 2017

59 Siehe: Maria Lipman: Doppelte Polarisierung. Russlands gespaltene Gesellschaft, in: Osteuropa 6–8, 2012, S. 9 und 12

60 Artikel 14 der Russländischen Verfassung

61 Vgl. Thomas Bremer: Die Russische Orthodoxe Kirche und die „Russische Welt", in: Osteuropa 3/2016

62 Russian Analytical Digest, Zürich, Nr. 189, 23. März 2016

63 Vedomosti vom 2. Dezember 2014

64 Izvestija vom 18. Dezember 2015

65 Izvestija vom 2. Dezember 2016

66 Frankfurter Allgemeine Zeitung vom 21. März 2017

67 Izvestija vom 24. Juli 2017

68 Vedomosti vom 14. August 2017

69 Russian Analytical Digest, Zürich, Nr. 189, 23. März 2016

70 Vedomosti vom 22. Juni 2017

71 Vedomosti vom 11. Juni 2016

72 Izvestija vom 17. September 2016

73 Vedomosti vom 25. März 2017

74 Daniel Yergin, in: Die Welt vom 29. Januar 2016

75 Die Welt vom 13. Dezember 2016

76 Frankfurter Allgemeine Zeitung vom 9. Dezember 2016

77 Vgl. Sergei Guriev: Russia's Constrained Economy. How the Kremlin Can Spur Growth, in: Foreign Affairs, May/June 2016, S. 18–22

78 Kommersant vom 31. Mai 2017

79 Vedomosti vom 21. März 2017; vgl. Izvestija vom 30. Januar 2017

80 Izvestija vom 22. Juni 2017

81 Vedomosti vom 22. November 2016

82 Kommersant vom 31. August 2017

83 Vedomosti vom 30. Januar 2017; vgl. Izvestija vom 30. Januar 2017

84 Kommersant vom 9. Juni 2016

85 Izvestija vom 7. Oktober 2016

86 Kommersant vom 10. April 2017

87 Frankfurter Allgemeine Zeitung vom 25. Februar 2017

88 Kommersant vom 6. Juni 2017; vgl. Izvestija vom 7. Juni 2017

89 Vedomosti vom 1. Juni 2016

90 Vedomosti vom 1. Juni 2016

91 Washington Post vom 27. Februar 2017

92 Die Welt vom 23. April 2016

93 Izvestija vom 29. April 2016

94 Izvestija vom 26. Dezember 2014; siehe hierzu auch: Siegfried Lautsch: Die Sicherheitspolitik der Russländischen Föderation und die Neuorientierung ihrer Streitkräfte, in: Österreichische Militärische Zeitschrift 1/2018

95 Vgl. Alexander Lukin: Russia in a Post-Bipolar World, in: Survival February/March 2016, S. 91

96 Dmitri Trenin: The Revival of the Russian Military, in: Foreign Affairs May/June 2016, S. 23–29

97 Vgl. Marino de Medici: Tra Obama e Putin un difficile equilibrio di Potenza, in: Affari Esteri, Nr. 175, Inverno 2016, S. 156–169

98 Siehe: Große Pressekonferenz von Wladimir Putin am 23. Dezember 2016, in: Izvestija vom 24. Dezember 2016; Wladimir Putin bestätigte diese Haltung ein Jahr später, in: Izvestija vom 22. Dezember 2017

99 Stockholm Peace Rsearch Institute (SIPRI), Stockholm 2016; vgl. Izvestija vom 3. Februar und 6. Februar 2018

100 Siehe hierzu auch: Kristin Ven Bruusgaard: Russian Strategic Deterrence, in: Survival, August/September 2016, S. 7–25

101 Vgl. Achille Albonetti: Gli Stati Uniti, la Russia, la Cina e i centri di crisi, in: Affari Esteri, Nr. 176, Primavera 2016, S. 5–20

102 Die Welt vom 10. Juni 2016

103 Kommersant vom 9. Juli 2016

104 Die Welt vom 8. Juli 2016

105 Erstmals veröffentlicht in „Rossijskaja gazeta" vom 20. Februar 2012; siehe auch: Präsident Putins Rede zur Lage der Nation am 1. März 2018

106 IISS London: The Military Balance, London 2016

107 Novyje Izvestija vom 19. Juli 2012

108 Stockholm Peace Research Institute (SIPRI), Stockholm 2015; Vgl. IISS London: The Military Balance 2016, London 2016 und The Military Balance 2018, London 2018

109 Ebenda; siehe auch: Izvestija vom 28. Februar 2018; vgl. Putins Rede zur Lage der Nation vor dem Russischen Parlament am 1. März 2018

110 Argumenty i Fakty, Nr. 1/2015 vom Januar 2015; vgl. IISS London: The Military Balance 2018, London 2018

111 Siehe hierzu: Tor Bukkvoll: Military Innovation Under Authoritarian Government – The Case of Russian Special Operations Forces, in: The Journal of Strategic Studies, Nr. 5, August 2015, S. 602

112 Krasnaja zvezda vom 30. September 2015

113 Izvestija vom 30. Dezember 2015

114 Krasnaja zvezda vom 25. November 2015

115 Izvestija vom 17. September 2016

116 Izvestija vom 4. Oktober 2016

117 Izvestija vom 18. Oktober 2016

118 Frankfurter Allgemeine Zeitung vom 20. Oktober 2016

119 Vgl. Aussagen des Nahost-Experten Günter Meyer, in: Die Welt vom 15. Dezember 2016

120 Die Welt vom 11. Dezember 2016

121 Izvestija vom 21. Dezember 2016

122 Izvestija vom 21. Januar 2017

123 Frankfurter Allgemeine Zeitung vom 8. April und 12. April 2017

124 Izvestija vom 13. April 2017

125 Izvestija vom 15. April 2017

126 Interview mit Präsident Putin, in: Die Welt vom 1. Juni 2017

127 Vedomosti vom 8. Juli 2017

128 Siehe: Hamid Bahrami, in: Al Arabyja vom 19. Dezember 2017; Vgl. Die Welt vom 2. Mai 2018

129 Interview mit Präsident Putin, in: Die Welt vom 1. Juni 2017

130 Sergej Karaganow: Ein Lob der Abschreckung, in: Die Welt vom 21. Februar 2017

131 Manfred Alexander/Günther Stökl: Russische Geschichte, Stuttgart 2009, S. 272

132 Ebenda, S. 33

133 Vgl. Henry Kissinger: Quel ponte di Kiev tra Est e Ovest, in: Affari Esteri Nr. 174, Primavera 2014, S. 265–269

134 Izvestija vom 22. November 2013

135 Manfred Alexander/Günther Stökl: Russische Geschichte, Stuttgart 2009, S. 370; Die Halbinsel Krim war nach einem Feldzug der Armee 1783 von Fürst Grigorij Potemkin im Namen der Zarin Katharina II. „von nun an und für alle Zeiten" in Besitz genommen worden. Dem neuen Verwaltungszentrum der Krim gab Fürst Potemkin den Namen „Sewastopolis" (Stadt der Majestät)

136 Mehr als 60 Prozent der Bevölkerung auf der Krim sind Russen; siehe hierzu auch: Manfred Alexander/Günther Stökl: Russische Geschichte, Stuttgart 2009, S. 814

137 Martti Koskenniemi: From Apology to Utopia. The Structure of International Legal Argument. Reissue with New Epilogue, Cambridge University Press, Cambridge 2005

138 Die Welt vom 20. März 2014

139 Izvestija vom 19. März 2014

140 Laut Aussage von Lew Gudkow, des Leiters des Moskauer Lewada-Zentrums, stimmten 79 Prozent der Russen der Wiedereingliederung der Krim in Russland zu, in: Die Welt vom 28. Juni 2014

141 Vgl. Daniel Treisman: Why Putin Took Crimea, in: Foreign Affairs, May/June 2016

142 Izvestija vom 21. Februar 2014

143 Izvestija vom 7. März 2014

144 Daniel Treisman: Why Putin Took Crimea, in: Foreign Affairs, May/June 2016

145 Izvestija vom 2. Januar 2015

146 Die Welt vom 19. Juni 2015

147 Die Welt vom 18. Oktober 2014

148 Süddeutsche Zeitung vom 8. Februar 2015

149 Carl Bildt, in: Die Welt vom 20. Februar 2015

150 Krasnaja zvezda vom 21. April 2016

151 So z.B. der damalige Wirtschaftsminister Sigmar Gabriel, in: Die Welt vom 22. September 2016; siehe hierzu auch die Debatten über die Russland-Politik im Vorstand der SPD, in: Die Welt vom 29. Mai 2018

152 Frankfurter Allgemeine Zeitung vom 25. Februar 2017

153 Frankfurter Allgemeine Zeitung vom 2. Dezember 2016

154 Frankfurter Allgemeine Zeitung vom 17. Februar 2017

155 Frankfurter Allgemeine Zeitung vom 22. April 2017

156 Izvestija vom 9. April 2017

157 Kommersant vom 12. August 2016

158 Die Welt vom 12. September 2016

159 Frankfurter Allgemeine Zeitung vom 14. Oktober 2016

160 Frankfurter Allgemeine Zeitung vom 19. Oktober 2016

161 Die Welt vom 21. Oktober 2016; ebenso: Izvestija vom 21. Oktober 2016

162 Frankfurter Allgemeine Zeitung vom 26. Oktober 2016

163 Izvestija vom 29. Januar 2017

164 Süddeutsche Zeitung vom 17. Juni 2017

165 Vgl. Charles A. Kupchan, in: Süddeutsche Zeitung vom 8. August 2017

166 Izvestija vom 5. Juli 2017

167 Vedomosti vom 8. Juli 2017

168 Vgl. Sergej Karaganow, in: Die Welt vom 28. Januar 2017

169 Kommersant vom 3. Juni 2017; Izvestija vom 3. Juni 2017

170 Süddeutsche Zeitung vom 17. Juni 2017

171 Interview mit Präsident Putin, in: Die Welt vom 1. Juni 2017

172 Izvestija vom 19. Juli 2017

[173] Frankfurter Allgemeine Zeitung vom 28. Juli 2017
[174] Izvestija vom 25. August 2017
[175] Izvestija vom 4. April 2017
[176] Izvestija vom 1. Dezember 2016
[177] Izvestija vom 9. November 2016
[178] Izvestija vom 2. Dezember 2016
[179] Vgl. Fyodor Lukyanov: Putin's Foreign Policy. The Quest to Restore Russia's Rightful Place, in: Foreign Affairs, May/June 2016, S. 30–37
[180] Izvestija vom 19. Februar 2017
[181] Süddeutsche Zeitung vom 24. Dezember 2016
[182] Izvestija vom 24. Dezember 2016
[183] Frankfurter Allgemeine Zeitung vom 28. Februar 2017
[184] Izvestija vom 11. Oktober 2016
[185] Frankfurter Allgemeine Zeitung vom 20. Juni 2016
[186] Vgl. Stellungnahme des Direktors des IISS, John Chipman, bei der Vorstellung der „Military Balance 2016" in London, in: Die Welt vom 10. Februar 2016
[187] Vgl. Kimberly Marten: Putin's Choices: Explaining Russian Foreign Policy and Intervention in Ukraine, in: The Washington Quarterly, Nr. 2, Summer 2015, S. 189–205; ebenso: Nadeshda K. Arbatova and Alexander A. Dynkin: World Order after Ukraine, in: Survival, February-March 2016, S. 71–91
[188] National Interest, January/February 2015
[189] Izvestija vom 22. Februar 2017
[190] Georges Soros: Wake Up, Europe, in: New York Review of Books, 20. November 2014
[191] Izvestija vom 17. November 2016
[192] Vgl. Elizabeth Buchanan: How Russia Can Exploit European Divisions, in: Foreign Affairs, August 2016
[193] Izvestija vom 24. August 2017
[194] Kommersant vom 16. Oktober 2016 und Izvestija vom 22. August 2017
[195] Vgl. Marco Giaconi: La strategia della Russia in Siria, in: Affari Esteri, Nr. 175, Inverno 2016, S. 175–183
[196] Frankfurter Allgemeine Zeitung vom 31. März 2017
[197] Frankfurter Allgemeine Zeitung vom 4. April 2017
[198] Vgl. Joey L./Daniel L. Davis: Why America Can't Win in Syria, in: National Interest, April 2017; siehe hierzu auch: Izvestija vom 5. Dezember 2017
[199] Izvestija vom 15. April 2017; vgl. Julia Gurganus: Russia's Afghanistan Strategy, in: Foreign Affairs, January 2018
[200] Izvestija vom 24. August 2017
[201] Siehe hierzu: Andrea Cagiati: La Russia i gli equilibri internazionali, in: Affari Esteri, Nr. 175, Inverno 2016
[202] Stockholm International Peace Research Institute (SIPRI), Stockholm 2016; Vgl. The Military Balance 2018, IISS London 2018
[203] Ash Carter: The Rebalance and Asia-Pacific Security, in: Foreign Affairs, November/December 2016
[204] Frankfurter Allgemeine Zeitung vom 15. Mai und 16. Mai 2017
[205] Izvestija vom 18. April 2017
[206] Izvestija vom 5. Juli 2017
[207] Izvestija vom 11. August 2017
[208] Vedomosti vom 2. September 2017
[209] Izvestija vom 4. September 2017 und 6. September 2017
[210] Die Welt vom 22. November 2016
[211] Frankfurter Allgemeine Zeitung vom 28. März und 5. Mai 2017

212 Izvestija vom 2. Juni 2017

213 Ungarns Außenminister Szijjarto, in: Die Welt vom 28. Dezember 2016 und erneut am 14. Januar 2017

214 Die Welt vom 3. Februar 2017

215 Izvestija vom 31. März 2017

216 Frankfurter Allgemeine Zeitung vom 31. Oktober und 2. November 2016

217 Frankfurter Allgemeine Zeitung vom 21. Juli 2017

218 So u.a. die damalige Bundesministerin für Wirtschaft Brigitte Zypris, in: Frankfurter Allgemeine Zeitung vom 1. August 2017

219 Frankfurter Allgemeine Zeitung vom 27. Juli 2017

220 Izvestija vom 29. Juli und 31. Juli 2017

221 Vgl. Gregor Schöllgen: Auch die Raffinade will raffiniert sein, in: Frankfurter Allgemeine Zeitung vom 4. August 2017

222 Vedomosti vom 2. September 2017

223 Vedomosti vom 1. Juni 2017

224 Stockholm International Peace Research Institute (SIPRI), Stockholm 2016

225 Izvestija vom 26. August 2015

226 Kommersant vom 16. Oktober 2016

227 Vgl. Figaro vom 20. Oktober 2016

228 IISS London, The Military Balance 2017, London 2017 (Daten der EU ohne Großbritannien); vgl. IWF-Länderbericht vom 10. Juli 2017; vgl. IISS London: The Military Balance 2018, London 2018

229 Joseph S. Nye, in: Die Welt vom 21. Juli 2015

230 Vgl. Fyodor Lukyanov: Putin's Foreign Policy, in: Foreign Affairs May/June 2016